西安石油大学优秀学术著作出版基金
西安石油大学经济管理学院
陕西（高校）油气资源经济管理研究中心
西安石油大学青年科技创新基金项目

中国省际人口迁移的空间区域分布特征及相关问题研究

——基于三次人口普查数据的分析

李怡涵　著

中国社会科学出版社

图书在版编目（CIP）数据

中国省际人口迁移的空间区域分布特征及相关问题研究：基于三次人口普查数据的分析/李怡涵著．—北京：中国社会科学出版社，2017.9

ISBN 978 - 7 -5161 -9812 -4

Ⅰ.①中…　Ⅱ.①李…　Ⅲ.①人口迁移—研究—中国

Ⅳ.①C924.2

中国版本图书馆 CIP 数据核字（2017）第 013145 号

出 版 人	赵剑英
选题策划	刘　艳
责任编辑	刘　艳
责任校对	陈　晨
责任印制	戴　宽

出　　版	中国社会科学出版社
社　　址	北京鼓楼西大街甲 158 号
邮　　编	100720
网　　址	http://www.csspw.cn
发 行 部	010 - 84083685
门 市 部	010 - 84029450
经　　销	新华书店及其他书店

印　　刷	北京明恒达印务有限公司
装　　订	廊坊市广阳区广增装订厂
版　　次	2017 年 9 月第 1 版
印　　次	2017 年 9 月第 1 次印刷

开　　本	710×1000　1/16
印　　张	14.25
插　　页	2
字　　数	248 千字
定　　价	66.00 元

目　　录

第一章 绪论

第一节 研究背景

在漫漫历史长河中，人口迁移与人类社会发展的历史息息相关，成为促进社会经济发展和人类文明的重要推动力之一。人类或是从食物匮乏的地区向食物充裕的地区迁移，或是从自然灾害频发的地区向自然灾害较少发生的地区迁移，或是从环境恶劣的地区向环境优良的地区迁移，或是从人口稠密（稀少）的地方向人口稀少（稠密）的地方迁移，或是从经济落后的地区向经济发达的地区迁移。人口迁移不断改变人口的空间分布范围和单位面积上的密度。通过人口迁移，人类不断对自然环境和社会经济发展的变化进行主动调整和适应，人口在地理上得以再分布，自然资源与人口分布得以动态均衡发展，社会进步得以推动、先进技术得以传播、文化交流得以促进。因此，人口迁移不仅折射出人类社会发展的文明史，也反映了一个国家或区域的社会经济发展、自然环境的演变。随着人类社会的发展，影响人口迁移的要素和人口迁移对社会的影响也逐渐发生变化。人类文明从农业文明跨入工业文明后，人口迁移的规模和范围发生了空前的变化，它通过影响区域间的人口分布、人口社会构成，促进不同国家或区域间劳动力、资本、技术、信息等生产要素的流动，也不断重组和异化着土地资源和城市空间。

中国历史源远流长，早在公元前 15 世纪末之前就发生了大规模的人口迁移，据相关统计，"自汉朝至清末我国大规模的移民多达千次以上"。现在，中国不仅是全世界最大的发展中国家，也是世界上人口最多的国家。根据蔡昉 2006 年发布的《人口与劳动绿皮书：中国人口与劳动问题报告 No. 7》：中国目前正经历着人类历史上在和平时期前所未有的、规模最大的人口迁移活动，并成为世界上最大的人口迁移流。这种迁移活动已持续多年，而且没有减速的迹象，随着经济的发展和城镇化进程的推进，我国人口流动规模仍在继续不断扩大。虽然中国目前这种大规模的人口迁移促进国民经济增长，在加速城市化、工业化进程、平衡人力资本的分布、产业结构的调整、三农（农业、农村、农民）问题的变化、人口分布格局的调节等方面起到重要的作用，然而同时也带来了一系列的环境问题和社会问题，诸如人口快速增加带来的环境承载力问题，环境污染问题、犯罪率上升问题、以及传染病、艾滋病风险增加等社会问题。目前中国人口迁移已经进入了"高活性时代"和"高能力时期"，近年来研究中国人口迁移特别是中国省际人口迁移已成为学术界广泛研究的热点和重点问题之一。从不同学科角度研究省际人口迁移影响因素以及其对自然环境和社会发展的影响，对平衡我国不同地理区域间的人口数量、促进社会的可持续发展具有重要的理论和现实意义。

一　国际历史人口迁移

自 15 世纪末哥伦布的"地理大发现"伊始，大规模的国际人口迁移现象在世界范围内开始显现。在发现新大陆后，欧洲人（包括破产的农民、手工业者和商人）为了去新大陆淘金以及开辟新的生存空间，纷纷迁往美洲。紧接着从 16 世纪起，欧美商人贩卖非洲黑奴谋取非法暴利，促成了大约 2000 万非洲人口往美洲和大洋洲的迁移。随着第一次世界大战以及世界性经济危机的发生，欧美各国出现了大量的失业人口，为了保护本国人口利益，这些国家纷纷通过采取立法或政策措施的形式来限制移民入境，因此这段时期出现的移民高潮是非常短暂的。伴随着一战的结束，二战后初期，疆域的调整、大量的战俘被遣返、平民回国都曾引发大规模的国际人口迁移。但持续了 400 多年的国际人口迁移高潮被战后西方各移民国所采取的严格移民政策所限，移民高潮逐渐回落直至削弱，在战后已基本结束。

20 世纪 60 年代以来，国际人口迁移无论在数量上还是质量上都发生着显著的变化，在流向上也发生了根本性的逆转。首先，人口迁移规模较前期有着明显的增大；其次，新型的国际人口迁移流替代了曾经传统的国际人口迁移流。传统的国际人口迁移流主要包括从较发达地区向落后地区、新开发地区迁移，宗主国向殖民地及其附属地迁移，从旧大陆向新大陆迁移。而发生于 20 世纪 60 年代后的新型的国际人口迁移流，主要是从发展中国家向发达国家迁移，从亚、非、拉的落后地区向欧、美、大洋洲的发达地区迁移。因此，工业化发达的国家如美国、英国、澳大利亚、加拿大等国家成为国际迁移人口的首选国。进入 20 世纪 90 年代后，国际人口迁移的浪潮更是有增无减。根据国际移民组织的相关统计，国际迁移人口规模于 1990 年达到 8000 万之多；截至 1992 年，旅居国外的人数已突破 1 亿，且目前这个统计数字还在进一步递增中。因此，从地域结构来看，新型国际人口迁移的主流是：欧洲由传统的人口迁出区转变为迁入区，人口由发展中国家向发达国家流动。

随着工业革命进程的推进和运输业发展，地理环境和自然资源对全球人口迁移的影响日趋减弱，人们可以跨洲际的迁移和运输资源。在全球经济一体化过程中，新型的国际人口迁移对迁移人口有着不同的劳动力需求，从而构建了多样性的移民主体。虽然移民出现多样化趋势，但移民主体是以劳动适龄人口为主的"劳动型移民"：其一，不断扩大的劳动力市场需要众多高素质、专业技术人才以及相关管理人员，那些受过高等教育的精英人才、有一技之长的专业技术人员有了更多的发展机会来参与到新型的国际人口迁移流中。其二，国际劳动力市场的多元化需求需要大量廉价劳动力的供给，大量的难民、非法移民以及女性移民成为这一低级劳动力市场的主体。全球化、个体化这两个双重化过程充实了人类社会的现代发展进程，而新型的国际人口迁移过程体现出人类社会正在朝着新时代的方向前进。在全球化过程中，一种无形和有机的结构性链条正在发展中国家与发达国家之间形成，并以市场经济、劳动力市场以及制度要素为主要的纽带促进着国际人口迁移的主要流向。全球化的市场经济、劳动力市场、资本市场的运作、制度因素及机构的差异为新型国际人口迁移创造了更多的发展空间。在带来许多机遇的同时，这种以经济利益最大化为目的的人口迁移，势必会带来一系列的环境、资源和社会等问题。

二 国内历史人口迁移

中国人口迁移的历史由来已久。据史书记载，早在公元前 15 世纪末之前，史称"夏后氏十迁"，就是一次中国历史上大规模的人口迁移。在战国时期，商鞅（先秦法家代表人物）提出了著名的徕民政策，即"以草之地，徕三晋之民"，它是中国历史上第一次公开制定并且有组织、有计划去落实实施的人口迁移政策，比西方国家明确地提出人口迁移政策提前了数百年。从先秦到新中国成立之前，影响历史上人口迁移的因素包括自然地理环境的变化、政治、经济、军事、灾害等。据相关统计，"自汉朝至清末我国一直是农业大国，期间大规模的移民多达千次以上"，显然气候和环境的变化是人口迁移的重要因素之一。有研究表明，气候和环境变化是中国一些主要朝代更替的主要原因，气候和环境的变坏导致农业的减产，蝗灾肆虐，从而导致社会动荡，迫于生存压力造成人口的迁移；加上政治、社会因素以及外来民族的入侵，势必会发生战争，导致朝代的更替，这个过程又造成更大规模的人口迁移。

虽然中国历史上各个时期的国内人口迁移各不相同，但共同特征是由经济开发程度高的人口密集地区向开发程度低的人口稀疏地区迁移。例如，先秦时期的移民主要在黄河中下游地区进行，主要以集团性的或大批的迁移为主，形成中国人口分布北多南少的格局；秦至元代人口主要是从黄河流域向长江中下游地区迁移，这种由北向南的人口流动，改变了中国人口的分布状况；明清时期，以长江流域为中心呈辐射状向四周迁移，但主要为长江流域内由东向西的移民活动；近代的"闯关东"、"走西口"等人口迁移，使我国东北、内蒙古等地的人口迅速增加。此外，在古代和近代中国也有大量的国际人口迁移。

中国历史上各个朝代的移民高峰期与自然因素（气候和环境变化）和社会因素密切相关。总体而言，中国的古代和近代人口移民在方式上可分为自由迁移和强迫迁移，而且现象异常复杂，受政治变迁（战争）、人口承载力、自然灾害、民族发展与文化传播等因素的影响。

三　现代省际人口迁移

中国幅员辽阔，包括三大自然区：东部季风区、西北干旱半干旱区和青藏高原高寒区。东部季风区气候适宜，适合农业的发展，具有较高的人口承载力，因此我国绝大部分人口居住在这个气候区。西北干旱半干旱区和青藏高原高寒区虽然地域辽阔，然而由于气候和自然条件恶劣，该区域内的居民人口数量稀少，主要以牧业为主。胡焕庸教授（1990）基于第三次中国人口普查数据以瑗珲（今黑河）—腾冲一线（胡焕庸线）为界线，计算了这条人口地理分界线两侧的人口数量，发现了占中国国土面积42.9%的东部地区集聚了全国94.4%的人口。在中国，人们更希望居住在气候适宜的东部季风区。

　　长期以来，中国人口迁移受到多方因素的影响，诸如资源环境、地理位置、社会经济、户籍管理制度、相关政策等因素。中国是典型的农业大国，是一个农村人口占较大比重的人口大国，因此不适宜农业耕种的青藏高原和西北干旱半干旱区很难吸引大规模人口的迁入。受国家政策（知识青年"三下乡"运动和新疆生产建设兵团）和自然环境的影响，中国人口迁移在20世纪50年代末至60年代曾有过一个活跃期，大批的人口从城市迁移至农村，从东部迁移至西部。到20世纪70年代后期，人口迁移因受国家政策限制等因素影响而受到抑制。其中，由于城乡二元结构政策和中国户籍管理制度抑制了中国的人口迁移，特别是抑制了农村人口向城市的迁移。改革开放后，人口迁移因受国家政策松动等因素影响而活跃，近些年来我国人口迁移数量和规模都在快速增长。源于20世纪70年代末期的农村联产承包责任制的实施以及相关的农村改革，虽然有效提高了劳动生产率、解放了农村劳动力，但是也导致了农村剩余劳动力的闲置问题的出现。加之中国产业结构的调整以及户籍管理制度的改革、政策限制的放宽，大量农村人口迁移到城市，不但为城市的经济发展提供了大量的廉价劳动力，在一定程度上满足和缓解了城市各大行业对劳动力日益增加的需求；而且农村剩余劳动力向城市的迁移也在一定程度上有效解决了我国农村人口过剩问题。据相关资料统计，1980—2010年，农村每年向城镇迁移人口数从418万人增加至2145万人，城镇净增长率从64.78%增加至86.99%，详见表1—1。根据蔡昉2006年发布的《人口与劳动绿皮书：中国人口与劳动问题报告No.7》：中国目前正经历着人类历史上在和平时期前所未有的、规模最大的人口迁移活动。根据1990年的《中国人口普查资料》（"四普"）中的数据，中国的人口迁移规模为3412.7万人，而2010年的《中国人口普查资料》（"六普"）中的数据表明中国的人口迁移规模增加到119869.8万人。此外，中国的人口迁移除了个人自发的迁移行为，还存在因保护自然环境、工程建设和自然灾害等因素造成的生态移民、工程移民和灾害移民。

表1—1 1980—2010年农村向城镇迁入人口数量

年份	总人口（万人）	城镇人口（万人）	城镇化		城镇自然增长		城镇净增长	
			城镇化率（%）	城镇新增人口（万人）	自然增长人口（万人）	比例（%）	农村—城镇迁移人口（万人）	比例（%）
1980	98705	19140	19.39	645	227	35.22	418	64.78
1981	100072	20171	20.16	1031	293	28.47	738	71.53
1982	101654	21480	21.13	1309	337	25.73	972	74.27
1983	103008	22274	21.62	794	296	37.28	498	62.72
1984	104357	24017	23.01	1743	314	18.02	1429	81.98
1985	105851	25094	23.71	1077	358	33.23	719	66.77
1986	107507	26366	24.52	1272	411	32.27	861	67.73
1987	109300	27674	25.32	1308	460	35.14	848	64.86
1988	111026	28661	25.81	987	451	45.68	536	54.32
1989	112704	29540	26.21	879	444	50.54	435	49.46
1990	114333	30195	26.41	655	435	66.34	220	33.66
1991	115823	31203	26.94	1008	405	40.18	603	59.82
1992	117171	32175	27.46	972	373	38.40	599	61.60
1993	118517	33173	27.99	998	380	38.06	618	61.94
1994	119850	34169	28.51	996	383	38.46	613	61.54
1995	121121	35174	29.04	1005	371	36.92	634	63.08
1996	122389	37304	30.48	2130	389	18.25	1741	81.75
1997	123626	39449	31.91	2145	397	18.50	1748	81.50
1998	124761	41608	33.35	2159	380	17.61	1779	82.39
1999	125786	43748	34.78	2140	358	16.72	1782	83.28
2000	126743	45906	36.22	2158	348	16.12	1810	83.88
2001	127627	48064	37.66	2158	334	15.48	1824	84.52
2002	128453	50212	39.09	2148	324	15.08	1824	84.92
2003	129227	52376	40.53	2164	315	14.55	1849	85.45
2004	129988	54283	41.76	1907	319	16.71	1588	83.29
2005	130756	56212	42.99	1929	331	17.16	1598	82.84
2006	131448	58288	44.34	2076	308	14.82	1768	85.18
2007	132129	60633	45.89	2345	313	13.37	2032	86.63
2008	132802	62403	46.99	1770	317	17.91	1453	82.09
2009	133450	64512	48.34	2109	314	14.90	1795	85.10
2010	134091	66978	49.95	2466	321	13.01	2145	86.99

数据来源：中国统计年鉴2011。

随着中国城市化的加快，省际间人口迁移日益活跃，迁移人口增加，迁移率上升，省际人口迁移成为了人口迁移中的主要趋势流。其中省际迁移人口在 1985—1990 年为 1106.54 万人，到 2005—2010 年已增加到 5499.39 万人，20 年间人口增长了 4392.85 万人，年均增长率为 19.85%。相对于省内人口迁移而言，省际人口迁移对不同自然气候区内的人口分布变化和都市圈、工业经济区的形成的影响更为重要。诚然，省际人口的迁移为迁入地的社会经济发展与城市化进程做出了巨大贡献，但也会带来一些负面效应。例如：随着大量农村青年劳动力迁移到城市，农村的青年壮力缺失，空巢现象越发严重，负责农业生产的不再是以年轻男性为主的人群，而是妇女、老人、儿童等，不仅增加了这些弱势群体的劳动强度，也使农业生产受到影响。而城市地区，由于大量农村人口迁移到城市，超出城市的承载力，造成资源紧缺，环境污染加重，面临公共服务体系不完善、公共物品供应不足、供需矛盾日益尖锐、社会治安以及犯罪率上升等问题。因此，需要从多个学科角度来审视中国人口迁移的现状，以合理的规划和引导不同地区间的人口迁移，使得各个地区的人口都控制在环境可承载能力之内，实现可持续发展。

第二节　研究问题的提出

人口迁移无论在世界范围、国家范围，还是区域之间，都反映出一个国家或区域人口地理分布的改变，以及社会、经济、自然环境的演变，是社会经济向更高水平、更深层次发展的折射现象。解释和分析人口迁移的原因和趋势是人口地理学的基本任务之一。人口的迁移和流动能够较快地改变人口分布的时空特征。因此，这也是人口再分布的过程。人口迁移导致的人口再分布过程势必会影响不同地区的人口规模变化，而人口规模的改变则会对个别地区的资源环境造成压力。研究人口在空间位置上的流向、流量、强度及地区差异，对解决地区之间、部门之间劳动力及生活物质资源的合理调配有一定的积极作用。

改革开放以来，中国人口迁移长期被就业制度、户籍制度、社会福利保障制度等制约的二元社会体制正在被逐渐宽松的政策环境所松绑，人口迁移特别是省际人口迁移进入了一个数量和规模都在快速增加的时期。一方面，中国社会经济的快速发展引发和促进着现阶段大数量、大规模的省际人口迁移；另一方面，快速增长的省际人口迁移对调节社会资源分布、经济发展转型以及政策体制改革有着显著的影响，并在一定深度和广度上反映着中国社会、经济、自然环境动态发展和演变的规律和深层次影响作用机制。因此，省际人口迁移作为人口迁移的重要组成部分正在成为促进中国社会经济发展和人类社会可持续发展的重要议题。中国的省际人口迁移问题，不仅要研究省际人口迁移的表面特征，还需要借助空间动态、社会管理、区域经济发展、城乡二元政策体制等视角进行全方位深入剖析，对完善我国人口政策与社会经济政策意义重大。

随着我国社会经济体制改革的深化，各省之间的经济发展水平、人均收入、就业环境在不断提高和优化的同时，省际之间的差异也在日益拉大，人们追求更高的经济利益，大规模的劳动力迁移到经济、自然环境条件较为优越的东部沿海发达地区，出现所谓的"孔雀东南飞"现象，使得一些地区或城市承担巨大的人口压力，带来了一系列环境问题和自然资源的浪费。同时，人口迁移造成的人口再分布也在一定程度上加大了各地区之间差距，使得不同地区间发展不平衡。当然，随着中国"西部大开发战略"、"中部地区崛起战略"等扶持中西部地区发展的政策的实施，人口在中西部地区省际之间的迁移也越来越频繁，表现出与以往不同的特征。

因此，需要从多学科角度来理解中国当前规模最大的人口迁移活动的特征，影响因素以及对未来可持续发展的影响。其中，省际人口迁移作为人口迁移的重要组成部分，其极大地改变了我国不同省份和不同自然气候区内的人口数量和分布特征。一般而言，对于人口迁移的研究分为一般情况和特定情况。一般情况为主要迁移人群的迁移意愿及迁移方向；特定情况为少数迁移人群在空间上的迁移行为（如省际生态移民）。本书主要研究一般情况下的省际人口迁移规律。总体而言，分为两个研究区域：集中地与扩散地。集中地是指在某些点（区域）聚集，特别是城镇、港口、工矿、人口和其他生产要素一起聚集，从而形成政治、经济、文化中心，人口密度较高。扩散地是指人口不断从一个地区向周边扩散。本书主要从地理学角度对现代中国省际人口迁移的现状、迁移规律及影响因素进行分析，主要回答以下三个科学问题：

（1）中国省际人口迁移在空间上是如何分布的？

（2）不同职业、性别和学历的省际迁移人口在空间上是否存在差异？

（3）影响省际人口迁移的具体因素有哪些，是如何影响的？

通过对上述科学问题的分析，可以帮助我们清晰地了解中国省际人口迁移规律和影响因素的具体作用机制以及省际人口迁移造成的人口再分布所带来的影响，为国家人口政策的调整和公共政策及服务体系的完善提供科学依据。

第三节　研究目的与意义

一　研究目的

（1）利用空间定量分析以及数学计量模型等方法分析 1990 年、2000 年和 2010 年中国人口普查数据，获知中国省际人口迁移（总人口，不同职业、性别和学历的人口）的强度、空间趋向和分布特征。分析中国省际人口迁移对中国各地区人口再分布的影响。

（2）通过数学建模分析方法探讨不同因素（如环境、空间距离、人文发展指数、经济发展指数、就业结构、人口规模）对中国省际人口迁移的影响。得出影响中国省际人口迁移的主要因素。

（3）通过上述分析结果以及得到的相关结论，提出建议，为国家人口政策的调整和公共政策及服务体系的完善提供科学依据。

二　研究意义

本书运用中国人口普查数据（1990 年、2000 年和 2010 年），以后文中简称"四普"、"五普"和"六普"数据，对中国省际人口迁移现状、特征和影响因素进行分析，对我国制定人口政策、社会福利保障政策等理论和现实意义重大。

（1）理论意义

从人口地理学角度分析中国省际人口迁移，丰富了研究方法，弥补其他学科相关理论的不足。以往的学者更多地从经济学、人口学等角度分析中国省际人口迁移，而忽视了地理环境要素在中国省际人口中所起到的作用。利用地理学的方法可以更加直观地得知中国省际人口迁移的空间分布特征，以及省际人口迁移造成的人口再分布对当地环境和承载力的影响，对区域的可持续发展意义重大。

采用三个时段的人口普查数据，对新时期新形势下中国的省际人口迁移进行研究，为政策决策、人口及其相关政策的完善提供理论依据。本书所用的人口数据涵盖了"四普"（1990 年）、"五普"（2000 年）、"六普"（2010 年）三个不同历史阶段的人口普查数据，其所包含的数据信息量大、时间跨度长、范围涵盖广，具有真实性强、代表性高、准确性好、时效性强的特点，能够全面而准确地反映出改革开放以来中国省际人口迁移的真实状态与流动规律，因而基于这些数据对于指导政府决策和制定相关政策的理论意义较强。

（2）现实意义

通过中国省际人口迁移的空间规律分析及其人口再分布的影响分析，为国家制定相关人口政策、保持各地区之间的平衡发展和设计产业布局提供理论依据。省际迁移人口与区域经济发展关系密切。人口迁移在省际之间的空间分布上存在很大的差异性，究其主要原因还是各省际之间经济发展不平衡、差异较大。本书对省际人口迁移的影响因素，特别对经济因素进行了重点分析，有助于人们深刻了解区域经济因素对人口迁移的影响作用，不仅对国家和省际层面制定相关发展战略和政策大有裨益，同时也对国家或地区进行第一、二、三产业结构的合理调整、战略的产业发展布局及其合理规划，有着重要的参考价值。

通过分析中国省际人口的迁移规律和影响因素以及省际人口迁移的变化趋势，为国家制定资源、经济及相关公共政策提供战略参考，减少省际人口迁移所带来的一些负面影响。随着社会经济的快速发展、城市化进程的加快，中国省际人口迁移呈现出新特征和新变化。在各种综合利益的驱动下，省际人口迁移的数量和规模都在增长，人口迁移的规律和影响因素都在发生着相应的变化，省际人口迁移的内在机制研究及效应研究愈加复杂化和多元化。因此，目前在省际人口迁移越来越频繁及人口流向越来越分散的情形下，深入研究中国省际人口迁移规律和影响因素，对于各地区如何合理有序地控制省际迁移人口数量与规模，提高人口综合素质，促进人口与经济、社会、自然环境之间的可持续发展提供相关政策依据。

人们更趋向于迁移到生活物质资源丰富的地区，大量的人口迁移到经济发达地区，必然会对当地的环境造成一定的压力，而使得一些落后地区缺乏劳动力。本书的研究结果可以为各个地区调节人口与资源环境的关系，实现可持续发展提供理论依据。

第四节 研究方法与数据来源

一 研究方法

（1）文献研究法

本书通过检索和查阅大量网上文献、书籍，对有关人口迁移理论与研究进展的国内外文献进行逐一梳理，并按照不同的文献主题对各类文献的理论观点进行整理与归纳，进而形成内容翔实、结构完整的国内外研究综述。此外，在文中的数学模型建立与计算中，亦参考了不少文献理论研究，并对已有理论研究进行扩展，从而得出相关结论。

（2）对比分析方法

本书基于最新、最全的人口普查数据，对我国省际人口迁移分别在"四普"（1990 年）、"五普"（2000 年）、"六普"（2010 年）期间的变化状况进行对比分析。本书采用的对比分析方法以数据信息量大、时间跨度长的优点，更加动态和真实地反映出中国省际人口迁移现状与规律，在数据基础上保障了文中相关结论的准确性。

（3）定量与定性相结合方法

本书运用统计分析方法对中国省际人口迁移的空间分布规律进行了定量分析，运用因子分析法、回归分析法等对中国省际人口迁移特征及影响因素进行了定量分析。最后，对中国省际人口迁移规律和影响因素进行了细致的定性描述和概括总结，并提出针对性较强的定性结论。

（4）GIS 空间表达法

通过使用地学信息系统（Geographic Information System 或 Geo – Information System，GIS）软件，将从人口普查数据中选取出来的省际人口迁移数据与中国各省的空间地理位置相结合，对省际人口迁移的空间信息进行分析和处理，从而在视觉化效果和地理分析功能上充分体现中国省际人口迁移空间分布规律。

（5）数学建模方法

本书基于最新的人口普查数据，使用统计学、数学方法等建立相关数学模型，对中国省际人口迁移规律和影响因素进行计算分析。文中所有矩阵表格的计算和数学模型的参数选取、计算过程、结果呈现基本全部通过矩阵实验室（Matlab）编程来完成。

二　数据来源

本书的省际人口迁移数据均来自 1990 年、2000 年和 2010 年《中国人口普查资料》，之后文中都简称为"四普"、"五普"和"六普"。对于人口构成数据，本书选取迁入地/迁出地总人口、迁入地/迁出地人口密度和迁入地/迁出地城镇化率，此类数据来源于《中国人口与就业统计年鉴 1996—2011》；而对于人口就业结构数据，如迁入地/迁出地第一产业从业人员比重、迁入地/迁出地第二产业从业人员比重及迁入地/迁出地第三产业从业人员比重，数据来自于《中国统计年鉴 1996—2011》；对于经济发展水平，如迁入地/迁出地人均 GDP、迁入地/迁出地城镇人均生活消费支出、迁入地/迁出地农村人均生活消费支出、迁入地/迁出地城镇人均可支配收入、迁入地/迁出地农村人均纯收入，此类数据来源于《中国统计年鉴 1996—2011》；人类发展指数（HDI）来自于《中国人类发展报告 2013》（2010 年数据）、《中国人类发展报告 2007/2008》（2005 年数据），《中国人类发展报告 2002》（1999 年数据）、《中国人类发展报告 1997》（1995 年数据）；而对于距离数据，如相邻性指数和省会城市间最短公路里程，相邻性指数为自己设定，若迁出地与迁入地有共同边界，则为 1，若迁出地与迁入地无共同边界，则为 0，而最短公路里程来源于《中国交通地图册 2014》；对于环境影响因素，如迁入地城镇人均绿地面积、PM10、迁入地 SO_2、迁入地 NO_2、迁入地空气质量达到及好于二级的天数百分比，此类数据来源于《中国统计年鉴 2006—2011》。基本家庭能源消耗的数据来自《中国能源统计年鉴 1996—2011》。基本家庭碳排放数据根据能源转换系数计算得来；人均消费支出数据来自《中国统计年鉴 1996—2011》，并转换为 2000 年不变价。其中所有五年间的数据变化都用平均值表示。

第五节　研究框架及内容

本书的研究内容共包括七章，每章节的主要内容概述如下：

第一章——绪论。首先，从人类历史的发展进程开始，在纵向上对国际、国内以及现代人口迁移的发展历史进行了逐层剖析，并在横向上对省际人口迁移过程进行了相关阐述；其次，基于研究背景提出了相关的研究问题；最后，提出本书的研究目的与意义、研究方法与数据来源，并构建和阐述了论文整体研究框架与主要内容。

第二章——人口迁移相关理论与研究进展。首先，对人口迁移和人口流动进行了定义。其次，阐述了人口迁移的相关理论。主要包括拉文斯坦理论、推—拉理论、新古典经济学理论、发展经济学理论。最后，分别从人口迁移与空间分布、人口迁移与社会经济发展、人口迁移与资源环境、人口迁移与社会环境及省际人口迁移的影响因素研究这五个方面进行国内外研究综述。

第三章——中国省际人口迁移现状的空间分布特征研究。首先，分析中国省际迁移人口规模分布及变化；其次，通过分析省际人口迁入率、迁出率及净迁移率来研究省际人口迁移强度变化；再次，研究省际人口不同区域间集中及扩散方向的变化；又次，本书根据地理位置、自然环境、经济因素和省际迁移人口，将31个省份分为了四个地区，即东部沿海地区、中部地区、东北地区和西部地区，并详细分析区域之间的人口迁移；最后，分析省际人口迁入、迁出的影响力分布及变化。

第四章——中国省际人口迁移组成特征的空间分布研究。本章部分依次讨论了不同职业、不同受教育程度和男女省际迁移人口的空间分布规律，并通过 GIS 空间绘图来表达。此外，分析省际人口迁移对不同地区人口再分布的影响。

第五章——中国省际人口迁移原因及影响迁移的因素分析。首先，通过数据分析和对比详细讨论省际人口迁移原因；其次，选取影响省际人口迁移的因子，并进行相关系数计算和检验；最后，运用矩阵实验室（Matlab）软件构建回归模型，分析不同影响因子对省际迁移人口分布模式的影响。

第六章——中国省际人口迁移效应分析。首先，提出标准消费系数，并对这一指标进行解释和分析；接着，分析省际迁入人口和自然增长人口；最后，探讨省际迁移人口对消费（$C-E-CO2$）的影响。

第七章——结论及政策建议。

第二章　人口迁移相关理论与研究进展

第一节　概念辨析

人口流动和迁移是一个普遍的历史、地理现象，反映了人口在地理空间上的移动。通常都是由生存条件差的地区向生存条件较好的地区流动。目前，关于人口迁移及其相关概念的定义，国内外各大学术研究机构和广大学者都是仁者见仁、智者见智，至今尚未有统一的说法与定论。对于人口流动的基本概念，人们最初主要是从人口数量机械变动的角度来进行思考的。于是，地理空间、时间因素的变化成为了衡量人口是否流动的关键环节。但上述这两个因素的变化存在着较大的不准确性与不确定性，因此想要对人口流动和人口迁移下一个确切的定义有着很大的困难。我国学者段成荣（2006）曾将人口流动与人口迁移进行了区分辨析，指出人口流动和人口迁移是人口发生地区移动或者空间移动的两种不同形式，发生流动行为的称为人口流动；发生迁移行为的称为人口迁移。人口流动不伴随户口的变动，而人口迁移则伴随有户口的变动。综合相关研究给出的定义，人口流动通常是指因学习、工作、探亲、度假、旅游等原因临时或短期离开居住地外出活动，而不改变户籍的人口移动现象。人口流动的重要特征就是人口临时或短期离开居住地而外出进行活动，但户籍却不随之变更的现象。

虽然人口迁移和人口流动都是人口在地理空间上的一种运动过程，但人口迁移强调居住地变更和时间限度（永久性或长期性）。

根据 IUSSP 即国际人口学会组织编写的《多种语言人口学辞典》给出的定义：人口在两个地区之间的地理流动或者空间流动称为人口迁移，此种流动通常会涉及永久性居住地由迁出地到迁入地的变化。人口迁移被称为永久性迁移，它不同于其他形式的、不涉及永久性居住地变化的人口移动。以及 PRB 及美国人口咨询局编写的《人口手册》给出的定义：人口迁移是指人们为了永久或半永久定居的目的，越过一定边界的地理移动。

我国学者魏津生较早在国内给出了关于人口迁移的定义：人口迁移分为两个层面的人口移动，一方面是指在不同省、市、自治区、直辖市区及县之间，且户口登记地发生改变的人口移动；另一方面是指具有人口学意义，在不同的经济、自然类型地区之间，且户口登记地发生改变的人口移动。从该定义可以看出，人口迁移的概念只关注于人口在地理空间上的改变，而对迁移时间、迁移目的等迁移因素并未涉及，缺乏对人口迁移这一现象的全面考虑。我国学者宋春青、刘清洒编写的《中国中学教学百科全书》给出的定义：人口在两个地区之间的移动称为人口迁移，人口居住地由迁移地到迁入地发生永久性或长期的改变是这种移动的主要特征。由于我国存在着严格的户籍管理制度，该定义未考虑户籍对人口移动的影响，因而该定义对人口迁移的定义仍较为欠缺。

山东大学彭勋教授通过相关研究给出的定义：空间、时间与目的并称为人口迁移的三大主要属性，基于这三大属性可以将不同定义分为宽、中、窄三大派。从空间属性出发来定义人口迁移属于宽派的思想，人口的空间位移或地区与地域分布的变动是该派定义的主要关注点。从目的属性出发来定义人口迁移属于中派的思想，以定居或居住为目的是人口迁移定义中的着重点。从目的属性出发来定义人口迁移属于中派的思想，从三大主要属性中的两个或三个属性出发，来共同定义人口迁移，属于窄派的思想。因此，跨过较长距离并以较长期居住为目的向另外一个地方的迁移，是目前各种关于人口迁移定义中均认可的定义。于是，短期外出务工、执行公务、旅游、度假、朝圣、走亲访友等，以及来回往返性、季节性和周期性的人口空间移动，在宽派的理解层面可以定义为人口迁移，而在中派、窄派的理解层面就只能定义为人口流动了。

另外，按照不同的分类标准可以将人口迁移划分为不同的类型。例如：根据人口迁移空间范围的不同，人口迁移有国际迁移和国内迁移两种基本类型。根据人口迁移方向的不同，可以分为城市—城市迁移、农村—农村迁移、农村—城市迁移、城市—农村迁移四类。根据移民就业性质的不同，可以分为产业性移民和非产业性移民两类。根据迁移人口的数量多少，可分为集团迁移（包括民族大迁移、游牧性迁移、殖民性迁移等）

和个人迁移两类。根据移民在迁入区定居时间的长短，可分为永久性迁移、定期迁移、季节性迁移和暂时性迁移等。根据迁移方式的不同，可以分为自发性迁移与计划迁移、有组织迁移和无组织迁移、志愿性迁移与强迫性迁移、个人迁移与集体迁移等。因此，按照不同的分类标准，人口迁移往往呈现出多样化和复杂化。

本书主要研究的是中国省际人口迁移，参照上述定义，我们给出的中国省际人口迁移的定义是：在不同省际间迁移，以工作或定居等为目的，而发生居住地的永久性或长期性（半年或一年以上）改变的人口移动现象。因此，本书定义中的省际人口迁移的重要特征就是跨省迁移、居住地永久性或长期改变，并不以户籍的变更与否作为评判标准。

第二节　人口迁移相关理论

关于人口迁移的相关理论起源于西方发达国家，并有着悠久的发展历史。因此，西方国家众多学者提出的关于人口迁移理论仍是目前人口迁移相关理论的经典理论，值得国内外学者借鉴。众多国外学者们分别从经济学、社会学、人口学、地理学、历史学以及心理学等研究视角出发，提出了一系列经典的人口迁移理论。由于人口迁移理论及模型涉及众多，本书仅列出一些具有代表性的理论进行阐述。

一　拉文斯坦的理论

早在 19 世纪晚期英国学者拉文斯坦（G. E. Ravenstein）提出了"人口迁移规律"的理论。该理论是他 1885 年发表于《英国皇家学会会刊》上一篇叫做《The Laws of Migration》的论文上提出来的，之后于 1889 年又对之前的理论进行了补充研究，提出了著名的 7 条人口迁移规律，至今对人口迁移理论的研究有重大影响。

1. 迁移和距离。由于长距离的迁移发生在规模较大、工商业较为发达的中心城市，人们常倾向于短距离的迁移，迁移距离越短，迁移人口越多。

2. 阶梯状的迁移。人口迁移具有阶梯特征。大的工商业中心城市往往能吸引附近的城镇人口迁入，从而出现这些人口迁出城镇的人口空缺，由更远的乡村人口来填补这个空缺成为必然趋势，进而形成了人口从城镇向较大中心城市迁移、人口从较远的乡村向城市附近的城镇迁移的层层递进的阶梯状态的人口迁移。

3. 迁移流和逆迁移流。一般的迁移方向人口流向较大规模的工商业发展中心，但与每个主要迁移流向相反、规模较小的逆迁移流也同时存在，它是主要迁移流产生的一个所谓补偿性的逆向迁移。

4. 迁移的城乡选择性。城市人口的迁移意愿往往低于农村人口的迁移意愿，即农村人口更倾向于向城市迁移，而城市人口则不然。

5. 迁移的性别差异性。女性倾向于短距离的人口迁移比例高于男性。

6. 迁移与技术发展。工商业的发展、交通运输工具的不断革新，促使人口迁移规模不断增加。

7. 迁移动机。促使人口发生迁移的动机有很多种，苛捐杂税、法律歧视、人口过剩以及恶劣的气候和环境等原因都会引发人口迁移，但人们寻求更好的物质生活条件、追求更大的经济利益才是最大的迁移动机，由这一动机引发的人口迁移比例也是最大的。

二 推—拉理论

推—拉理论是获得国内外广大学者认同、支持和应用最为广泛的理论之一。在拉文斯坦提出的人口迁移规律基础上，赫伯尔（R. Herberle）于1938年发表了一篇《乡村—城市迁移的原因》，首次提出了著名的推—拉理论。该理论认为，人口迁移行为的发生是由迁入地的拉力因素（pull factor）和迁出地的推力（push factor）共同作用的结果。具体来说，迁移是由一系列"推力"和"拉力"共同作用引起的，"推力"推动一个人离开一个地方，而"拉力"吸引人到另一个地方。人口受迫于原住地自然、社会、经济等方面对人口产生的压力（即"推力"），迁出原住地；同样由于其他地区存在着吸引人们迁入该地的自然、社会、经济等方面原因所形成的"引力"，人口便被吸引到这些地区。

随后，博格（D. J. Bosue）和李（E. S. Lee）等人对赫伯尔提出的推—拉理论进行了进一步的延伸与拓展。1959年，博格在发表的《国内迁移》一文中深化了对"推—拉理论"研究，具体论述了促进人口迁移的12个推力因素和6个拉力因素，其中推力因素涵盖了从政治、民族、宗教到就业、升学、灾害等具体因素，而拉力因素涉及了工作机会、资源开发、技能发展等事关人口发展的具体方面。1966年，李（E. S. Lee）

在前人关于"推—拉理论"研究的基础上对人口迁移理论进一步提升与完善。他在发表的《迁移理论》一文中对"推—拉理论"进行了新一轮的思考与拓展，在该文中，有四类因素影响人口迁移决策，即迁入地的影响因素、迁出地的影响因素、迁移过程中的中间障碍因素、个人因素等。此文是迄今为止有关人口流动推拉力模式最为系统全面的探讨。

三　新古典经济学理论

在新古典经济学理论认为不同区域之间劳动力供给与需求的区域差异，引发了人口迁移的发生。随着工业化、城市化进程的加快，城镇的发展需要充足的劳动力供给，当其对劳动力的需求大于本地供给时，农村中大量剩余劳动力便可填补城镇劳动力缺口。新古典经济学理论从宏观层面和微观层面论述了人口迁移的过程和原因。宏观层面，当劳动力、资本等生产要素受相对价格差异而产生地域分布不均衡的差异时，便会发生人口迁移。微观层面，强调人口迁移的目的主要是在迁入地得到相对于他们自身的迁移成本而言更丰厚的薪酬或回报。于是，"效益最大化"、"合理选择"、"生产要素流动性"、"预期净收益"以及"工资差"等经济学概念被大量应用到人口迁移理论中。新古典经济学中双重劳动力市场理论、新家庭迁移理论和"投资—收益理论"等逐渐被人们熟知并被广泛应用，从而丰富了人口迁移理论的内涵。

四　发展经济学理论

在发展经济学中，关于人口迁移的理论以刘易斯二元经济结构理论、费景汉—拉尼斯理论、乔根森理论以及托达罗理论为代表，都从深层次解读了农村—城市人口迁移发生的原因及影响因素，加深了工业化、城市化快速发展过程中对人口迁移现象的认识与理解。

1. 刘易斯二元经济结构理论

1954 年，英国经济学家刘易斯（A. Lewis）以一篇《无限劳动供给下的经济发展》的文章提出了著名的二元经济结构理论，这也是发展经济学中第一个人口迁移理论。刘易斯在该理论中提出城乡二元经济结构普遍存在于广大发展中国家，一种是能够自给自足的传统农业部门，另一种是有着高效率生产能力的现代工业部门。由于劳动生产率和收入水平在这两种部门之间存在较大差异，使得劳动力不断从传统农业部门流向较为发达的工业部门，从而引起大量人口从农村向城市迁移。但农村人口向城市的迁移并不是一直源源不断的，随着工业部门吸收农业部门迁移过来的劳动力的饱和，以及农业部门生产率的提高，最终两部门的劳动生产率相等时，两部门间的人口迁移就会达到平衡状态。虽然刘易斯提出的二元结构理论对于解释农村劳动力向现代工业部门转移的人口迁移过程及原因进行了较为详尽的阐述，但该理论仍存在一些不足与缺陷有待改进：其一，在现实中劳动力无限供给是不存在的；其二，现代工业部门的发展被一味强调，却忽视了传统农业部门与现代工业部门的共同协调发展。

2. 费景汉—拉尼斯理论

在基于刘易斯二元经济结构理论基础上，美籍华人费景汉（Fei）和美国经济学家拉尼斯（Rains）于1964年建立了费景汉—拉尼斯理论，此理论是对刘易斯二元经济结构理论的发展与改进。该理论弥补了刘易斯二元经济结构理论中未曾关注农业剩余产品的增加、农业生产率的提高是促进农业部门劳动力向现代工业部门迁移的重要原因，而将这些原因在他们的理论中进行了重点关注，认为其是农村剩余劳动力迁移到城镇工业部门的前提条件。因此，费景汉—拉尼斯理论不仅将农村农业、城镇工业发展与农村剩余劳动力向城镇迁移过程进行了有机的联系与深入的分析，也从另一个侧面对二元经济结构的演进、发展以及相互之间的联系进行了更为深刻的剖析。

3. 乔根森理论

出于对刘易斯二元经济结构理论的反思，美国经济学家戴尔·乔根森（D. W. Jogenson）于1967年在《过剩农业劳动力和两重经济发展》一文中提出乔根森理论，该理论从新的视角对农业部门劳动力向工业部门迁移进行了分析，是对刘易斯二元经济结构理论有力的补充。乔根森认为，农业剩余是农业部门人口向工业部门迁移的基础条件；而由消费需求拉动引起的消费结构的变化是导致农业部门人口向工业部门迁移的根本性原因。因为人们对农业部门生产的产品需求有限，但对工业部门生产的产品需求无限。于是，当人们对农产品的需求达到满足时，农业部门的农产品生产会因没有了消费需求的拉动而陷入发展缓慢的境地，这样就会迫使农业部门劳动力向需求更为旺盛的工业部门迁移。因此，乔根森理论与其他理论相比更立足于实际，技术进步与农业发展都有强调，但仍未关注诸如城市就业率等现实问题。

4. 托达罗理论

随着工业经济的发展，在发展中国家的城市出现了高失业率与人口迁移持续增加并存的现象，托达罗（Michael P. Todaro）于 1969 年发表了《不发达国家劳动力流动和城市失业模型》一文，提出了"预期收入理论"来解释此现象。他认为城市预期收入决定着农业部门人口向城市工业部门迁移的决策与动机，而预期收入是由实际的城乡收入差距与城市失业率决定的。同时，托达罗还将城市的工业部门分为非正规部门和正规部门，即所谓的"非正规部门理论"。农业部门的劳动力向城市工业部门迁移需经过两个阶段才能完成实质性的迁移从而在城市真正地就业。即农村劳动力首先在第一个阶段进入城市非正规部门工作作为过渡，随后才可能在第二阶段进入城市正规部门工作。在城乡预期收入差距下，城市就业率越高，由农村向城市迁移的劳动力就越多。城市工业部门创造的就业机会越多，农村劳动力迁移到城市的数量就越多，导致城市失业率也越高的怪现象。托达罗提出要解决此问题仅靠提高城市正规部门就业机会是不够的，还要从大力发展农村经济、提高农村人口生活质量水平入手，这样才能有效地解决城市失业问题。因此，托达罗理论不仅对发展中国家农村人口向城市不断迁移且日益增大的原因给出了坚实的理论依据，也为城市就业问题的解决提供了有效途径。

五　其他理论

除前面几种理论外，研究者还从不同的学科、角度对人口迁移的表面现象、内在规律、动态变化、作用机制、影响因素等进行了深入研究，并得到了其他理论。例如：对人口迁移成本与迁移收益进行比较权衡，将两者的比较结果作为个人行为迁移决策依据的"成本—收益理论"；认为社会经济发展条件、人口出生率、死亡率的转变与人口迁移紧密相关的"人口迁移转变假说理论"；提出人口迁移是一种人力资本投资的"人力资本理论"；将人口迁移视为一个复杂的决策过程的"行为学派理论"；基于微观家庭、个人角度对劳动力迁移动机进行分析的"新经济迁移理论"；提出农村人口向城市迁移的新动机的"二元劳动力市场理论"；通过将城市化、工业化过程与人口迁移理论相结合，建立的"迁移率转变理论"；以及人口迁移中的个人决策较大程度上依赖于移民网络，人们通过移民网络这一有效途径获得迁移信息的"移民网络理论"等等。

上述众多理论研究更多的是从人口迁移的影响因素的角度来研究人口迁移问题的，而欠缺人口迁移的空间分布规律以及对人口再分布等方面的考虑。

第三节　现代人口迁移的国内外研究进展

随着世界、各国、区域之间人口迁移流的逐渐壮大，国内外学者对人口迁移的相关研究也日益增多。特别是在中国，随着改革开放和城市化进程的日益加快，国内相关研究逐渐增多。相比于国外诸多人口迁移理论，关于中国人口迁移的研究也在深度和宽度上有了更大的扩展，其研究方向、内容、方法与手段等都在不断丰富与创新，使人口迁移的研究更加全面与完善。

一　人口迁移与空间分布

中国人口空间分布的最大特点就是区域的不平衡性，这一特点早在两三千年前的先秦时代就被注意到。但是直到 1935 年胡焕庸教授首次以定量分析的方法提出了瑷珲（今黑河）—腾冲人口地理分界线，即胡焕庸线。胡焕庸教授（1990）又基于第三次中国人口普查数据再次对这条人口地理分界线进行了测算，并指出占中国国土面积 42.9% 的东部地区集聚了全国 94.4% 的人口。刘泰洪（2001）以胡焕庸线为依据分析了我国历史上几次大规模的人口迁移对现今人口分布格局的影响，主要表现为人口向南方和边远地区大量迁移，使得南方人口密度不断增加。

新中国成立以后，在 50 年代末 60 年代初曾有过一个迁移的活跃期，此后，直到 70 年代后期人口的迁移和流动都受到严格控制而处于抑制状态。进入 80 年代后，中国人口迁移日趋活跃，而且改革开放以来人口迁移方向发生逆转，人口从内陆迁向东部沿海地区（张善余，1990；杨云彦，1992；王桂新，2000、2004）。丁金宏（1994、2005）根据第四次和第五次人口普查数据，考察了改革开放以来中国省际人口迁移的流场分布及其演变特征，并指出中国人口迁移进入高活性、高能力的新阶段。李培（2009）对中国城乡人口迁移的时空特征进行了研究，发现改革开放以来，中国人口的城乡迁移整体呈上升趋势，人口主要从农村向城市迁移，由落后地区向发达地区迁移。从省际人口迁移来看，人口迁移比重在地域上接壤的省市间占大部分比例，但这一比重在整体上有减少的趋势。同时，中国以四大直辖市为代表的大城市中，在空间上迁移人口的居住地明显呈现出郊区化的特征，从而揭示出城市经济增长和人口迁入地的空间分布格局之间的密切关系。鲍曙明等（2005）根据历次人口调查数据和2000年的第五次人口普查数据，综合分析了过去50年间的人口分布、人口迁移的空间形态变化。通过迁移偏好指数的研究分析，得出以北、上、广为主的人口迁移的吸引中心已经初步形成，随着近些年来社会经济的快速发展，新疆也成为西部地区吸引人口迁移的又一中心带，并提出了一些人口迁移与西部大开发战略相关的政策意见。

Chen等（2007）通过1990年和2000年的县级人口普查数据分析得出了中国流动人口在1990年到2000年之间的时空变化特征，结果表明从90年代起中国人口迁移的空间分布趋于集中，省际迁移人口数量超过了省内人口迁移规模。王桂新等（2012）利用第四次和第五次全国人口普查数据，对中国近20年以来的省际人口迁移流场及其空间差异进行了研究，结果表明人口一直维持着从湖南、四川、河南、安徽、江西等重要辐射区向京津冀地区、长三角、珠三角等沿海发达地区迁移的主要方向，而且有逐步增强的趋势。长江三角洲地区由于迁入规模的增加，成为总量接近广东省的第二大辐合区，而广东省除了大规模增加的迁入人口外，同时还拥有大规模增加的向周边省区迁移的迁出人口。Li Yang等（2014）利用双组分趋势制图技术和多组人口迁移数据，分析研究了1985—2010年中国省际人口迁移的时空格局。结果表明，中国省际人口的空间迁移强度较大，其中1985—2010年间东部地区的迁移强度大幅度增加。并指出珠三角、长三角和京津冀三大都市圈分别为成熟型、新生型和波动型人口迁入集中分布区域。

不同的性别、年龄组成和受教育程度的省际迁移人口在空间分布上略有不同。根据1987年1%抽样调查数据，2000年人口普查数据和2005年1%抽样调查数据，研究结果表明女性人口的迁移较男性更为集中。Ye Liu等（2014）利用多年连续的人口普查和抽样调查数据，分析了政策和经济因素对省际迁移人口空间分布的影响，研究结果表明低年龄的人口迁移群体对地区间经济差异较高年龄群体更为敏感；同时表明随着产业模式从劳动密集型向技术密集型的转变，受过教育的迁移人口比未受过教育的迁移人口在空间上更加集中。

　　此外，还有很多学者运用不同的空间分析方法，就人口迁移的流向、源地、空间结构等内容展开了一系列的探讨，从而为掌握我国省际人口迁移分布变化规律以及迁移模式的转变提供了新的研究思路。

二　人口迁移与社会经济发展

　　人口迁移与经济发展密不可分，而人口迁移也会对社会经济发展产生深刻的影响。因此，国内外学者分别从不同的角度、不同的区域，选取不同的方法，来研究人口迁移与社会经济发展之间的联系，对促进人口与经济的可持续发展意义重大。美国经济保持了长期活力与其吸收大量的高学历和具有一定技术的迁移人口密切相关。通过对美国人口迁移和经济结构调整关系研究表明，19世纪70年代起美国人口迁移特征发生了变化，不同于19世纪五六十年代，使得美国经济保持了长期活力，因而美国在19世纪70年代对人口迁移与就业的变化高度重视。Fan（1996）以中国广东省为例，对经济机会与人口迁移的内在关系进行了研究，他认为经济机会是决定人口迁移的主要因素，但在改革开放以前由于受政府对人口迁移政策的干预而不明显，随着区域经济的不断发展，引发了人口迁移新的引力与推力，从而产生了更多的不受政府诱导的人口迁移机会。

　　城镇化与社会经济发展密切相关，而人口迁移，特别是大规模农村人口向城市的迁移推动城镇化的发展。蔡建明（1990）对中国1949年以来省级人口迁移与城市化的主要变化过程进行了回顾，并对其中的原因进行了分析研究。刘宗昌等（1992）从政策层面出发，就中国人口迁移政策对城市化进程的影响进行了着重探讨。周皓（1998）对中国人口从农村—城镇迁移流的持续性原因进行了探讨，提出基于文化角度分析此原因大有裨益。Li（2004）结合1990年人口普查数据与1995年全国1%抽样人口调查数据对中国人口迁移与城市化关系进行了对比分析研究，研究结果揭示出改革开放政策引起了大量的人口迁移，国外投资也对促进人口迁移起着较大的作用；相应地，农村—农村、城市—城市的人口迁移也在增长。而农村—城市的人口迁移流中，中国的移民正在日益忽视迁移到城镇，而是最后迁移到城市。魏星和王桂新（2011）针对"十一五"期间中国人口与城市化研究成果中的不足，提出了"十二五"期间该项研究的重点领域，为我国人口迁移与城市化发展的研究指明了前进的方向。王桂新等（2014）选择中国省际人口迁移集中地——长三角都市群，对其人口迁移与城市化发展进行考察研究。

Fan（2002）还对中国城市地区人口迁移与劳动力市场分割问题进行了探讨，他指出居民身份对解释中国城市的人口迁移过程与劳动力市场分割是至关重要的，并且考虑到人力资本属性、劳动力市场入口和变化等因素，有威望和成功的社会精英人士才是人数最多的永久迁移者，其次是当地人，最后才是处于社会等级制度最底层的短暂迁移者。由于区域间人力资本的流动更能揭示出人口迁移对经济发展的影响，我国学者王胜今、范力达（2007）通过相应指标的选取对中国东北地区在 20 世纪 90 年代的人口迁移中的人力资本进行了考察；柳延恒（2014）对辽宁省三类城市中人力资本对农民工职业流动的影响情况进行了研究，均得出了有意义的结论。

同时，还有一些学者认为人口迁移会在城市化进程中给城市带来一些负面影响和社会问题，需要人们采取一些措施积极应对，以保证人口与城市化的和谐发展。此外，也有学者认为，迁入地与迁出地、城乡之间的收入水平差异，就业、失业问题，就业结构等对人口迁移都是有很大影响的，因而做了大量的相关理论与实证研究，对人口迁移与经济发展之间的研究内容进行了进一步拓展与丰富，意义深远。Liang 和 Michael J（1997）还对中国 1983—1988 年间市场转型、政府政策与省际人口迁移进行了深入研究，他们指出，在小城镇和农村发展乡镇企业对于减少农村人口向城市的迁移能力毕竟是有限的，未来的研究应重点考察乡镇企业对省际人口迁移模式的影响。

三 人口迁移与资源环境

人口迁移除了与经济发展有关系互动外，还与环境、生态、气候变化、自然灾害等因素相互关联。一方水土养一方人，资源环境的承载力是影响人口密度的最基本因素。当然技术进步和生产力的发展可在一定时期改变一个区域的人口分布特征。有关人口迁移与资源环境方面的研究也成为了时下的热点，为人口迁移的研究增加了新的内容。

David A（1999）对南非迁移、人口与环境之间的关系进行了深入而细致的研究，指出环境退化有助于推动人口迁移与暴力冲突，应对环境问题引起重视。Steinar Engen 等（2002）探讨研究了迁移距离、迁移率、环境承载能力异质性、当地人口密度调节强度与环境噪声的量级和空间自相关性引起的效应，大量的数值实例也被应用到此研究中，从而对人口迁移在异构性环境中的变动规律得出了有意义的结论。我国学者潘纪（1988）早在20世纪80年代末就从生态角度出发，探讨了我国大规模的移民现象，他认为迁入地区的生态问题虽在一定程度上是由一些规模较大的移民引发或加剧的，但也在一定程度上影响着当地的社会经济效益，在处理好各种关系的前提下，可以适当较少或避免对生态环境的破坏。杨金星和贾秀嵩（1991）基于环境人口容量和实际人口数量在我国各省市地区的分布有着较大差别的实际，对我国环境人口容量和人口迁移的内在联系进行了深入的探讨，认为环境人口容量的高低对人口迁移起着重要的作用。郑燕（2013）在全球环境和气候变化的大背景下，对环境移民的概念、理论基础及其政策含义进行了全面的定义与解析，指出环境移民本质上属于典型的人类、生态复合系统引发的人口、资源与环境可持续性发展问题，因此建立一个包括人口迁移理论与资源稀缺理论、生态环境承载力理论等囊括于一体的综合性理论分析框架，是很有必要和有意义的。

在全球环境和气候变化的大背景下，近年来因气候变化引起的人口迁移活动被人们逐渐认识并加以重视。于是，由气候变化引起人口迁移的关联性关系成为了众多学者研究的热点问题之一。Alisson F等（2010）通过建立模型模拟了巴西东北部地区2025—2050年间人口迁移与气候变化之间的关系，这个综合模型是基于气候变化对主要经济部门及其相关部门的影响而模拟的国家层面和市政层面的人口迁移的情形，结果显示预测的气候变化将会严重影响区域的农业部门，从而成为引起人口向其他地区迁移的潜在推动力，他们最后又探讨了弱势全体特别是人口迁移人群将对巴西的公共政策和规划产生怎样的影响力。Anthony（2012）通过研究指出，只有深入地理解气候变化现象、人类与环境之间的关系、人口迁移以及三者之间的相互关系，才能发展有效的应对环境位移和人口迁移的政策。Sarah（2013）对欧洲人口迁移和气候变化之间的互动关系进行了研究，他重点考虑了人口迁移在解决欧洲人口赤字的情形下是否是一种有效合法的政策途径，以及气候变化对这种关系的影响。

余庆年和施国庆（2010）在回顾国际相关文献的基础上，对环境、气候变化引起的人类迁移活动方面的问题进行了梳理与研究，不仅对目前的研究难点进行了阐述，也对未来研究前景进行了展望。随后，余庆年等（2011）对2010年西南特大干旱农村人口迁移进行了调查，对极端气候事件和气候变化移民之间的复杂关系进行了探索，研究揭示出在当地政府和村委会即公共层面的帮助下，农户在个人层面方面亦采取了多样化的适应措施，从而减轻了特大干旱给农户生计带来的压力，农户向其他地区的迁移行为也随之减弱。

此外，自然灾害也是推动人口迁移的重要原因。夏明方（2000）就抗战时期中国的灾荒与农村人口迁移之间的关系进行了研究，认为在抗战时期的中国农村，与战争相比，灾荒对于人口迁移的影响力更大。张怡（2009）针对2008年的"5·12"汶川大地震，探讨了人口结构在灾区人口迁移情形下是否能得到优化的问题，提倡将灾区农村人口向城镇迁移、农业人口向非农产业迁移是实现人口结构优化的有效途径。可以说，自从"5·12"汶川大地震后，很多研究者基于灾区重建的角度，对相关的人口迁移和分布问题研究更为细化，并提出了许多有建设性的想法和意见，填补了自然灾害与人口迁移关系研究的空白。此外，受生态环境的压迫，一些地区为了维护生态环境，需要进行生态移民，如甘肃民勤地区的生态移民。

四　人口迁移与社会环境

国家政策、文化、民族、教育、公共设施等社会环境要素同样与人口迁移有着相关联系，对人口迁移的研究离不开对这些社会环境因素的分析。尤其在中国这么一个人口众多、人口迁移数量和规模巨大的国家，社会环境的多元性使得人口迁移与其联系更加紧密，因此有必要对人口迁移与社会环境之间的关系进行深入研究。

Douglas W（2007）针对国家的健康和外交政策对人口迁移的影响进行了深入研究，他提出鉴于人口迁移在人们健康方面起着越来越重要的决定性作用，与人口迁移相关的问题需要更多的政策关注。Hartmut（2009）评估了政策变化对加拿大的移民法和地区艾滋病人口迁移模式改变的影响，研究结果显示出通过长达5年时间的实施，移民政策变化的影响是明显的，建议有着越来越多迁移人口的发达国家应该认识到政策变化对人口迁移的影响。Dragana 和 Robert（2005）对欧洲有关性别关系、老龄化和人口迁移的综合政策进行了全面的研究，其研究为欧洲过去20年的人口情形提供了一个连贯的和有用的总结，他们使用的综合方法，代表着有关欧洲主要人口问题上的政策性研究取得了重大的进步。

Li 和 Philip（2000）从移民政策和迁移者的角度出发，通过使用问卷调查数据和对迁移人口深入的访谈形式，对中国长江三峡库区的人口迁移进行了研究，他们的研究结果表明，很多搬迁者正在面对贫困的风险，源于财政和经济资源的缺乏以及环境限制搬迁的能力。因此，在这样的情况下，受这些影响的搬迁者是很难有机会来提升他们生活水平的。Yang（2010）对中国改革开放以来广东省人口迁移政策的调整进行了相关研究，他以区域经济发展和与之相联系的社会政策为参照，将改革开放以来的 30 年划分为 3 个阶段，人口迁移政策也随之发生着 3 个阶段的不同演变，政策的调整影响移民和公共的地方迁移，移民的变化并不断被《广州日报》所报道，他指出广东人口政策的调整将为中国其他地区提供有用的借鉴。

同时，必须指出，中国的户籍制度是有别于西方发达国家的一种特殊制度，它对中国人口迁移的影响程度深远。Chan 等（1999）对中国户籍制度和城乡人口迁移的过程与变化进行了专著研究，他们的研究对户籍制度的起源和变化提供了一个纪实性的说明，并研究了户籍制度对自 20 世纪 50 年代以来城乡人口迁移中发挥的功能和引发的问题。研究结果指出，随着市场化经济的发展与越来越多的流动人口，户籍制度表现出了与现实情况不适宜的情况，新的力量开始滋长并在超越该系统的限制，引导着中国过去 20 年的许多变化。同时，Chan 等（1999）对中国变更户籍和不变更户籍的人口迁移进行了对比研究，发现这两种类型的移民共享一些一般性的人口特点，但在社会经济方面也显示出一些实质性的差异；这项研究也说明了在不同的社会政治背景下，应用现有的迁移模型存在的实用性和局限性。Chan 和 Buckingham（2008）还对中国是否应该废除户籍制度进行了探讨，对中国户籍管理制度的改革进行了展望。此外，还有很多学者对于户籍制度与人口迁移的关系进行了大量卓有成效的研究，为我国户籍管理制度改革提供了大量理论和现实依据。

人口迁移推动着人类文化、民族的变迁，从而推动着历史的进步。马侠（1987）分析了新中国成立至 20 世纪 80 年代中国人口迁移的过程和特点，并预测了未来人口迁移的前景。张善余和曾明星（2005）基于第五次人口普查数据，分析了近年来中国少数民族人口分布变动和人口迁移的情形，揭示出了我国少数民族的人口分布特点和变动趋势。刘美蓉（2013）还构建了中国民族地区的人口迁移模型，并进行了实证分析，其研究结果对于促进我国民族地区人口、资源、环境的可持续发展具有重要意义。与此同时，我国还有较多学者就中国自古代至今的人口迁移历史的演变进行了大量研究，对于丰富我国人口迁移文化与历史的研究意义重大。

人口迁移除了能给迁入地带来积极的社会经济效应外，亦会对迁入地带来一些消极的社会经济效应，特别是大量农村人口向城市的迁移，对城市公共基础设施承载能力以及相关公共福利制度发起了严峻的挑战，导致城市公共设施的现状、政府财政的投入力度，无论在数量上、规模上，还是布局上都难以满足实际需要，也进一步恶化了城市的生态环境。因此，关于人口迁移与公共设施、公共产品配置的研究也相继涌现。Paul 等（1997）运用多层次建模方法对英国公共住房与人口迁移之间的关系进行研究，相关结果显示在个人层面上公共住房对迁移者移动距离的影响很大，但在地区层面上该影响不明显。通过只模拟迁移者的移动距离超过20 千米以上的研究发现，住公共住房的人和拥有自由住房的人在移动距离上没有明显的差别，但是与土地使用权相关的地区层面变量在解释迁移者的移动距离时却显得特别重要。马伟等（2012）通过建立引力模型就中国人口迁移与交通基础设施之间的关系进行了剖析，他们选用全国三次1% 抽样调查人口迁移数据作为模型数据来源，分析认为人口迁移会受到交通基础设施改善的极大影响。结果表明，人口或劳动力要素的自由流动、最优配置，都会受到交通基础设施改善的显著促进作用。此外，众多学者还从人口素质、疾病、性别、年龄模式、老龄化、个人意愿、公民权利等角度对人口迁移进行研究，使人们从各层面、各深度对人口迁移有了更加细化的认识与理解。

五　省际人口迁移的影响因素研究

人口迁移影响因素的研究是长期以来众多学者最为关注的，对其论著也颇为丰富。各种影响因素贯穿于人口从决定迁移到结束迁移的始终，除包括前述的经济发展、资源环境和社会环境等影响因素外，决定省际迁移的影响因素还有很多，引发众多学者的研究热潮。比如，有很多学者认为空间距离因素是仅次于经济收入影响人口迁移的重要因素，省际之间的空间距离对省际之间人口迁移发生概率起"障碍"作用，即省际之间的空间距离越近，发生省际人口迁移的概率越大，反之亦然。王桂新（1993）

通过建立距离模型、引力模型，引用全国第四次人口普查数据，对中国省际人口迁移与距离关系进行了详细探讨，研究结果一方面清晰地揭示出中国 1985—1990 年间省际人口迁移的主要流向，即省际人口迁移主要表现为从经济相对落后的西部地区向经济相对发达的东部地区迁移的基本特点；另一方面也表明了我国在此期间的各省省际人口迁移、人口迁出迁入的影响因素与迁移机制的不同，以呼和浩特—南宁线为界，大致形成比较显著的地区差异。段成荣（2001）针对以往研究中缺乏对人口迁移迁入选择地过程的研究，他利用全国"四普"数据，建立相关人口迁移模型来分析省际人口迁移迁入地选择的影响因素，结果表明，社会、经济发展等方面在迁入地与迁出地之间的差异，以及省际之间的空间距离等综合性因素，是人们作出迁移决策的主要影响因素。

He & Pooler（2002）利用 1987 年 1% 抽样调查数据，2000 年人口普查数据和 2005 年 1% 抽样调查数据研究中国省际人口迁移空间分布特征，研究结果表明人口迁入和迁出的空间分布受诸多因素影响，如不同区域经济分布不平衡，各省外来资本投入的差异以及农村人口向城镇地区迁移的政策放宽。Shen（2012）基于"四普"和"五普"数据分析研究影响中国省际人口迁移的因素，并对 1985—2000 年和 1995—2000 年这两个人口迁移时段的迁移因素应用同一个回归模型，研究结果表明，相同的模型可以解释 51.6% 的"五普"迁移人口，而对于"四普"的迁移人口可以解释 41.6%。郭芮光（2014）研究了经济发展、空间距离对中国吉林省人口迁移的影响，研究指出：较高的经济发展水平会对人口迁移产生拉力，吸引省际之间人口的迁入；但距离却会对人口迁移产生阻力，省际之间的空间距离越远，这种阻力就会越大，反之亦然。但同时，他通过构建人口迁移的重力模型，对比分析了"五普"、"六普"时期的相关变量，发现经济发展水平对省际人口迁移的拉力日益增强，而距离对省际人口迁移影响逐渐减弱，这也间接说明了虽然上海、广东等发达地区距离吉林省较远，但人口从吉林省迁移至这些发达地区的意愿仍较强。严善平（2007）基于人口调查数据和相关社会经济数据，对中国改革开放以来省际人口流动的规模、地区结构的变化特征进行了动态描述，通过地区间人口迁移模型的建立，计量分析了人口流动水平与市场化、失业率、经济发展水平、信息、空间距离等影响因素的关系，研究结果揭示出，省际之间的经济水平差距只是引起人口流动的前提条件，而减去流动成本后的净收益才是决定人口流动的主要影响因素。牛叔文等（2006）依据近百年来分区域人口统计数据建立动态模型，分析甘肃省人口分布的时空变化特点，以兰州市为重心的陇中地区人口比重持续上升，反映了工业化、城镇化过程对人口分布的集中效应；而陇南地区在人口密度快速增加的同时人口比重持续下降，反映了资源环境对人口增长的约束。由此可见，影响人口迁移的因素是较多的，作用机制也较为复杂，相互之间的联系也较为紧密，省际人口迁移影响因素方面的研究方法、研究成果，正在朝着日益丰富和愈加完善的方向迈进。

综上所述，国内外众多学者关于人口迁移的研究无论在研究内容上，还是在研究方法上都取得了阶段性的进展，从而推动着人口迁移研究的不断深入与扩展。但不可否认，由于人口迁移现象的动态性、复杂性、阶段性、综合性、多方向性等特征，以及各省之间社会、经济、自然、人口发展的差异性，目前的人口迁移研究现状并不足以清楚地解释出一个国家或地区在新时期、新阶段、新政策等因素的影响下所发生的人口迁移特征与规律，还有待后续研究理论、内容与方法的补充与完善。

因此，本书在借鉴已有研究成果的基础上，以中国省际人口迁移为主要研究对象，通过多种方法分析最新、最全的全国人口普查数据对中国省际迁移人口的空间分布特征（集中区和扩散区）进行分析，获知不同职业、学历和性别的省际迁移人口在空间上的分布特征及其对各地区人口再分布的影响。用数学方法分析不同因素对中国省际人口迁移的影响，结合上述省际人口迁移对人口再分布的影响，为我国制定合理有效的人口政策，促进省际间人口合理有序的流动、城市化进程的加快、劳动力资源的优化配置，维持各个地区可持续发展提供理论依据。

第三章 中国省际人口迁移现状的空间分布特征研究

第一节 省际迁移人口规模分布现状及变化

20世纪70年代末改革开放以来，随着经济的快速增长以及对人口迁移管理的宽松政策，我国省际人口迁移发生了显著的变化（Harry，1994；Fan，2005；Shen，2012），包括人口数量和迁移模式都发生了显著变化，许多学者进行了相关研究（张善余，1990；杨云彦，1992；王桂新，2000、2004、2012）。中国目前正经历着人类历史上在和平时期前所未有的、规模最大的人口迁移活动。1985—1990年省际迁移人口规模为1106.54万人，1995—2000年为3228.21万人，到2005—2010年已增加到5499.39万人，20年间人口增长了4392.85万人（见图3—1），年均增长率为19.85%。在改革开放之前，省际的人口迁移方向主要是由东向西，而在经济改革开放之后，省际的人口迁移方向发生变化，为由西向东（Shen，2012；Fan，2005）。研究表明，虽然我国省际人口在过去的几十年中快速增加，但人口迁移的强度仍较低，与墨西哥相当，低于发达国家，如美国和澳大利亚（Li et al.，2014）。

本章所用的研究数据来自于"四普"、"五普"和"六普"资料中"五年前常住地与现住地"的省际人口迁移数据，这些数据统计的人口的迁移时间都超过了5年。在各省的省际人口迁入、迁出规模普遍增大的同时，区域分布模式也相应发生了一定的变化（见表3—1）。通过对各省的迁入和迁出人口规模进行皮尔逊相关性检验可知，1995—2000年与2005—2010年各省迁入和迁出人口规模分布的相关系数很高，分别为0.936（P<0.01）和0.929（P<0.01），说明在这段时间内，省际迁出、迁入人口的空间分布特征基本相同。而1985—1990年各省的迁入、迁出

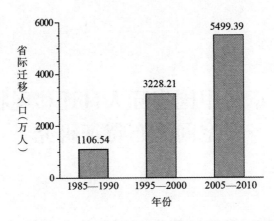

图3—1   1985—1990 年、1995—2000 年和 2005—2010 年省际人口迁移规模

人口与上述两个时段的相关系数相对较低，与迁入人口规模的相关系数分别为 0.773（P＜0.01）和 0.748（P＜0.01），与迁出人口规模的相关系数分别为 0.732（P＜0.01）和 0.657（P＜0.01），说明 1985—1990 年省际迁出、迁入人口的空间分布特征与上述两者存在差异。在下文，将对省际迁入人口和迁出人口进行详细的讨论。

表3—1 　　　　　　　　中国省际人口迁入、迁出规模变化　　　　　单位：万人

地区	1985—1990 年			1995—2000 年			2005—2010 年		
	迁入人口	迁出人口	差值	迁入人口	迁出人口	差值	迁入人口	迁出人口	差值
北京	67.27	13.21	54.05	188.97	17.44	171.53	382.78	40.60	342.18
天津	24.46	7.22	17.24	49.20	10.43	38.77	149.71	21.34	128.38
河北	52.04	64.57	－12.53	76.99	87.22	－10.23	92.41	201.74	－109.33
山西	30.70	21.85	8.86	38.27	33.36	4.92	49.82	79.37	－29.55
内蒙古	25.43	30.31	－4.88	32.55	44.11	－11.56	82.77	64.76	18.01
辽宁	54.14	29.50	24.64	75.48	37.99	37.50	117.19	68.54	48.65
吉林	23.73	35.55	－11.82	25.40	52.93	－27.54	33.84	85.39	－51.55
黑龙江	36.74	60.75	－24.01	30.12	93.98	－63.86	32.19	146.32	－114.14
上海	66.55	13.26	53.30	216.78	16.29	200.49	490.05	40.10	449.95

续表

地区	1985—1990 年			1995—2000 年			2005—2010 年		
	迁入人口	迁出人口	差值	迁入人口	迁出人口	差值	迁入人口	迁出人口	差值
江苏	79.11	62.05	17.06	190.84	124.10	66.74	488.73	189.35	299.38
浙江	33.59	63.23	-29.64	271.47	96.98	174.49	837.29	133.94	703.35
安徽	33.78	53.34	-19.56	31.35	289.30	-257.95	82.21	552.56	-470.35
福建	25.10	23.84	1.27	134.62	62.45	72.17	244.99	111.37	133.63
江西	22.49	29.38	-6.89	23.59	268.06	-244.47	69.84	348.33	-278.49
山东	60.94	53.48	7.46	90.41	87.82	2.59	133.56	201.50	-67.94
河南	47.78	58.96	-11.18	46.99	230.90	-183.91	42.97	543.04	-500.07
湖北	43.11	34.63	8.48	60.62	221.02	-160.40	84.35	380.42	-296.07
湖南	27.18	52.87	-25.69	36.26	326.12	-289.86	68.84	459.19	-390.35
广东	125.75	25.05	100.70	1150.11	43.80	1106.31	1387.44	161.29	1226.15
广西	14.25	58.89	-44.64	28.75	183.81	-155.07	59.78	282.05	-222.27
海南	15.01	10.60	4.41	21.77	12.96	8.81	33.77	23.59	10.18
重庆	—	—	—	44.78	110.31	-65.54	73.56	184.41	-110.85
四川	46.99	131.60	-84.62	58.96	439.55	-380.59	105.28	498.81	-393.53
贵州	19.05	31.28	-12.23	26.15	123.19	-97.05	59.19	268.08	-208.88
云南	25.03	27.75	-2.72	73.27	39.81	33.46	62.09	108.91	-46.82
西藏	—	5.46	-5.46	7.07	3.54	3.53	9.20	6.25	2.95
陕西	31.46	36.23	-4.78	42.30	71.93	-29.63	73.40	134.75	-61.35
甘肃	19.92	28.07	-8.15	20.36	56.08	-35.72	26.02	104.69	-78.67
青海	11.58	10.21	1.37	7.69	12.32	-4.62	18.25	15.00	3.26
宁夏	9.19	5.66	3.53	12.88	8.74	4.14	23.90	15.07	8.84
新疆	34.17	27.74	6.43	114.22	21.68	92.54	83.98	28.67	55.31

注：1985—1990 年数据出自 1990 年人口普查资料中的全部数据；1995—2000 年和 2005—2010 年数据是根据 2000 年和 2010 年人口普查资料中的长表数据乘以 10 得到的。

一　省际迁入人口的空间分布

如图 3—2 所示，图中显示了 1985—1990 年、1995—2000 年、2005—2010 年间的各省迁入人口占总省际迁移人口的比例。在 1985—1990 年间，各个省份的迁入人口占总省际迁移人口的比例差异较小，介于

0.82%—11.36%，平均值为 3.45%（标准偏差为 2.27），其中最高的为
广东省，迁入人口为 125 万人。其余大于 4% 的省份分别为江苏、北京、
上海、山东、辽宁、河北、河南和四川，这些省份接收的迁入人口占总省
际迁移人口的 54.27%。其余大部分省份的迁入人口占总省际迁移人口的
比例也较高，介于 2%—4%，仅有 6 个省份小于 2%，依次为甘肃、贵
州、海南、广西、青海和宁夏。

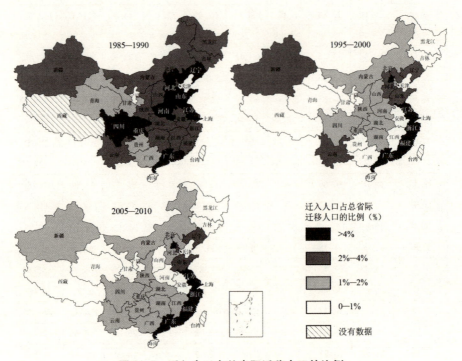

图 3—2　迁入人口占总省际迁移人口的比例

　　在 1995—2000 年间，各个省份的迁入人口占总省际迁移人口的比例
差异加大，介于 0.22%—35.63%，平均值为 3.23%（标准偏差为
6.35），其中最高仍为广东省，其余大于 4% 的省份分别为浙江、上海、
江苏、北京和福建。相对于 1985—1990 年间而言，在 1995—2000 年间各
个省份的迁入人口占总省际迁移人口的比例大于 4% 的省份减至 6 个省
份，但接收的迁入人口占总省际迁移人口的 66.69%。说明 20 世纪 90 年
代以来中国省际人口迁入地区更加集中，主要为东部沿海地区京津冀、长
三角和珠三角三大都市圈的北京、江苏、浙江、上海、广东和福建 6 个省

份，这些省份人口迁入规模基本都在 100 万人以上。其中广东一省的迁入人口就达到 1150 万人，占全国省际迁入人口的 35%。与此同时，迁入人口占总省际迁移人口的比例介于 2%—4% 的省份数量也大幅度较少，在 1995—2000 年间仅有 5 个，分别为新疆、山东、河北、辽宁和云南。与 1985—1990 年间相比，1995—2000 年间省际迁入人口在地理空间分布上逐渐形成了沿海的省际人口的聚集区。

到 2005—2010 年间，各个省份的迁入人口占总省际迁移人口的比例大于 4% 的省份仍为 6 个，与 1995—2000 年间相同，但接收的迁入人口数量增加，占总省际迁移人口的 69.67%。与 1995—2000 年间相比，这些省份人口迁入规模增加至 240 万人以上。广东省仍居全国之首，省际迁入人口规模达到 1387 万人，但其所占比例已下降到 25% 左右。与此同时，迁入人口占总省际迁移人口的比例介于 2%—4% 的省份数量较少，为 3 个，分别为天津、山东和辽宁。这些都说明，随着时间的推移，迁入人口的地区越来越集中，主要为东部沿海的京津冀、长三角和珠三角三大都市圈。这些地区是我国城市化程度较高、产业密集、经济增长最具活力的地区，也是我国参与国际竞争的主要区域。较多的就业机会和较大的发展潜力吸引了谋求增加收入的劳动者。

从省际人口迁入规模增长态势来看，1985—1990 年到 1995—2000 年，除黑龙江、安徽和青海外，绝大多数省份的迁入人口规模都有所增大；同样从 1995—2000 年到 2005—2010 年，大部分省份的迁入人口规模都大幅增加，只有河南、云南和新疆呈减小趋势。这说明随着时间的推移，省际人口迁入的分布趋于集中。与 1995—2000 年相比，最后一个时段，位于长三角都市圈的江苏、浙江和上海的迁入人口增长数量均在 270 万人以上，特别是浙江省，其人口迁入规模增长量达 565 万人。与之相比，省际人口迁入规模最大的广东省增幅只有 237 万人左右，显示 2005—2010 年中国省际迁入人口分布重心已由珠三角都市圈转移到长三角都市圈。

二　省际迁出人口的空间分布

如图 3—3 所示，图中显示了 1985—1990 年、1995—2000 年、2005—2010 年间的各省迁出人口占总省际迁移人口的比例。1985—1990 年间，各省迁出人口占总省际迁移人口的比例差异较小，大于 4% 的省份有四川、河北、浙江、江苏、黑龙江、河南、广西、山东、安徽和湖南 10 个省份，主要分布在我国的东部和中部地区，这些省份贡献了 59.62% 省际迁移人口，其中四川省的贡献量超过了 100 万人。其余大部分的省份迁出人口占总省际迁移人口的比例介于 2%—4%（15 个），而小于 2% 的省份仅有 7 个，分别为山西、上海、北京、海南、青海、天津和宁夏。

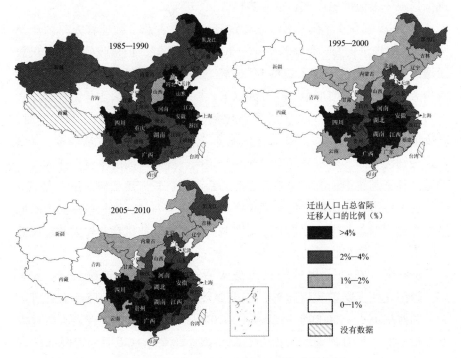

图 3—3　迁出人口占总省际迁移人口的比例

到 1995—2000 年间，逐渐形成较为显著的人口迁出区，主要集中在我国的中南部地区，这些省份的迁出人口占总省际迁移人口的比例大于 4%，分别为四川、湖南、安徽、江西、河南、湖北和广西 7 个省份，相对于 1985—1990 年减少了 3 个省份，但却贡献了 60.68% 的省际迁移人口，除广西外，这些省份的省际人口迁出规模都在 200 万人以上。这一时段，安徽、湖南、四川三大迁出地的迁出人口规模分别达到 289.30 万人、326.12 万人和 439.55 万人，为全国省际人口迁移三大迁出地区。其次省际迁出人口比例介于 2%—4% 的省份分布在我国东部沿海和中部地区，分别为江苏、贵州、重庆、浙江、黑龙江、山东、河北和陕西 8 个省份。

迁出人口占总省际迁移人口的比例介于1%—2%的省份分布在我国的中部以及沿海地区，分别为福建、甘肃、吉林、内蒙古、广东、云南、辽宁和山西8个省份，而比例小于1%的省份则主要分布在我国西部地区和东部沿海地区，分别为新疆、青海、西藏、宁夏、北京、上海、天津和海南。

2005—2010年间，各省迁出人口占总省际迁移人口的比例与1995—2000年间较为相似，迁出人口占总省际迁移人口的比例大于4%的省份增加至8个，分别为四川、湖南、安徽、江西、河南、湖北、广西和贵州，贡献了60.6%的省际迁移人口。其中，河南作为传统省际人口迁出大省，迁出人口规模已与安徽、湖南、四川比肩构成全国四大迁出地。这四大人口输出地的迁出人口规模在460万—550万人之间，占全国省际迁移人口的比例均在9%以上。其次迁出人口比例介于2%—4%的省份分布在我国东部沿海和中部地区，分别为河北、山东、江苏、重庆、广东、黑龙江、陕西、浙江和福建。迁出人口占总省际迁移人口的比例介于1%—2%的省份分布在我国的中部区，分别为甘肃、吉林、内蒙古、云南、辽宁和山西6个省份，而比例小于1%的省份则主要分布在我国西部地区和东部沿海地区，分别为新疆、青海、西藏、宁夏、北京、上海、天津和海南。

从省际人口迁出规模增长态势来看，1985—1990年到2005—2010年，所有省份的迁出人口规模都有所增大。与1995—2000年相比，最后一个时段省际人口迁出增长规模较大的有安徽、河南、湖北、湖南等传统人口迁出大省，增长规模均在100万人以上，其中尤以安徽、河南两省人口迁移规模增长最大，分别为263.26万人和312.14万人。河北、山东、广东、广西等省份省际人口迁出增长规模也都在100万人以上。相对而言，传统人口迁出大省四川10年间只增长了不到60万人。值得注意的是，广东省迁往其他省份的人口规模以268.24%的高增长率居全国首位。这在一定程度上说明广东省对人口迁入的吸引力已出现弱化态势。

第二节　省际人口迁移强度分布现状及变化

通过对各省的迁入率、迁出率和净迁移率进行皮尔逊相关性检验可知，1995—2000年与2005—2010年各省迁入率、迁出率和净迁移率相关系数很高，分别为0.914（P < 0.01），0.913（P < 0.01）和0.926（P <

0.01)，说明在这段时间内，省际人口迁移的空间分布也基本相同。而 1985—1990 年各省的迁入率与上述两者的相关相关系数分别为 0.781（P < 0.01）和 0.792（P < 0.01），迁出率与上述两者不相关，净迁移率与上述两者的相关系数为 0.818（P < 0.01）和 0.815（P < 0.01），说明 1985—1990 年省际人口迁移率的空间分布与上述两者存在差异，特别是迁出率。在下文，将对省际人口迁移的迁入率、迁出率和净迁移率进行详细的讨论。

一　省际人口的迁入率分析

根据各个省份人口迁入率，在此将其分为三个等级，分别为 0—2%、2%—4% 和 >4%，如图 3—4 所示。在 1985—1990 年间，仅北京和上海的省际人口迁入率超过 4%，其次广东、新疆、天津、宁夏和青海的迁入率超过 2%，其余省份迁入率较低。

在 1995—2000 年间，各个省份的迁入率的地域差异逐渐呈现，省际人口迁入率大于 4% 的省份主要分布在东部沿海地区，逐渐形成东部沿海地区京津冀、长三角、珠三角三大都市圈的迁入区。省际人口迁入率大于

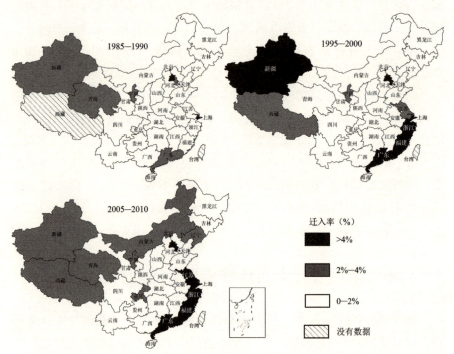

图 3—4　1985—1990 年、1995—2000 年和 2005—2010 年各省省际人口迁入率分级图

4%的省份有东部沿海地区的北京、上海、广东、浙江、天津和福建，此外，还包括位于中国西部的新疆。

到2005—2010年间，人口迁移率差异更加明显，人口迁入率大于4%的省份全部集中在东部沿海地区，依次分别为上海、北京、浙江、广东、天津、福建和江苏。人口迁入率介于2%—4%的省份则主要分布在西北地区，分别为新疆、青海、西藏、内蒙古，此外还有重庆、辽宁和宁夏。人口迁入率低的省份主要集中在中部地区。

对比1985—1990年、1995—2000年及2005—2010年间人口迁入率的变化发现，对于人口迁入率小于4%的省份，其人口迁入率相对稳定，变化较小（见图3—5）。而对于人口迁入率大于4%的省份（上海、北京、浙江、广东、天津、福建、江苏和新疆），人口迁入率变化较为剧烈。其中，上海、北京、浙江和天津的人口迁入率增加较为迅速，而福建和江苏增减较为缓慢，然而广东和新疆的人口迁入率在2000—2010年间呈现降低趋势。

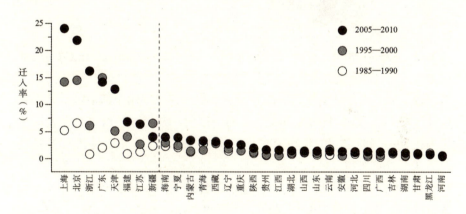

图3—5　1985—1990年、1995—2000年和2005—2010年各省省际人口迁入率

二　省际人口的迁出率分析

根据各个省份人口迁出率，在此将其分为三个等级，分别为0—2%、2%—4%和>4%，如图3—6所示。在1985—1990年间，各省的人口迁出率总体较小，且相对稳定，仅青海省的人口迁出率大于2%，为2.4%，其余各个省份均小于2%。说明这个时期省际人口的迁移强度很弱，并未形成明显的人口迁出区域。

在1995—2000年间，各个省份的人口迁出率差异逐渐增大，并形成

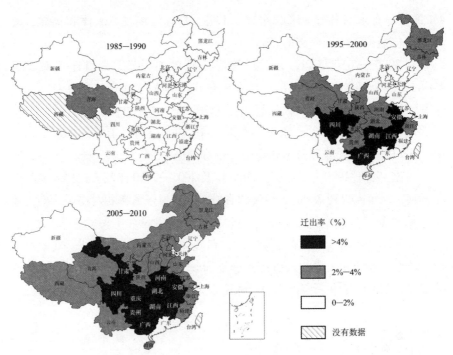

图3—6　1985—1990 年、1995—2000 年和 2005—2010 年各省省际人口迁出率分级图

人口迁出区。人口迁出率较高的省份主要集中在我国的中部地区，其中人口迁出率大于 4% 的省份有安徽、江西、四川、湖南和广西，其次人口迁出率在 2%—4% 之间的省份有河南、湖北、重庆、贵州、甘肃、青海以及浙江、黑龙江和吉林。

在 2005—2010 年间，人口迁出区逐渐扩大，人口迁出率大于 4% 的省份从 4 个省份扩展到 10 个省份，主要集中在我国的中部，分别为安徽、江西、贵州、湖南、湖北、重庆、四川、广西、河南和甘肃。同时，人口迁出率介于 2%—4% 的省份也从 9 个省份增加到了 16 个，分别为黑龙江、陕西、吉林、福建、河北、海南、青海、内蒙古、浙江、江苏、宁夏、云南、北京、山西、西藏和山东。

对比 1985—1990 年、1995—2000 年，2005—2010 年间人口迁出率的变化发现，除新疆自治区之外，其余各省的人口迁出率都呈现增加的趋势（见图 3—7）。人口迁出率小于 4% 的省份，迁出率相对稳定，变化较小，而对于人口迁出率大于 4% 的省份（安徽、江西、贵州、湖南、湖北、重庆、四川、广西和河南），省际人口迁出率快速增加。

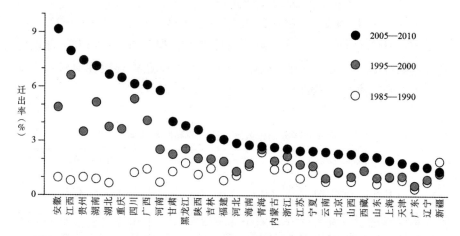

图3—7　1985—1990 年、1995—2000 年和 2005—2010 年各省省际人口迁出率

三　省际人口的净迁移率分析

如图 3—8 所示，随着时间的推移，净迁移率的差异越来越大，1985—1990 年间净迁移率介于 -1.1%—5.3%，1995—2000 年间净迁移

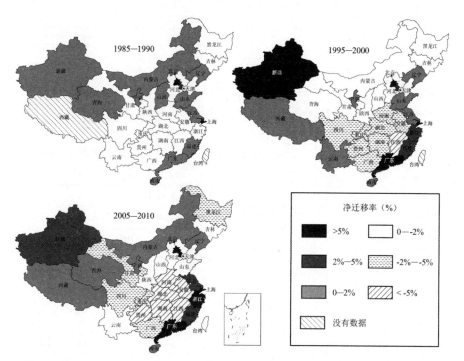

图3—8　1985—1990 年、1995—2000 年和 2005—2010 年各省省际人口净迁移率

率介于 –6% —14.4% , 2005—2010 年间净迁移率介于 –7.8%—22.1%。
在 1985—1990 年间, 各省净迁移率总体较低, 仅北京、上海和天津的净
迁移率超过 2%, 说明在这个时期各省间的人口迁移规模相对较小, 北
京、上海和天津是主要的人口聚集地区 (见表 3 –2)。

表 3—2　　　　　中国各省人口迁入率、迁出率和净迁移率　　　　单位:%

地区	1985—1990 年			1995—2000 年			2005—2010 年		
	迁入率	迁出率	净迁移率	迁入率	迁出率	净迁移率	迁入率	迁出率	净迁移率
北京	6.58	1.29	5.28	14.49	1.34	13.15	21.88	2.32	19.56
天津	2.89	0.85	2.04	5.11	1.08	4.02	12.81	1.83	10.99
河北	0.89	1.10	– 0.21	1.17	1.33	– 0.16	1.32	2.87	– 1.56
山西	1.11	0.79	0.32	1.21	1.05	0.16	1.44	2.29	– 0.85
内蒙古	1.22	1.45	– 0.23	1.41	1.91	– 0.50	3.41	2.67	0.74
辽宁	1.41	0.77	0.64	1.82	0.92	0.91	2.73	1.59	1.13
吉林	0.99	1.49	– 0.49	0.96	2.01	– 1.04	1.24	3.13	– 1.89
黑龙江	1.07	1.77	– 0.70	0.82	2.57	– 1.74	0.84	3.82	– 2.98
上海	5.21	1.04	4.17	14.19	1.07	13.12	24.02	1.97	22.06
江苏	1.22	0.96	0.26	2.66	1.73	0.93	6.37	2.47	3.90
浙江	0.82	1.54	– 0.72	6.09	2.18	3.92	16.19	2.59	13.60
安徽	0.62	0.98	– 0.36	0.53	4.86	– 4.33	1.36	9.16	– 7.79
福建	0.87	0.83	0.04	4.05	1.88	2.17	6.78	3.08	3.70
江西	0.62	0.81	– 0.19	0.58	6.62	– 6.03	1.59	7.95	– 6.35
山东	0.75	0.66	0.09	1.02	0.99	0.03	1.42	2.14	– 0.72
河南	0.58	0.72	– 0.14	0.52	2.53	– 2.00	0.46	5.78	– 5.32
湖北	0.83	0.67	0.16	1.03	3.77	– 2.74	1.48	6.65	– 5.18
湖南	0.46	0.90	– 0.44	0.57	5.13	– 4.56	1.07	7.12	– 6.05
广东	2.00	0.40	1.60	14.95	0.57	14.38	14.14	1.64	12.50
广西	0.35	1.45	– 1.10	0.64	4.12	– 3.47	1.29	6.09	– 4.80
海南	2.32	1.64	0.68	2.94	1.75	1.19	3.98	2.78	1.20
重庆				1.48	3.64	– 2.16	2.59	6.49	– 3.90
四川	0.45	1.25	– 0.81	0.71	5.31	– 4.60	1.30	6.14	– 4.84
贵州	0.61	1.00	– 0.39	0.74	3.50	– 2.76	1.64	7.44	– 5.80

续表

地区	1985—1990 年			1995—2000 年			2005—2010 年		
	迁入率	迁出率	净迁移率	迁入率	迁出率	净迁移率	迁入率	迁出率	净迁移率
云南	0.70	0.78	-0.08	1.78	0.97	0.81	1.37	2.41	-1.04
西藏				2.82	1.41	1.41	3.18	2.16	1.02
陕西	1.00	1.15	-0.15	1.20	2.04	-0.84	1.97	3.62	-1.65
甘肃	0.93	1.31	-0.38	0.82	2.27	-1.44	1.01	4.06	-3.05
青海	2.71	2.39	0.32	1.60	2.56	-0.96	3.30	2.71	0.59
宁夏	2.08	1.28	0.80	2.43	1.65	0.78	3.90	2.46	1.44
新疆	2.36	1.92	0.45	6.51	1.24	5.28	4.01	1.37	2.64

在 1995—2000 年间，各省净迁移率差异逐渐增大，超过 2% 净迁移率省份增多至 7 个：广东（14.38%）、北京（13.15%）、上海（13.12%）、新疆（5.28%）、天津（4.02%）、浙江（3.92%）和福建（2.17%），而小于 -2% 净迁移率省份从无增加至 9 个：江西（-6.03%）、四川（-4.60%）、湖南（-4.56%）、安徽（-4.33%）、广西（-3.47%）、贵州（-2.76%）、湖北（-2.74%）、重庆（-2.16%）和河南（-2.02%），逐渐形成了省际人口迁移的初步模型。

2005—2010 年间，随着省际人口规模的加大，逐渐形成了主要的人口迁入区（净迁移率 >2%）和迁出区（净迁移率 < -2%）。省际人口迁入的分布较为集中，主要为东部沿海地区京津冀、长三角、珠三角三大都市圈，包括上海（22.06%）、北京（19.56%）、浙江（13.60%）、广东（12.50%）、天津（10.99%）、江苏（3.90%）和福建（3.70%），此外，由于国家的扶持以及生态移民等因素的影响，新疆的净迁移率也较高，为 2.64%。上述 8 个省市，其中 6 个省市的净迁移率呈增加趋势，且增加加快，特别是浙江省，在 1985—1990 年间的净迁移率为负值，到 2005—2010 年间则增加到了 13.60%。此外，广东和新疆在 1995—2010 年间净迁移率呈降低趋势。根据 2005—2010 年数据，省际净迁移人口在 200 万人以上的省份有 5 个，最高的为广东省，为 1226.15 万人，其余依次为浙江（703.35 万人）、上海（449.95 万人）、北京（342.18 万人）和江苏（299.38 万人），这些省份占据了省际净迁移总人口的 88.07%。

余下3个净迁移率在2%以上的省份的净迁移人口为福建（133.63万人）、天津（128.38万人）和新疆（55.312万人）。

与上述迁入地区相比，人口迁出地区也有所增多，主要集中在我国中部地区，包括安徽（-7.79%）、江西（-6.35%）、湖南（-6.05%）、贵州（-5.80%）、河南（-5.32%）、湖北（-5.18%）、四川（-4.84%）、广西（-4.80%）、重庆（-3.90%）、甘肃（-3.05%）和黑龙江（-3%）11个省市。在1985—1990年间，这些省份的净迁移率逐渐降低，其中湖北省的净迁移率为正，之后快速降低，变为负值。净迁移人口小于-200万人以上的省份有8个，按人口多少依次分别为河南（-500.1万人）、安徽（-470.3万人）、四川（-393.5万人）、湖南（-390.3万人）、湖北（-296.1万人）、江西（-278.5万人）、广西（-222.3万人）和贵州（-208.9万人），这些省份占据了省际净迁移总人口的80.46%。余下的3个省份净迁出人口也超过100万人，分别为黑龙江（-114.1万人）、重庆（-110.8万人）和河北（-109.3万人）。

其余的12个省份省际净迁移率介于-2%—2%之间，这些省份在1985—2010年间总体相对稳定，其中6个省份省际净迁移率为正，分别为宁夏、海南、辽宁、西藏、内蒙古和青海，而另外6个省份省际净迁移率为负，分别为吉林、陕西、河北、云南、山西和山东。

第三节　省际人口迁入、迁出的方向变化

一　省际人口迁移来源方向变化

如图3—9所示，图中显示了1985—1990年、1995—2000年、2005—2010年间的各省之间东西方向迁入的人口数量差异（以各个省会的坐标辨别各省的东、西相对位置）。总体而言，从西向东的省际迁移人口的数量比从东向西的省际迁移人口的数量多，而且这种差异逐渐变大。1985—1990年间两者的比值为1.44，1995—2000年间的两者的比值为1.72，而2005—2010年间两者的比值为2.25。对比从西向东各省的省际迁移人口的数量发现，这类省际迁移人口主要集中在广东以东的省份，1985—1990年间广东以东的省份接收从西向东迁移的省际人口总数的87.1%，1995—2000年间这个数值增加至93.76%，而2005—2010年间增加至95.13%。其中随着时间的推移，逐渐形成了几个从西向东省际人口迁入

大省，主要分布在东部沿海地区，分别为广东、北京、江苏、福建、浙江和上海。相对而言，各个省份接收的从东向西的省际迁移人口数量差异相对较小，其中广东、北京、云南、新疆、四川和天津几个省份较高。通过对比各个省份东西方向的省际迁入人口，总体而言，广东及其以东的省份接收由西向东迁移人口较由东向西的迁移人口多，而广东以西的省份则相反。

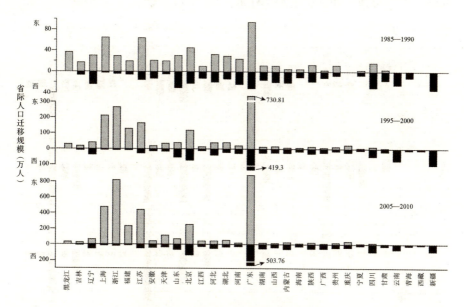

图3—9　迁入地东西方向的迁入人口

注：灰色指示向东迁移的人口，黑色指示向西迁移的人口。

　　图3—10显示了1985—1990年、1995—2000年、2005—2010年间的各省间南北方向迁入的人口数量差异（以各个省会的坐标辨别各省的南北相对位置）。对比发现，不同的年份南北方向迁入的总人口变化较大，其中1985—1990年间由南向北迁入的人口较多，而在1995—2000年和2005—2010年间由北向南迁移的人口快速增多，并成为主导。不同的省份南北方向迁入人口的比例变化也有显著的差异，其中陕西、上海以及四川以南的湖北、浙江、西藏、重庆、江西、湖南、贵州、福建、云南、广东、广西和湖南14个省份由北方迁入的人口为主，其余省份由南方迁入的人口为主。接收南方迁入省际迁移人口逐渐形成三个迁入区：珠三角、

长三角和京津冀经济区，分别对应广州、浙江、江苏、上海和北京。而接收北方迁入地省际迁移人口的省份分布随着时间变化而变化，1985—1990年间主要为广东和上海为代表的珠三角和长三角经济区，而1995—2000年间该类地区进一步扩大，包括广东、福建、浙江、上海、江苏、北京和新疆，说明这个时期由南向北迁移的人口迁移的距离相对之前增加。到了2005—2010年间，这类地区再一次萎缩，主要集中在我国的南方地区，包括广东、福建、浙江、上海和江苏。

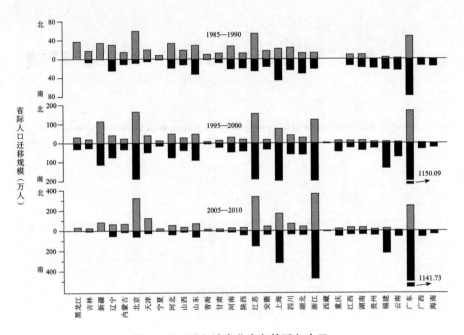

图3—10　迁入地南北方向的迁入人口

注：灰色指示向北迁移的人口，黑色指示向南迁移的人口。

二　省际人口迁移分散方向变化

除了讨论迁入地省际人口迁移来源方向变化，本书也讨论了迁出地的省际人口迁移方向变化。如图3—11呈现了1985—1990年、1995—2000年、2005—2010年间的各省东西方向迁出人口的数量变化，这种不同方向迁出人口变化主要与各个省份的地理位置有关，广东省以东的地区是主要的向西方向的省际迁移人口的迁出地。其中，1985—1990年广东省以东的地区输出了78.78%的向西方向的省际迁移人口，1995—2000年间这个比例增加到了 81.25%，2005—2010 年这个比例继续增加至 82.81%。
此外，向东的省际迁移人口主要来自于我国中部地区，包括四川、湖南、
安徽、湖北、河南、广西、贵州、重庆、河北和江西，1985—1990 年这
些省份贡献了 55.84% 向东迁移的省际迁移人口，1995—2000 年这个比例
增加到了 78.78%，而 2005—2010 年间此比例为 76.18%。

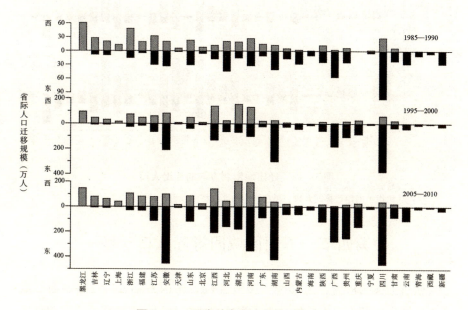

图 3—11　迁出地东西方向的迁出人口

注：灰色指示向西迁移的人口，黑色指示向东迁移的人口。

此外，本书也讨论了各省南北方向省际迁出人口，如图 3—12 所示。
向南迁移的省际迁移人口主要来自北部和中部省份，而随着时间的推移，
中部省份输出的向南迁移人口数量快速增加，中部省份包括河南、安徽、
四川、湖北、重庆、江西、湖南和贵州。1985—1990 年间中部省份输出
了 34% 向南迁移的省际迁移人口，1995—2000 年间这个比例增加到了
71.23%，而 2005—2010 年间中部省份输出了 65.67% 向南迁移的省际迁
移人口。与此相对比，向北迁移的省际迁移人口主要来自宁夏以南的省
份，1985—1990 年间中部省份输出了 93.96% 向北迁移的省际迁移人口，
1995—2000 年间这个比例增加到了 97.05%，而 2005—2010 年间中部省
份输出了 97.85% 向南迁移的省际迁移人口。

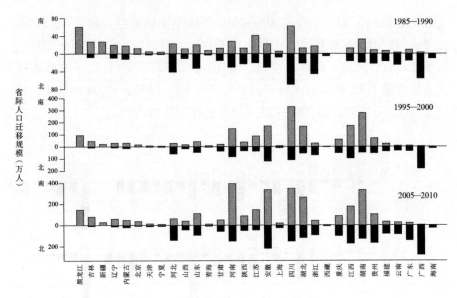

图 3—12　迁出地南北方向的迁出人口

注：灰色指示向南迁移的人口，黑色指示向北迁移的人口。

第四节　不同区域间省际人口迁移

通过上文的讨论，在 1985—2010 年间，中国省际人口迁移逐渐形成了人口迁出区和人口汇集区。为了更好地研究省际人口迁移对不同地理区域的人口变化，本书根据地理位置、自然环境、经济因素和省际迁移人口，将 31 个省份分为了四个地区：东部沿海地区、中部地区、东北地区和西部地区。东部沿海地区的省份包括河北、北京、天津、山东、江苏、上海、福建、广东和海南；中部地区的省份包括陕西、山西、河南、安徽、江西、湖北、湖南、广西、贵州、重庆和四川；东北地区的省份包括黑龙江、吉林和辽宁；西部地区的省份包括内蒙古、宁夏、青海、甘肃、西藏、云南和新疆。西部地区的省份主要在"胡焕庸线"的西部，而东部沿海地区、中部地区和东北地区的省份则主要在"胡焕庸线"的东部。

如图 3—13 和表 3—3 所示，分别展示了"四普"、"五普"和"六普"期间不同地理区域的省际迁移人口。随着时间的推移，不同区域间的人口迁移数量总体呈增加趋势，其中东部沿海地区与中部地区间的人口迁移数量增加最快，其次为东北地区与东部沿海地区，西部地区与东部沿海地区和西部地区与中部地区，而增长较为缓慢的为东北地区与西部地区和东北地区与中部地区。最多的人口迁移发生在东部沿海地区与中部地区，且随着时间的推移快速增加，1985—1990 年间的两个区域间人口迁移人数为 365.56 万人，占全国省际总迁移人口的 33.04%；1995—2000 年间两个区域间人口迁移人数增加到 1975.98 万人，占全国省际总迁移人口的 61.21%；2005—2010 年间两个区域间人口迁移人数增加到 3450.76 万人，占全国省际总迁移人口的 62.75%。其他区域之间的人口迁移数量则较少，即使在 2005—2010 年间人口迁移数量小于 260 万人，而东北地区与西部地区期间的人口迁移数量最少，1985—1990 年间为 26.63 万人，1995—2000 年间为 29.17 万人，2005—2010 年间为 41.94 万人。在下文中，分别对不同地理区域的省际人口迁移进行分析。

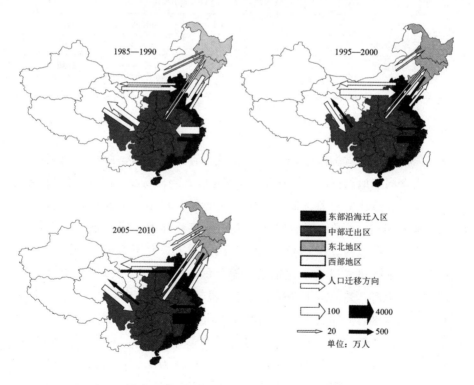

图 3—13　不同区域间人口迁移流场分布图

表3—3　　　　　　　　不同区域间人口迁移规模矩阵　　　　　　单位：万人

迁出地区 迁入地区	东北地区	西部地区	东部沿海地区	中部地区
1985—1990 年				
东北地区	47.70	13.99	35.93	16.98
西部地区	12.64	18.49	26.88	67.32
东部沿海地区	50.32	48.60	179.52	271.38
中部地区	15.14	54.12	94.18	153.34
1995—2000 年				
东北地区	56.88	16.09	31.86	26.17
西部地区	13.08	43.16	39.26	172.55
东部沿海地区	100.89	74.23	364.21	1851.82
中部地区	14.05	52.79	124.16	247.02
2005—2010 年				
东北地区	75.20	21.62	44.39	42.01
西部地区	20.32	53.26	59.34	173.29
东部沿海地区	180.24	196.81	717.00	3146.68
中部地区	24.50	71.65	304.08	369.02

一　西部地区

西部地区的省份包括内蒙古、宁夏、青海、甘肃、西藏、云南和新疆，占全国陆地面积的57.46%。区域地形复杂，高原、山地和沙漠占很大比重，自然环境较差，适宜人类生存的面积较小（主要包括一些平原和盆地）；远离海洋，深居内陆，大陆性气候显著，降水稀少，气候干旱，生态环境脆弱。在1985—2010 年间的总人口介于1.0116 亿—1.3078 亿人，占全国总人口（不包括港、澳、台）的8.9%—9.8%。虽然，区域内矿产丰富，然而由于气候和自然环境较差，不利于开发，社会经济发展水平较为落后。如表3—3 所示，西部地区内的省际迁移人口数量逐渐增加，但总体较少，在1985—1990 年间为18.49 万人，在1995—2000 年间为43.16 万人，到2005—2010 年间为53.26 万人，说明由于地理环境和社会经济因素的限制，该区域内的不同省份间的人口迁移并不活跃。

如图3—13 和图3—14 所示，呈现了西部地区和东部沿海地区、中部地区、东北地区之间的省际人口迁移。由于西部地区和东北地区在地理空间上相距较远，两个地区之间的省际人口迁移规模较小。根据"四普"、"五普"和"六普"的调查数据，两个地区间的省际人口迁移从 26.63 万人增加至 41.94 万人，且迁入和迁出地规模相当，由西部地区迁向东北地区的人口略多于由东北地区迁向西部地区的人口。

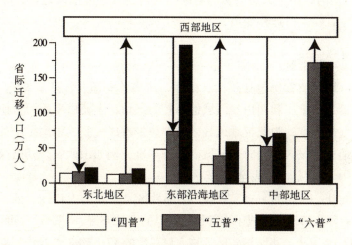

图3—14　西部地区与其他区域间省际迁移人口

　　较东北地区而言，西部地区与邻近的中部地区之间的省际人口迁移更为活跃。如图3—14所示，在"四普"、"五普"和"六普"期间由西部地区迁往中部地区的省际迁移人口相对稳定，但略有增加，分别为54.12万人、52.79万人和71.65万人。相较而言，由中部地区迁往西部地区的人口更多，"四普"为67.32万人，"五普"期间快速增加到172.55万人，"六普"期间略有增加，为173.29万人。因此，西部地区接收外来省际迁移人口主要来自中部地区。

　　虽然，西部地区和东部沿海地区在地理上间隔了中部地区，相距较远，随着社会经济的发展，交通越来越便利，两个地区间的人口迁移相对活跃。在"四普"、"五普"和"六普"期间由西部地区迁往东部沿海地区的省际迁移人口逐渐增加，"四普"期间为48.60万人，"五普"期间为74.23万人，而"六普"时增加到196.81万人。虽然由东部沿海地区迁往西部地区的人口也在逐渐增加，但数量总体小于由西部地区迁往东部沿海地区的人口，因此西部地区人口逐渐流失，向东部沿海地区迁移，特别是在"六普"期间。

综上所述，虽然西部地区内部及与其他地区之间的人口迁移数量（由 242.04 万人增加至 596.29 万人）在逐渐增加，但占全国省际迁移总人口的数量却由 21.87% 降低至 10.84%。在"四普"和"五普"期间，由于中部地区人口的迁入，西部地区的净省际人口迁移为正。而到了"六普"期间，由于大量的西部地区的人口迁入东部沿海地区，导致西部地区的净省际人口迁移变负，人口开始流失。

二　中部地区

中部地区的省份包括陕西、山西、河南、安徽、江西、湖北、湖南、广西、贵州、重庆和四川。区域地形较为平坦，主要以平原、盆地和山地为主，气候适宜，为温带季风气候或副热带季风气候，中国多个重要农业产粮基地处于该区，同时，区域内矿产丰富，例如山西省，其已探明的煤炭储量为 2000 亿吨，占全国的三分之一。

如图 3—13 和图 3—15 所示，中部地区是主要的人口迁出区，过去的几十年省际人口迁移造成了中部地区人口的大量外流。"四普"期间外流人口为 192.24 万人，占全国省际迁移人口总数的 17.37%；"五普"期间外流人口为 1859.54 万人，占全国省际迁移人口总数的 57.6%；"六普"期间外流人口为 2961.75 万人，占全国省际迁移人口总数的 53.86%。其中，绝大部分的省际迁移人口流入东部沿海地区。随着时间的推移，中国省际迁移人口越来越集中在中部地区和东部沿海地区，"四普"期间两地人口迁移为

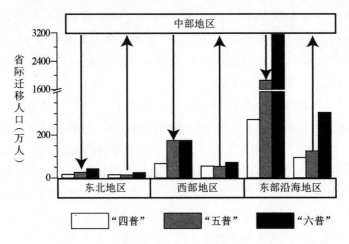

图 3—15　中部地区与其他区域间省际迁移人口

1106.54万人，占全国省际迁移人口总数的33.04%；"五普"期间两地人口迁移为3228.21万人，占全国省际迁移人口总数的61.21%；"六普"期间两地人口迁移为3450.76万人，占全国省际迁移人口总数的62.75%。

上文已讨论，中部地区是西部地区人口的主要迁入地。由于地理空间位置相距较远，中部地区与东北地区之间的人口迁移最少，随着时间的推移人口数量逐渐增加，总体上东北地区的人口迁入多于中部地区的人口迁出。此外，中部地区各省份之间的迁移人口数量也逐渐增加，"四普"期间为153.34万人，到"六普"期间增加了一倍多，为369.02万人。综上所述，中部地区是省际人口迁移的迁出地，随着时间的推移，大量的人口流入其他地区，特别是东部沿海地区。

三　东部沿海地区

东部沿海地区的省份包括河北、北京、天津、山东、江苏、上海、福建、广东和海南。东部沿海地区临海，气候适宜，地理区域优势显著，社会经济发展水平较高，形成环渤海、长三角和珠三角经济圈，吸引了其他地区的大量人口的迁入。"四普"期间净迁入人口为213.31万人，占全国省际迁移人口总数的19.28%；"五普"期间净迁入人口为1831.66万人，占全国省际迁移人口总数的56.74%；"六普"期间净迁入人口为3115.92万人，占全国省际迁移人口总数的56.66%。绝大部分的人口来自西部地区，其次为西北地区和东北地区（见图3—16）。

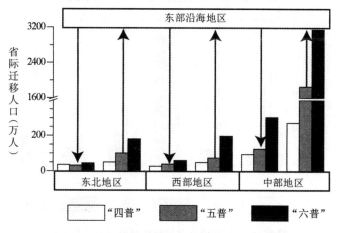

图3—16　东部沿海地区与其他区域间省际迁移人口

　　与其他三个地区相比，东部沿海地区各省份之间的迁移人口是最为活跃的，随着时间的推移人口数量逐渐增加，"四普"期间为179.52万人，到"六普"期间增加了近3倍，为717万人。综上所述，东部沿海地区是省际人口迁移的聚集区，特别是来自于中部地区的省际迁移人口。

四　东北地区

　　东北地区的省份包括黑龙江、吉林和辽宁，位于我国的东北部，地形以平原、山地和丘陵为主。东北地区自南向北跨中温带与寒温带，属温带季风气候，四季分明，夏季温热多雨，冬季寒冷干燥。自然资源和矿产资源丰富，地区经济以重工业、农业以及第三产业中的旅游业为主。

　　由于地理位置的原因，该地区与其他地区的人口交流最少。虽然与其他地区间的人口迁移较少，但东北地区的人口也逐渐向外流失，"四普"期间外流人口为11.2万人；"五普"期间外流人口为53.9万人；"六普"期间外流人口为117.04万人。大部分的人口迁入至东部沿海地区，特别是在"六普"期间。相对于与西北地区和中部地区的人口交流，东北地区内部的省际人口迁移更为活跃，随着时间的推移人口数量逐渐增加，"四普"期间为47.70万人，到"六普"期间增加至75.20万人。总体而言，东北地区的省际人口迁移并不活跃，与西部地区和中部地区间的省际人口迁移规模较小，而与东部沿海地区间的省际人口迁移规模最大，大部分的省际迁移人口迁入东部沿海地区（见图3—17）。

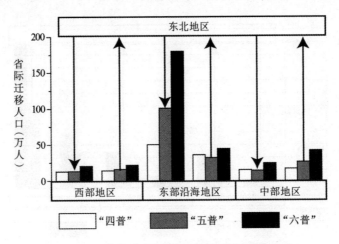

图3—17　东北地区与其他区域间省际迁移人口

五　省际人口迁移和人口密度

在我国的史前和历史时期，受自然资源、地理环境和社会生产力的影响，人们通常是从高人口密度地区向低人口密度或无人区迁移。然而，随着社会生产力的提高和社会的进步，人口出现从低人口密度地区向高人口密度地区迁移。在此，我们将分析"四普"、"五普"和"六普"期间人口密度与省际迁移人口，探讨两者之间的关系。

如图 3—18 所示，显示了我国不同地区 31 个省份的人口密度，不同的地区间人口密度差异较大，人口密度最大为东部沿海地区，其余按人口密度从大到小依次为中部地区、东北地区和西部地区。西部地区各个省份的人口密度总体较低，在"六普"期间的平均值为 45.96 人/平方千米；东北地区的人口密度为西北地区的 3 倍多，在"六普"期间的平均值为173.80 人/平方千米；中部地区的人口密度接近东北地区人口密度的两倍，在"六普"期间的平均值为 300.42 人/平方千米；东部沿海地区的人口密度最大，在"六普"期间的平均值为 899.73 人/平方千米。

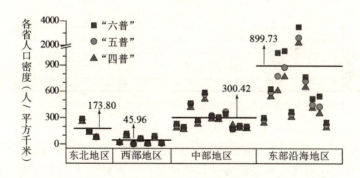

图 3—18　中国各省人口密度

注：黑线和数字为"六普"期间各个地区的人口密度平均值。

在不同的时期，每个地区的省际人口迁移活跃度不同。在"四普"期间，虽然东部沿海地区和中部地区的省际人口迁移规模较大，但人口密度较低的西部地区和东北地区的省际人口迁移更为活跃。在"四普"期间，西部地区省际迁移人口占该地区人口总数的 2.39%，东北地区省际迁移人口占该地区人口总数的 2%，而人口密度较大的东部沿海地区和中

部地区的省际迁移人口占区域内总人口的比例较低，分别为 1.88% 和
1.30%（见表 3—4）。在此期间，西部地区的净省际迁移人口增加，说明
存在由高人口密度地区迁向低人口密度地区的现象。

到了"五普"期间，各个地区的人口规模都有很大的增加，特别是
人口密度较大的东部沿海地区和中部地区，省际迁移人口快速增加，变
得更加活跃。在"五普"期间，人口密度最高的东部沿海地区省际人
口迁移最为活跃，占该区总人口数量的 6.07%；中部地区的省际人口
迁移也变得活跃，占该区总人口数量的 4.34%。虽然西部地区和东北
地区的省际人口迁移规模和活跃度都有所增加，但增加缓慢。在"五
普"期间，绝大部分的省际人口迁移发生在东部沿海地区和中部地区，
而且是从相对低人口密度的中部地区迁往更高人口密度的东部沿海
地区。

表 3—4　　　　　　　　　不同区域省际迁移人口规模

	东北地区		西部地区		中部地区		东部沿海地区	
	人口（万人）[a]	比例（%）[b]	人口（万人）	比例（%）	人口（万人）	比例（%）	人口（万人）	比例（%）
"四普"	192.70	2.00	242.04	2.39	672.46	1.30	706.81	1.88
"五普"	259.02	2.48	411.16	3.45	2488.56	4.34	2586.43	6.07
"六普"	408.28	3.76	596.29	4.56	4131.23	7.08	4648.54	9.58

注：a. 省际迁移人口数量；b. 占该地区总人口的比例。

"六普"期间，地区间的省际人口迁移差异持续增大，虽然各个地区
的省际人口迁移规模和活跃度都持续增加，但西部地区和东北地区增加缓
慢，而东部沿海地区和中部地区增加较快。与"五普"期间相比，更多
的省际迁移人口从低人口密度的地区迁往高密度人口的东部沿海地区，在
"六普"期间东部沿海地区的省际迁移人口占到该地区人口总数
的 9.58%。

综上所述，在"四普"期间，人口密度较小的东北地区和西部地区
的省际迁移人口较为活跃；而到了"五普"和"六普"期间，人口密度
较高的东部沿海地区和中部地区的省际人口迁移更为活跃。随着时间的推
移，绝大多数部分的省际人口发生在人口密度较高的东部沿海地区和中部

地区，而且省际迁移人口主要从人口较低的中部地区迁往人口密度更高的东部沿海地区。同时，也存在从人口密度较高的中部地区向人口密度较低的西部地区迁移。

第五节　省际人口迁入、迁出的影响力分布及变化

一　影响力分析研究方法

本书采用王桂新（2012）提出的 Q 分析方法来研究中国省际人口迁入、迁出的影响力分布及变化。具体方法如下：选取除港、澳、台外的 31 个省市进行研究分析，因而设定 $n = 31$，PM_{ij} 为地区 i 迁向地区 j 的人口数量，其占迁出地 i 迁出人口的比例为 $Mout_{ij}$，占迁入地 j 迁入人口的比例为 Min_{ij}，则可用 Min_{ij} 表示迁出地对其他地区人口迁入的影响力（输出力），用 $Mout_{ij}$ 表示迁入地对其他地区人口迁出的影响力（吸引力）。

本书根据"四普"、"五普"和"六普"中"现住地与五年前人口常住地"表格对 $Mout_{ij}$ 和 Min_{ij} 用矩阵实验室（Matlab）进行运算，其结果见附表 10—表 15。根据运算结果中省际人口迁移流 $Mout_{ij}$、Min_{ij} 的大小和分布，本书设定 10% 为影响力阈值。$Mout_{ij} \geqslant 10\%$，表示现住地（迁入地 i）对五年前人口常住地（迁出地 j）的人口迁出具有影响力；$Min_{ij} \geqslant 10\%$，则表示迁出地 j 对迁入地 i 的人口迁入具有影响力；此外并设定 3 个等级表示输出力或吸引力的大小：10%—20%、20%—30% 及 30% 以上。如果 $Mout_{ij}$ 和 Min_{ij} 大于或等于 10% 的省份数量为 MO 和 MI，则 MO 和 MI 所包含的地区可视为迁入地对其他省份人口迁出具有吸引力的区域范围或迁出地对其他省份人口迁入具有输出力的区域范围。

二　迁入地其他省份人口迁出的影响力（吸引力）分析

根据上述的计算方法，计算了 1985—1990 年、1995—2000 年及 2005—2010 年间迁入地对其他省份人口迁出的影响力，见表 3—5。从数据中可以看出，东部沿海地区的各个省份对其他省份的人口迁出的影响力在逐渐增加，而其他地区的影响力在逐渐减弱。2005—2010 年间东部沿海地区的省份对迁出地产生影响的省份数量在 5 个及以上仅有 2 个省份

（广东和江苏），而到了 2005—2010 年间达到了 5 个省份（分别为北京、上海、江苏、浙江和广东）。与此相对应，位于中部地区的四川省在 2005—2010 年间的吸引力为 5，而到了 2005—2010 年间的吸引力为 1。除了辽宁之外，2005—2010 年间东北地区、西部地区和中部地区各省对迁出地产生影响的省份数量都在 2 个以下。

表 3—5　　1985—1990 年、1995—2010 年及 2005—2010 年间对迁出地
产生影响的省份数量　　　　　　　单位：个

地区		现住地对五年前常住地人口迁出产生的影响力（吸引力）											
		1985—1990 年				1995—2000 年				2005—2010 年			
		10%—20%	20%—30%	≥30%	合计	10%—20%	20%—30%	≥30%	合计	10%—20%	20%—30%	≥30%	合计
东部沿海地区	广东	3	1	3	7	3	1	10	14	1	6	6	13
	浙江	2	0	0	2	4	1	0	5	10	3	1	14
	北京	1	1	1	3	5	1	1	7	4	3	1	8
	江苏	4	2	0	6	2	1	1	4	4	2	0	6
	上海	1	1	1	3	2	2	1	5	3	1	1	5
	天津	1	0	0	1	1	0	0	1	2	0	0	2
	河北	3	1	0	4	4	1	0	5	2	0	0	2
	山东	1	0	0	2	2	1	0	3	2	0	0	2
	海南	0	1	0	1	0	0	0	0	0	0	0	0
东北地区	辽宁	1	3	0	4	1	2	0	3	1	2	0	3
	吉林	2	0	0	2	1	0	0	1	0	0	0	0
	黑龙江	3	1	0	4					0	0	0	0
西部地区	新疆	2	0	0	2	3	0	1	4	1	0	0	1
	内蒙古	0	0	0	0	2	0	0	2	2	0	0	2
	甘肃	2	0	0	2	1	1	0	2	0	0	0	0
	云南	0	0	0	0	0	0	0	0	0	0	0	0
	宁夏	0	0	0	0	0	0	0	0	0	0	0	0
	青海	0	0	0	0	0	0	0	0	0	0	0	0
	西藏					0	0	0	0	0	0	0	0

续表

地区		现住地对五年前常住地人口迁出产生的影响力（吸引力）											
		1985—1990年				1995—2000年				2005—2010年			
		10%—20%	20%—30%	≥30%	合计	10%—20%	20%—30%	≥30%	合计	10%—20%	20%—30%	≥30%	合计
中部地区	四川	3	1	1	5	3	0	1	4	0	1	0	1
	湖南	2	0	0	2	0	0	0	0	1	0	0	1
	安徽	1	0	0	1	0	0	0	0	1	0	0	1
	福建	1	0	0	1	1	0	0	1	1	0	0	1
	山西	1	0	0	0	0	0	0	0	0	0	0	0
	河南	4	0	0	4	0	0	0	0	0	0	0	0
	江西	1	0	0	1	0	0	0	0	0	0	0	0
	广西	1	0	0	1	0	0	0	0	0	0	0	0
	贵州	0	0	0	0	0	0	0	0	0	0	0	0
	重庆					0	0	0	0	0	0	0	0
	湖北	0	0	0	0	0	0	0	0	0	0	0	0

　　本书详细分析了1985—1990年、1995—2000年及2005—2010年间对迁出地产生吸引力的省份数量在5个以上的省份，如图3—19、图3—20和图3—21所示。1985—1990年间，吸引力大于或等于5的省份有3个，分别是中部地区的四川省和东部沿海地区的广东省和江苏省。其中广东省的迁入人口规模最大（为总省际迁移人口的11.36%），对7个临近的省份迁出人口的吸引力较强，分别为海南、广西、湖南、福建、江西、四川和湖北，其 $Mout_{ij}$ 分别为 71.83%、68.15%、43.21%、22.52%、19.52%、11.70%和11.19%。江苏除了对其临近的上海和安徽有中等的吸引力外，对西部地区的新疆、云南和贵州也具有较弱的吸引力。四川对其周边的西藏和云南有较强的吸引力，此外其还对西部地区的新疆、青海和贵州有较弱的影响力。

　　1995—2000年对迁出地产生吸引力的省份数量在5个以上的地区有5个，分别为北京、河北、上海、浙江和广东，这些主要迁入省份都集中分布在东部沿海的京津冀、长三角与珠三角地区。与10年前相比，这一时段广东省迁入人口占总迁移人口的比例为35.63%，其人口迁入规模依旧最大，且对其他地区迁出人口的影响力最强，它具有影响力（$Mout_{ij} \geqslant$ 10%）的省份有 14 个。广东对广西、湖南、海南、湖北人口迁出的影响明显，其 $Mout_{ij}$ 都在 50% 以上，分别为 87.70%、77.31%、57.02% 和 53.69%。位于长三角地区的上海和浙江其影响力辐射范围主要限于华东地区，其中上海对其吸引地区人口迁出的吸引力比较大，而浙江对其吸引地区人口迁出的吸引力却较小。北京、河北的影响力辐射范围分别包括 7 个和 5 个省份，其吸引地区都主要分布在华北地区。虽然京津冀地区影响范围比较大，但其影响力都比较弱，只有北京对河北和天津人口迁出的吸引力较大，其 $Mout_{ij}$ 分别为 42.78% 和 21.57%。

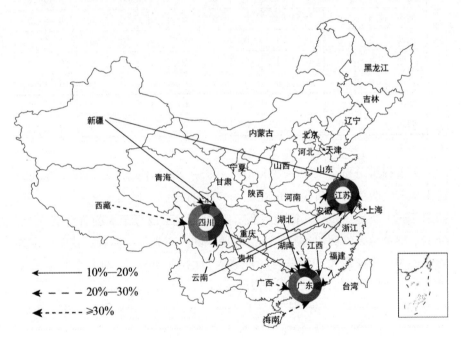

图3—19 1985—1990 年现住地（迁入地）对其他省份人口迁出的吸引力

2005—2010 年对迁出地产生吸引力的省份数量在 5 个以上的地区有 5 个，分别为北京、江苏、上海、浙江和广东，这些省份都集中分布在东部沿海地区。与 10 年前相比，广东省的迁入人口规模有所减小（为总省际迁移人口 25.23%），影响的省份也从 14 个减少到 13 个，其中对广西、湖南、海南、湖北、江西和四川几个省份的人口吸引力显著，其 $Mout_{ij}$ 分别 83.16%、63.80%、47.36%、33.54% 和 30.73%，而对福建、河南、重庆、

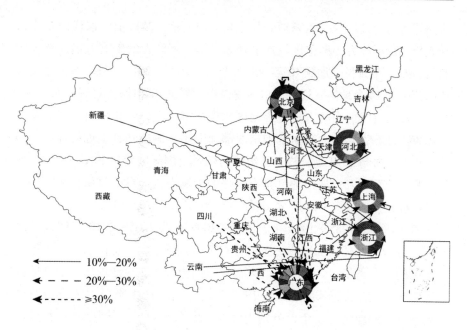

图3—20 1995—2000年现住地（迁入地）对其他省份人口迁出的吸引力

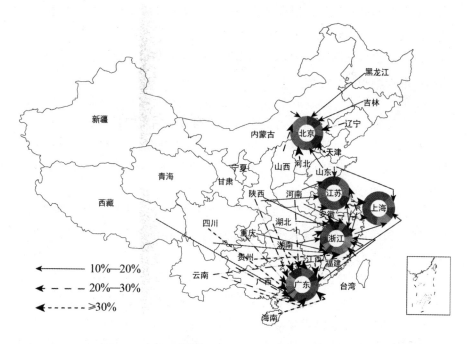

图3—21 2005—2010年现住地（迁入地）对其他省份人口迁出的吸引力

贵州等省份的人口吸引力减弱。与之相对应，这一时段浙江取代广东成为对人口迁出影响力辐射范围最广的迁入地区。浙江省的影响力辐射范围从20年前的2个省份增加到10年前的5个，到2005—2010年浙江省的影响力辐射范围为14个地区，迁入人口的规模也达到总省际迁移人口的15.23%。虽然浙江具有吸引力的人口迁出地区比广东多一个，但其影响强度仍弱于广东省。江苏省影响力辐射范围从西部地区逐渐缩小到其临近的地区，仍为6个。上海与10年前一样，其影响力辐射范围区域变化不大。京津冀地区的只有北京对人口迁出地区具有较强的影响力，其对山西和辽宁的迁出人口形成较强的吸引力，其 $Mout_{ij}$ 分别为20.31%和20.15%。

综上所述，1985—1990年、1995—2000年及2005—2010年间迁入地对其他省份人口迁出的影响力区域分布范围差异较大。总体而言，东部沿海地区的各个省份对其他省份的人口迁出的影响力在逐渐增加，而其他地区的影响力在逐渐减弱。1985—1990年对迁出地产生吸引力的省份数量在5个以上的地区有3个，分别为江苏、广东和四川，其分布较为分散，且影响力也相对较弱；1995—2000年对迁出地人口产生吸引力的省份主要集中在东部沿海地区，以广东为最强，逐渐形成珠三角、长三角和京津冀三个人口吸引力较强的地区；而2005—2010年广东依旧对其他省份的人口迁出产生很强的吸引力，长三角地区的吸引力超过珠三角，其中浙江省的影响范围超过广东省。

三　迁出地对其他省份人口迁入的影响力（输出力）分析

根据上述的计算方法，计算了1985—1990年、1995—2000年及2005—2010年间5年前常住地（迁出地）对其他省份人口迁入的影响力（输出力），见表3—6。

1985—1990年间对迁入地产生影响的省份数量在5个以上的地区有2个：河南和四川；而对迁入地产生影响的省份数量在3—4个之间的地区有9个，分别为河北、内蒙古、黑龙江、江苏、浙江、山东、湖南、陕西和甘肃；其余的省份对迁入人口产生影响的数量都在0—2之间。如图3—22所示，1985—1990年间对迁入地产生影响较强的为四川和河南。其中，四川省迁出人口规模最大（为总省际迁移人口的11.89%），对15个省份有很强的影响力，其影响力辐射范围分布较广，主要影响省份为贵州、云南和新疆，其 Min_{ij} 分别为52.57%、50.93%和34.6%。尽管河南的输出力影响范围包括 7 个省份，但是影响强度都较弱。此外，1985—1990 年间虽然河北的输出力影响范围仅包括 4 个省份（见表 3—6），但其迁出人口占总省际迁移人口的 5.84%，仅次于四川省，其中对北京（31.82%）和天津（39.03%）的迁入人口影响强度较强。

表 3—6　1985—1990 年、1995—2010 年及 2005—2010 年间对迁入地产生影响的省份数量　　　　　　　　　　　　　单位：个

地区		五年前常住地对现住地人口迁入的影响力（输出力）											
		1985—1990 年				1995—2000 年				2005—2010 年			
		10%—20%	20%—30%	≥30%	合计	10%—20%	20%—30%	≥30%	合计	10%—20%	20%—30%	≥30%	合计
中部地区	河南	7	0	0	7	6	1	0	7	11	2	0	13
	四川	10	2	3	15	6	2	4	12	6	1	2	9
	湖南	3	1	0	4	3	2	0	5	2	1	0	3
	安徽	2	0	0	2	1	0	2	3	1	1	1	3
	贵州	1	0	0	1	1	0	0	1	3	0	0	3
	湖北	1	0	0	1	4	0	0	4	2	0	0	2
	陕西	2	0	0	2	1	1	0	2	2	0	0	2
	江西	1	0	0	1	1	1	1	3	2	0	0	2
	广西	0	1	0	2	2	0	0	2	1	0	0	1
	重庆					2	1	0	3	1	0	0	1
	山西	0	0	0	0	1	0	0	1	1	0	0	1
东北地区	黑龙江	0	4	0	4	2	3	0	5	2	2	0	4
	辽宁	2	0	0	2	2	0	0	2	2	0	0	2
	吉林	1	1	0	2	2	1	0	3	2	0	0	2
西部地区	甘肃	2	2	0	4	2	2	0	4	2	3	0	5
	内蒙古	3	0	0	3	3	0	0	3	0	0	0	0
	云南	1	0	0	1	1	0	0	1	0	0	0	0
	青海	0	0	0	0	1	0	0	1	0	0	0	0
	西藏	0	0	0	0	0	0	0	0	0	0	0	0
	宁夏	0	0	0	0	0	0	0	0	0	0	0	0
	新疆	0	0	0	0	0	0	0	0	0	0	0	0

续表

地区		五年前常住地对现住地人口迁入的影响力（输出力）											
		1985—1990 年				1995—2000 年				2005—2010 年			
		10%—20%	20%—30%	≥30%	合计	10%—20%	20%—30%	≥30%	合计	10%—20%	20%—30%	≥30%	合计
东部沿海地区	广东	0	1	1	2	4	0	0	4	4	3	0	7
	河北	2	0	2	4	3	1	0	4	2	2	0	4
	山东	2	1	0	3	3	0	0	3	3	0	0	3
	浙江	3	0	0	3	1	0	0	1	3	0	0	3
	江苏	2	0	1	3	1	1	0	2	2	0	0	2
	福建	1	0	0	1	1	0	0	1	0	0	0	0
	上海	0	0	0	0	0	0	0	0	0	0	0	0
	海南	0	0	0	0	0	0	0	0	0	0	0	0
	北京	0	0	0	0	0	0	0	0	0	0	0	0
	天津	0	0	0	0	0	0	0	0	0	0	0	0

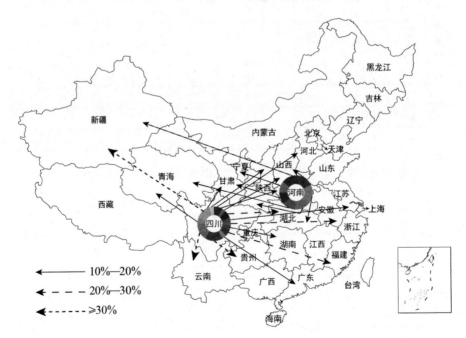

图 3—22 1985—1990 年五年前常住地（迁出地）对其他省份人口迁入的输出力

　　1995—2010 年间对迁入地产生影响的省份数量超过或大于 5 个的地区有 4 个，包括中部地区的河南、湖南和四川以及东北的黑龙江；而对迁入地产生影响的省份数量在 3—4 个之间的地区有 10 个，包括河北、湖北、广东和甘肃等地区；其余的省份对迁入人口产生影响的数量都在 2 个以下。如图 3—23 所示，对迁入地产生输出力的省份数量在 5 个以上的地区比 10 年前增加了 2 个，除四川和河南外还新增了湖南和黑龙江。与 10 年前相比，四川省迁出人口迁出规模依旧最大（占总省际迁移人口的 13.62%），但具有影响力（$Min_{ij} \geq 10\%$）的省份比上一时段减少了 3 个，为 12 个。即便如此，四川省的影响力辐射范围分布仍然很广，主要影响省份为西藏、重庆、云南和贵州，其 Min_{ij} 分别为 56.50%、46.70%、33.41% 和 31.96%。河南省输出力影响范围包括 7 个省份，但是影响强度都较弱，仅有对新疆的迁入人口贡献达到 20.89%，其他受河南输出力影响的地区其 Min_{ij} 都介于 10%—20% 之间。湖南的输出力影响范围包括 5 个省份，其中对广东和广西的迁入人口贡献分别达到 21.92% 和 25.63%。黑龙江的输出力影响范围包括 5 个省份，主要影响的地区包括辽宁、吉林和山东，其 Min_{ij} 分别为 29.66%、27.24% 和 20.83%。此外虽

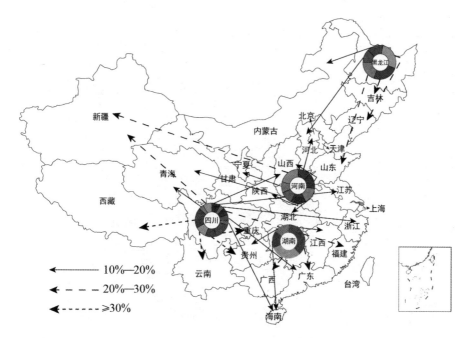

图 3—23　1995—2000 年五年前常住地（迁出地）对其他省份人口迁入的输出力

然安徽和江西作为人口迁出大省（迁出人口比例占总迁移人口比例分别为8.96%和8.30%），其输出力影响范围都仅包括3个省份（见附表14），但其影响强度较大。江西省贡献了福建省迁入人口的30.39%，安徽省分别贡献了江苏省和上海的37.62%和30.84%的迁入人口。

2005—2010年间，迁出地对迁入地产生影响的地区数量在5个以上的省份也有4个，分别为河南、广东、四川和甘肃；而对迁入地产生影响的省份数量在3—4个之间的地区有7个，分别为河北、黑龙江、浙江、安徽、山东、湖南和贵州；其余的省份对迁入人口产生影响的数量都小于或等于2个。如图3—24所示，2005—2010年间河南和四川的迁出人口占总迁移人口的比例分别为9.87%和9.07%，除人口迁出规模以外，河南超越四川成为对输出力辐射范围最广的省份，其影响地区达到13个。受河南省输出力影响较强的地区包括新疆和山西，这两个省份20.74%和20.07%的迁入人口来自于河南。与1995—2000年相比，2005—2010年四川省对迁入地产生输出力的省份数量从12个减少到9个，但西藏和重庆受其输出力的影响依旧很大，这两个省份47.37%和42.18%的迁入人口都出自四川省。虽然这一时段四川的人口输出影响力有所减弱，但仍为主

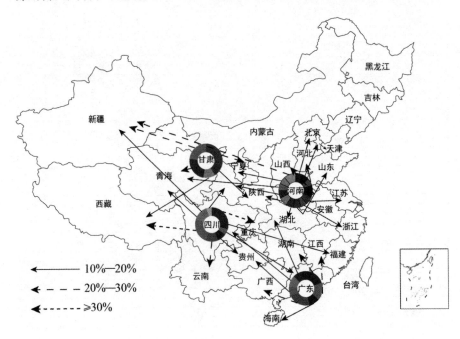

图3—24 2005—2010年五年前常住地（迁出地）对其他省份人口迁入的输出力

要迁出地区。值得注意的是,作为主要的人口迁入大省广东,在这一时段其人口输出影响力明显增大,它的输出力影响范围达到了7个。湖南、广西和江西地区29.86%、26.28%和21.43%的迁入人口都来自于广东省。此外,2005—2010年间安徽省迁出人口占总省际迁移人口的比例为10.05%,其人口迁出规模居全国首位。虽然其输出力影响范围仅包括3个省份(见附表15),但其影响强度较大。如江苏省31.26%的迁入人口都来自于其临近省份安徽。

综上所述,1985—1990年、1995—2000年及2005—2010年间迁出地对其他省份人口迁入的影响力区域分布范围差异较大,四川和河南作为传统的人口输出大省,其人口迁出规模很大且影响范围较广。随着时间的推移,四川省的影响范围在减弱,而河南省在增强,2005—2010年河南超越四川成为对输出力辐射范围最广的省份。此外广东作为主要人口迁入省份,2005—2010年其人口输出影响力范围达到了7个,是除河南和四川外输出力辐射范围最广的省份,与王桂新等(2012)研究的结论基本相同。与传统的人口输出大省相比,新兴的人口迁出大省(如安徽、江西)的输出力辐射范围相对较小。

第六节 本章小结

改革开放以来,随着经济的快速增长以及对人口迁移管理的宽松政策,我国省际人口迁移发生了显著的变化(Harry,1994;Fan,2005;Shen,2012),包括人口数量和迁移模式都发生了显著变化(张善余,1990;杨云彦,1992;王桂新,2000、2004、2012)。本章通过近三次中国人口普查数据,分析省际人口迁移的规模、强度、空间分布以及影响力变化,得出以下结论:

(1)1985—2010年间,省际迁移人口规模迅速增大,1985—1990年省际迁移人口规模为1106.54万人,到2005—2010年已增加到5499.39万人,20年间人口增长了4392.85万人,年均增长率为19.85%。随着时间的推移,1995—2000年间中国省际迁移人口的空间分布开始发生变化。

(2)随着时间的推移,各个省份的省际迁移人口逐渐形成人口迁出大省和人口迁入大省。省际人口迁入大省分布较为集中,主要为东部沿海地区京津冀、长三角、珠三角三大都市圈，如广州、上海、北京、浙江、江苏。除了传统的人口输出大省四川和河南外，还增加了新型的人口输出大省，包括安徽、江西、湖南、湖北、广西和贵州。此外，新疆也是人口迁入大省，在 1995—2000 年时最强，而到了 2005—2010 年人口迁入有减弱趋势。这是因为新疆地域广阔，人口密度低，开发建设对劳动力的需求量大，而当地劳动力供给不足，较多的就业机会是吸引人口流入的重要因素。

（3）本书将 31 个省份分为了四个区域：东部沿海地区、中部地区、东北地区和西部地区。东部沿海地区与其他地区之间的省际人口迁移最为活跃，是省际人口迁移的聚集区，特别是来自于中部地区的省际迁移人口。中部地区是省际人口迁移的迁出地，大量的人口流入其他地区，特别是东部沿海地区和西部地区的主要人口迁入地。东北地区的省际人口迁移并不活跃，与西部地区和中部地区间的省际人口迁移规模较小，而与东部沿海地区间的省际人口迁移规模最大，大部分的省际迁移人口迁入东部沿海地区。西部地区各省份主要在"胡焕庸线"的西部，在"四普"和"五普"期间，由于中部地区人口的迁入，西部地区的净省际人口迁移为正，而到了"六普"期间，由于大量的西部地区的人口迁入东部沿海地区，导致西部地区的净省际人口迁移变负，人口开始流失。此外，在"四普"期间，人口密度较小的东北地区和西部地区的省际迁移人口较为活跃；而到了"五普"和"六普"期间，人口密度较高的东部沿海地区和中部地区的省际人口迁移更为活跃。随着时间的推移，绝大多数的省际人口迁移发生在人口密度较高的东部沿海地区和中部地区，而且省际迁移人口主要从人口密度较低的中部地区迁往人口密度更高的东部沿海地区。

（4）中国省际人口迁入、迁出的影响力研究表明：东部沿海地区的各个省份对其他省份的人口迁出的影响力在逐渐增加，而其他地区的影响力在逐渐减弱，早期以广东为最强，而到了 2005—2010 年间长三角地区（如浙江）也逐渐成为吸引其他地区人口迁出的主要影响地区；迁出地对其他省份人口迁入的影响力区域分布范围差异较大，四川和河南作为传统的人口输出大省，其人口迁出规模很大且影响范围较广，随着时间的推移，四川省的影响范围在减弱，而河南省在增强，2005—2010 年河南超越四川成为对输出力辐射范围最广的省份。此外广东作为主要人口迁入省份，2005—2010 年其人口输出影响力范围达到了 7 个，是除河南和四川外输出力辐射范围最广的省份，与传统的人口输出大省相比，新兴的人口迁出大省（如安徽、江西）的输出力辐射范围相对较小。

综上所述，人口主要流向海拔较低、经济发达、城市化程度较高的区域，此类地区基础设施和公共服务较为完善。这反映了人们通过迁移增加经济收入，改善生存环境，寻求更多发展机会的基本价值取向。反之，人口流出地区多是资源环境承载力不高，经济增长活力不足，就业机会少，收入水平较低的区域。

第四章　中国省际人口迁移组成
特征的空间分布研究

第一节　省际人口迁移的组成特征

在本章中将选取"四普"、"五普"和"六普"中全国按现住地、性别、职业和受教育程度分的户口登记地在外省的迁入人口数据。本章以此类数据为依据对中国省际人口迁移的空间组成特征进行了分析，主要包括不同职业、受教育程度和性别。与第三章所用的数据不同，按户籍统计的人口存在累加的因素，因此与第三章人口迁移的数据不同。根据户籍人口统计数据，"四普"期间省际迁移人口为1011.89万人，"五普"期间省际迁移人口为3324.14万人，而"六普"期间省际迁移人口为7928.93万人，20年间增长了6917.04万人，平均年约增长345.85万人。图4—1为

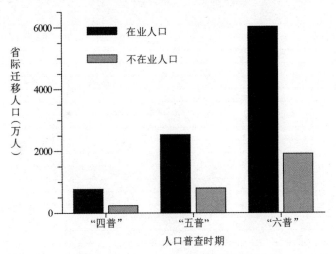

图4—1　"四普"、"五普"和"六普"期间省际迁移人口规模

按在业和不在业分的省际迁移人口，其中"四普"、"五普"和"六普"期间迁入现住地的在业人口分别为 771.44 万人、2528.47 万人和 6022.70 万人，20 年间增长了 5251.26 万人，平均年约增长 262.56 万人；而"四普"、"五普"和"六普"期间迁入现住地的非在业人口分别为 240.44 万人、795.67 万人和 1906.24 万人，20 年间增长了 1665.80 万人，平均年约增长 83.29 万人。三次普查结果的数据显示，不在业人口占省际总迁移人口的比例相对稳定，都在 24% 左右。

第二节　省际在业人口迁移特征

根据各个省份在业和非在业人口迁入比例，在此将其分为三个等级，分别为 0—2%，2%—4% 和 >4%（见图 4—2 和图 4—3）。如图 4—2 所示，在"四普"期间，在业人口迁入比例超过 4% 的有 8 个，主要包括东部沿海的辽宁、河北、北京、山东、江苏、上海和广东，以及中部地区的河南，

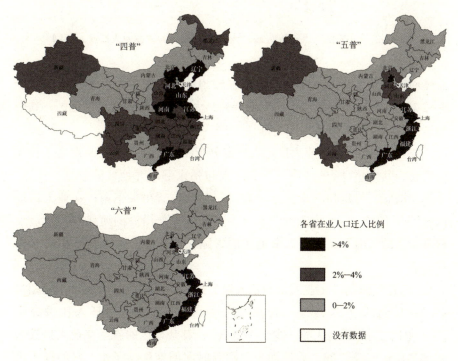

图4—2　"四普"、"五普"和"六普"期间各省在业人口迁入比例

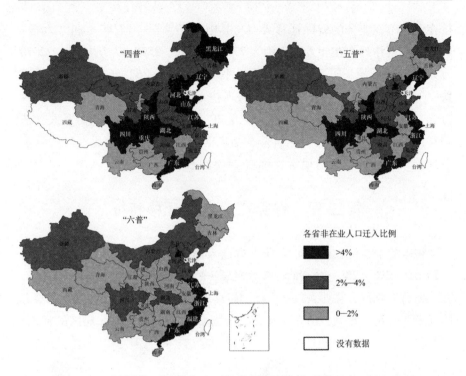

图4—3 "四普"、"五普"和"六普"期间各省非在业人口迁入比例

总体而言，除广州外，这些省份位置较为偏北；在业人口迁入比例介于
0—2%之间的除了贵州、广西和海南外，大部分都集中在北部地区；其余
地区的省际在业人口迁入比例都在2%—4%之间。

"五普"期间，在业人口迁入比例分布图与"四普"期间发生了较大
的变化，其中超过4%的有6个，主要包括东部沿海地区的北京、江苏、
上海、浙江、福建和广东，与"四普"相比位置更加偏南；在业人口迁
入比例介于2%—4%之间的只有4个，包括东部沿海的河北和山东以及
西部地区的云南和新疆；其余地区的省际在业人口迁入比例都在0—2%
之间。

"六普"期间，在业人口的迁入地更加集中，在业迁入人口比例超过
4%的省份也是6个，与"五普"时期相同；在业人口迁入比例介于
2%—4%之间的只有天津，少于"五普"；其余地区的省际在业人口迁入
比例都在0—2%之间。总体而言，随着时间的推移，在业人口的迁入地
区更加集中，主要分布在东部沿海地区。

此外，本书还对比了三个时段省际非在业人口迁入比例，如图4—3所示。在"四普"期间，非在业人口迁入比例超过4%的有12个，主要包括东北地区的黑龙江和辽宁，东部沿海地区的河北、北京、山东、江苏、上海和广东，以及中部地区的四川、重庆、陕西和湖北；非在业人口迁入比例介于0—2%之间的除了青海和宁夏外，其余的都集中在南部地区；剩余地区的省际非在业人口迁入比例都在2%—4%之间。"五普"期间，非在业人口迁入比例超过4%的有9个，其分布比较分散；非在业人口迁入比例介于2%—4%之间的只有10个，主要集中在东部地区；其余地区的省际非在业人口迁入比例都在0—2%之间。而"六普"期间，非在业人口迁入比例超过4%的也是6个，主要包括东部沿海地区的北京、江苏、上海、浙江、福建和广东；非在业人口迁入比例介于2%—4%之间的省份主要集中在北部地区；其余地区的省际非在业人口迁入比例都在0—2%之间。

综上所述，"四普"、"五普"和"六普"期间省际非在业人口迁入比例空间分布规律并不明显，与在业人口迁入比例空间分布规律存在很大差异，随着时间的推移，在业人口的迁入地区更加集中，主要分布在东部沿海地区。

由于非在业人口迁入类型分类数据缺乏，本书仅对在业人口的不同职业分类进行了详细分析。从图4—4可以看出，"四普"时期生产、运输设备操作人员及有关人员占省际迁移在业人员的比例为44.26%；而"五普"时期此比例上升到60.74%；"六普"时期又略降到了55.45%。"四普"期间仅次于生产、运输设备操作人员及有关人员的为商业、服务业人员，其比例为24.18%；此比例在"五普"和"六普"时期分别为10.28%和3.49%。"四普"时期排名第三的迁入人员职业为农、林、牧、渔、水利业生产人员，其比例为12.69%；此比例在"五普"和"六普"时期都名列第二，比例分别为19.74%和27.64%。其他迁入职业的从业人员比例都低于10%，其中专业技术人员所占的比例在三个时段分别为9.81%、4.04%和5.84%；而"四普"、"五普"和"六普"期间办事人员和有关人员占省际迁移在业人员的比例为6.65%、3.74%和5.03%；此外，国家机关、党群组织、企业、事业单位负责人所占比例在"四普"、"五普"和"六普"期间分别为2.18%、1.38%和2.44%。为了更加详细分析各职业的迁入人员在各个省份的分布情况，本书将在以下几个小节对各类职业的迁入人员进行逐一分析。

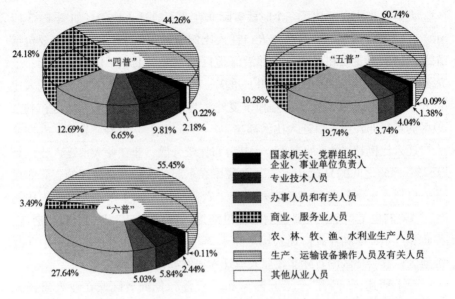

图4—4 "四普"、"五普"和"六普"期间省际迁移在业人口不同职业比例

一 生产运输类人员迁移特征

生产、运输工人和相关人员（生产运输类人员）在"四普"、"五普"和"六普"期间都占据了主要地位，图4—5显示了"四普"、"五普"和"六普"时期中国各省迁入的生产运输类人员比例分布。"四普"时期，从外省迁入的生产运输类人员比例高于4%的省份依次有东部沿海的广东（20.95%）、上海（8.33%）、北京（6.53%）和江苏（5.73%）4个省份。其次介于2%—4%的省份主要分布在中部地区，包括河南等15个省份。从外省迁入的生产运输类人员比例小于1%的省份仅有宁夏（0.74%），其余9个省份的生产运输类人员比例为1%—2%。这个时期并未形成生产、运输工人和相关人员集中区，迁移地点相对分散，从外省迁入东部沿海的生产运输类人员比例大于4%的省份仅有4个，仅包括了生产运输类人员的41.54%。

"五普"时期生产运输类人员迁移更加集中，主要分布在东部沿海地区的南部省份，其中从外省迁入的生产运输类人员比例高于4%的省份有广东（52%）、浙江（12.19%）、福建（6.02%）、江苏（5.67%）和上海（4.96%）5个省份，包括了生产运输类人员的80.84%，形成明显的生产运输类人员迁入地聚集区。从外省迁入的生产运输类人员比例介于

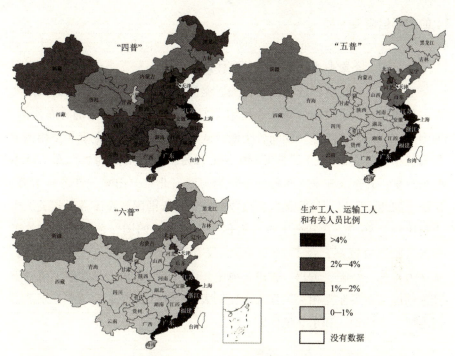

图4—5　"四普"、"五普"和"六普"期间生产运输类省际迁移人员各省比例

2%—4%的省份仅有1个，为北京（3.11%），其次外省迁入的生产运输类人员比例介于1%—2%的省份主要分布在我国的北部，包括北部的新疆、河北、辽宁、天津和山东，以及南部的云南6个省份。其余各个省份接收的生产运输类人员比例均在1%以下。

"六普"期间各个地区从外省迁入的生产运输类人员的分布特征与"五普"时期较为相似，其中从外省迁入的生产运输类人员比例高于4%的省份有广东（34.05%）、浙江（21.65%）、江苏（10.33%）、上海（8.81%）、福建（6.39%）5个省份，包括生产运输类人员的81.23%，聚集的趋势更加明显。从外省迁入的生产运输类人员比例介于2%—4%的省份仅有北京（3.33%）和天津（2.24%），其次外省迁入的生产运输类人员比例介于1%—2%的省份主要分布在我国的北部，包括北部的新疆、内蒙古、辽宁和山东4个省份，其余各个省份接收的生产运输类人员比例均在1%以下。

总体而言，"四普"时期生产运输类人员迁入地区较为分散，未形成明显的迁入区，到了"五普"和"六普"时期省际迁移人口中的生产运输类人员迁入地区较为集中，主要集中在东部沿海地区，汇集了80%以上的生产运输类人员。

二 国、企事业类相关工作人员迁移特征

本节主要讨论省际迁移国家机关、党群组织、企事业单位负责人及办事人员和有关人员（国、企事业类相关工作人员）在各省份的分布比例。如图4—6所示，"四普"期间各个地区从外省迁入的国、企事业类相关工作人员比例差异较小，介于0.48%—9.12%，其中最高的为广东，最小的为宁夏；其余大于4%的省份分别为河北、北京、山东、江苏、上海、河南、湖北和四川，这些地区所接收的外省迁入的国、企事业类相关工作人员比例为46.2%；其余大部分省份从外省迁入的国、企事业类相关工作人员比例也较高，介于2%—4%，仅有7个省份介于1%—2%之间，依次为吉林、新疆、贵州、甘肃、海南、内蒙古和青海。这个时期从外省迁入的国、企事业类相关工作人员比例大于2%的省份主要集中在东部沿海地区、中部地区和东北地区。

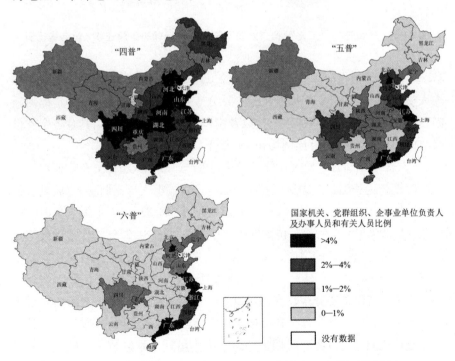

图4—6 "四普"、"五普"和"六普"期间国、企事业类省际
迁移相关工作人员各省比例

　　"五普"期间，各个地区从外省迁入的国、企事业类相关工作人员比例差异加大，介于0.27%—42.13%，平均值为3.23%，其中最高仍为广东省，其余大于4%的省份分别为上海、江苏和北京。"五普"时期各个省份从外省迁入的国、企事业类相关工作人员比例大于4%的省份减至4个，但接收的此类从业人口比例为62.72%。说明自20世纪90年代以来国、企事业类相关工作人员迁入地区更加集中，主要为东部沿海地区的江苏、上海、北京和广东4个省份，这些省份人口迁入规模基本都在100万人以上。与此同时，从外省迁入的国、企事业类相关工作人员比例介于2%—4%的省份数量也大幅度较少，在"五普"仅有5个，分别为河北、福建、四川、山东和浙江。

　　"六普"期间，各个地区从外省迁入的国、企事业类相关工作人员比例大于4%的省份为5个，包括了省际迁移国、企事业类相关工作人员总数的77.09%。与此同时，各个地区从外省迁入的国、企事业类相关工作人员比例介于2%—4%的省份数量减少至1个，为福建。这些都说明，随着时间的推移，国、企事业类相关工作人员迁入的地区越来越集中，主要为东部沿海地区的江苏、浙江、上海、北京和广东，分别对应长三角、京津冀、珠三角三大都市圈。

三　商业、服务人员迁移特征

　　图4—7显示了"四普"、"五普"和"六普"时期中国各省迁入的商业、服务人员比例。"四普"时期，从外省迁入的商业、服务人员比例高于4%的省份依次有东部沿海的北京（9.5%）、广东（8.24%）、上海（7.38%）、江苏（6.61%）、山东（4.71%）和辽宁（4.6%），以及中部的河南（4.53%）、湖北（4.07%）和云南（4.03%）9个省份。其次介于1%—2%的省份有6个，其分布比较分散，包括宁夏、海南、福建、青海、吉林和广西。剩余地区从外省迁入的商业、服务人员比例都介于2%—4%之间。这个时期并未形成商业、服务人员集中区，迁移地点相对分散，从外省迁入东部沿海的商业、服务人员比例大于4%的省份有6个，仅包括了生产运输类人员的41.04%。

　　"五普"时期，商业、服务人员迁移更加集中，主要分布在东部沿海地区，其中从外省迁入的商业、服务人员比例高于4%的省份有广东（26.87%）、上海（10.24%）、北京（10.19%）、江苏（6.17%）、浙江

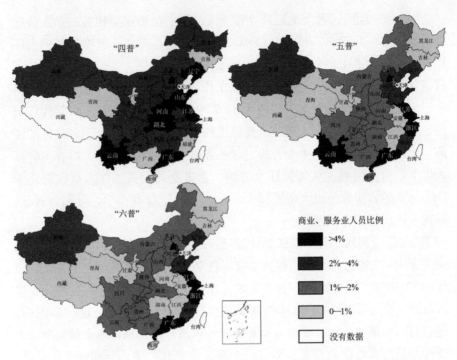

图4—7　"四普"、"五普"和"六普"期间商业、服务类省际迁移人员各省比例

（6.16%）以及西部的云南（4.34%）6个省份，占商业、服务人员的
63.98%。从外省迁入的商业、服务人员比例介于2%—4%的省份有5
个，依次为新疆（3.27%）、山东（3.07%）、福建（2.77%）、辽宁
（2.54%）和河北（2.4%）。其次外省迁入的商业、服务人员比例介于
1%—2%的省份主要分布在我国的中部，包括河南等12个省份，其余各
个省份接收的商业、服务人员比例均在1%以下。

　　"六普"期间各个地区从外省迁入的商业、服务人员的分布特征与
"五普"时期较为相似，其中从外省迁入的商业、服务人员比例高于4%
的省份有广东（21.79%）、上海（13.46%）、北京（12.97%）、浙江
（11.26%）、江苏（7.76%）5个省份，包括了商业、服务人员的
67.26%。从外省迁入的商业、服务人员比例介于2%—4%的省份有福建
（3.09%）、山东（2.3%）、天津（2.29%）、辽宁（2.27%）和新疆
（2.13%），其次从外省迁入的商业、服务人员比例介于1%—2%的省份
主要分布在我国的中部，包括10个省份，其余各个省份接收的商业、服

务人员比例均在1%以下。

总体而言，外省迁入的商业、服务人员逐渐聚集在中国的东部沿海地区，此外，新疆自治区的外省迁入的商业、服务人员比例一直相对较高。

四　各类专业、技术人员迁移特征

图4—8显示了"四普"、"五普"和"六普"时期中国各省迁入的各类专业、技术人员比例，很明显三个时期存在一定差异。"四普"时期，从外省迁入的各类专业、技术人员比例高于4%的省份依次有东部沿海的广东（10.7%）、江苏（8.05%）、北京（7.55%）、山东（6.3%）、上海（5.17%）、河北（5.14%）、浙江（4.23%）和辽宁（4%）以及南部的四川（6.1%）和河南（5.21%）10个省份。其次从外省迁入的各类专业、技术人员比例小于1的省份只有一个，为宁夏（0.83%）。剩余地区从外省迁入的各类专业、技术人员比例都介于1%—2%和2%—4%之间。这个时期从外省迁入各类专业、技术人员更多地分布在我国的东部沿海地区和中部地区。

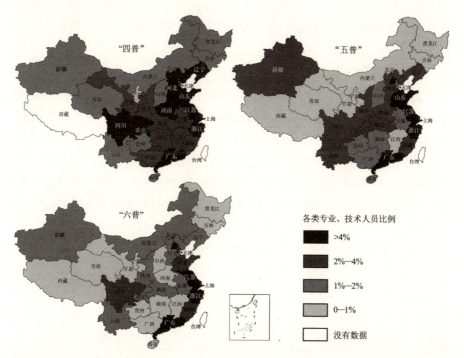

图4—8　"四普"、"五普"和"六普"期间各类专业、技术类省际迁移人员各省比例

"五普"时期各类专业、技术人员迁移更加集中，主要分布在东部沿海地区和中部地区，其中从外省迁入的各类专业、技术人员比例高于4%的省份有广东（28.34%）、北京（8.81%）、上海（7.36%）、江苏（5.67%）、浙江（5.2%）和山东（4.77%）6个省份，都在东部沿海地区，包括了各类专业、技术人员的60.15%。从外省迁入的各类专业、技术人员比例介于2%—4%的省份主要分布在中部地区，其次外省迁入的各类专业、技术人员比例介于1%—2%的省份主要分布在我国的东部，包括安徽等8个省份，其余各个省份接收的各类专业、技术人员比例均在1%以下。

"六普"期间各个地区从外省迁入的各类专业、技术人员分布特征较"五普"时期更为集中，集中在东部沿海地区，同时中部地区迁入人口的比例降低。其中从外省迁入的各类专业、技术人员比例高于4%的省份有广东（24.01%）、北京（16.68%）、上海（15.56%）、浙江（7.14%）和江苏（6.96%）5个省份，包括了各类专业、技术人员的70.35%。从外省迁入的各类专业、技术人员比例介于2%—4%的省份有福建（3%）、天津（2.45%）、山东（2.19%）和四川（2.11%），其次从外省迁入的各类专业、技术人员比例介于1%—2%的省份主要分布在我国的北部，包括9个省份，其余各个省份接收的各类专业、技术人员比例均在1%以下。

五 农林牧渔从业人员迁移特征

如图4—9所示，图中显示了"四普"、"五普"和"六普"期间各地区从外省迁入的农林牧渔从业人员比例。"四普"期间各个地区从外省迁入的农林牧渔从业人员差异较小，介于0.48%—10.85%，其中最高的为江苏，最小的为青海；其余大于4%的省份分别为河南、辽宁、四川、安徽、河北、广东和山东，这些地区所接收的外省迁入的农林牧渔从业人员比例为57.54%；其余大部分地区从外省迁入的农林牧渔从业人员比例也较高，介于2%—4%，仅有7个省份介于1%—2%之间，此外，从外省迁入的农林牧渔从业人员比例小于1%的省份依次为贵州、宁夏、广西和青海。

"五普"期间，各个地区从外省迁入的农林牧渔从业人员比例差异也较小，介于0.17%—11.64%，其中最高为广东省，其余大于4%的省份分别为新疆、江苏、山东、四川、安徽、上海和浙江。与"四普"时期相似，"五普"期间各个省份从外省迁入的农林牧渔从业人员比例大于4%的省份也是8个，其接收的此类从业人口比例为56.93%。与此同时，

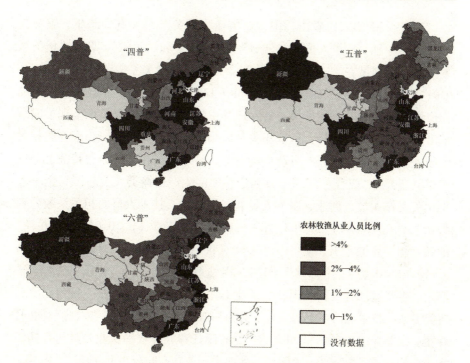

图4—9　"四普"、"五普"和"六普"期间农林牧渔类省际迁移从业人员各省比例

各个地区从外省迁入的农林牧渔从业人员比例介于2%—4%的省份数量有11个之多。

"六普"期间,各个地区从外省迁入的农林牧渔从业人员比例大于4%的省份有7个,其占省际迁移农林牧渔从业人员总数的53.99%。与此同时,各个地区从外省迁入的农林牧渔从业人员比例介于2%—4%的省份数量有10个。这些都说明,随着时间的推移,农林牧渔从业人员比例迁入的地区依旧较为分散,未形成集中迁入区。

六　不同职业人员迁移特征差异

通过前文的分析,不同时期不同职业的省际迁入人口比例空间分布存在明显的差异。为此,在此又对同一时期不同职业的省际迁入人口比例进行了相关分析,见表4—1。由前文的分析论述得出,省际迁移人口中,生产运输类人员,国、企事业类相关工作人员,商业、服务人员和各类专业、技术人员逐渐形成向东部沿海省份聚集的趋势,而农林牧渔从业人员并未呈现出明显的聚集趋势。

从表4—1中可以看出，国、企事业类相关工作人员，商业、服务人员和各类专业、技术人员在"四普"、"五普"和"六普"期间的相关系数很高，特别是在"五普"和"六普"期间的相关系数都在0.95（p＜0.01）以上，说明这三类职业的省际人口迁移在空间分布上具有很大的相似性。虽然随着时间推移，省际迁移中的生产运输类人员也呈现了向东部沿海地区集聚的趋势，但从相关系数结果来看，其与国、企事业类相关工作人员，商业、服务人员和各类专业、技术人员在空间分布特征上存在一定的差异。"四普"期间，省际迁移中的生产运输类人员与国、企事业类相关工作人员，商业、服务人员和各类专业、技术人员的相关系数分别为0.732（p＜0.01）、0.763（p＜0.01）和0.767（p＜0.01）；"五普"期间，相关系数上升，分别为0.968（p＜0.01）、0.923（p＜0.01）和0.950（p＜0.01）；"六普"期间，相关系数再次下降。说明在"五普"期间，生产运输类人员与国、企事业类相关工作人员，商业、服务人员和各类专业、技术人员在空间分布上最为相似，而"四普"和"六普"期间，存在一定差异。从表4—1可以看出，省际迁移农林牧渔从业人员与其他四类职业的相关系数较低，表明与其他四类职业在空间分布上存在显著差异。

表4—1　三个时期不同职业人员在省际之间迁移的分布比例相关系数

"四普"	生产运输类人员比例	国、企事业类相关工作人员比例	商业、服务人员比例	各类专业、技术人员比例	农林牧渔从业人员比例
生产运输类人员比例	1				
国、企事业类相关工作人员比例	0.732 ***	1			
商业、服务人员比例	0.763 ***	0.896 ***	1		
各类专业、技术人员比例	0.767 ***	0.977 ***	0.875 ***	1	
农林牧渔从业人员比例	0.441 **	0.670 ***	0.484 ***	0.729 ***	1
"五普"	生产运输类人员比例	国、企事业类相关工作人员比例	商业、服务人员比例	各类专业、技术人员比例	农林牧渔从业人员比例
生产运输类人员比例	1				
国、企事业类相关工作人员比例	0.968 ***	1			
商业、服务人员比例	0.923 ***	0.958 ***	1		
各类专业、技术人员比例	0.950 ***	0.985 ***	0.981 ***	1	
农林牧渔从业人员比例	0.602 ***	0.603 ***	0.635 ***	0.648 ***	1

续表

"六普"	生产运输类人员比例	国、企事业类相关工作人员比例	商业、服务人员比例	各类专业、技术人员比例	农林牧渔从业人员比例
生产运输类人员比例	1				
国、企事业类相关工作人员比例	0.884 ***	1			
商业、服务人员比例	0.883 ***	0.958 ***	1		
各类专业、技术人员比例	0.799 ***	0.963 ***	0.979 ***	1	
农林牧渔从业人员比例	0.741 ***	0.702 ***	0.732 ***	0.648 ***	1

注：***、** 分别表示在1%、5%水平上显著。

如表4—2所示，相对于"四普"时期而言，在"五普"期间，省际迁移中的生产运输类人员，国、企事业类相关工作人员，商业、服务人员和各类专业、技术人员形成了明显的向东部沿海地区各省份聚集的趋势；"六普"期间，生产运输类人员的这种聚集趋势增长缓慢，而国、企事业类相关工作人员，商业、服务人员和各类专业、技术人员的这种聚集趋势继续加强。与上述职业不同，农林牧渔从业人员并未形成明显的聚集趋势。总体而言，从事第二、第三产业的省际迁移人口逐渐向东部沿海地区聚集，而从事第一产业的省际迁移人口并未形成明显的聚集区。

表4—2　　　　三个时期不同地区的不同职业省际迁入人员比例　　　　单位：%

"四普"	东部沿海地区	中部地区	西部地区	东北地区
生产运输类人员比例	55.56	24.48	11.72	8.24
国、企事业类相关工作人员比例	48.43	34.86	8.91	7.80
商业、服务人员比例	47.96	29.65	13.50	8.89
各类专业、技术人员比例	52.92	31.62	8.53	6.93
农林牧渔从业人员比例	49.24	29.31	10.78	10.67
"五普"	东部沿海地区	中部地区	西部地区	东北地区
生产运输类人员比例	88.16	5.56	4.48	1.80
国、企事业类相关工作人员比例	76.30	15.18	5.72	2.80
商业、服务人员比例	70.63	14.27	11.20	3.90
各类专业、技术人员比例	69.02	20.26	7.23	3.49
农林牧渔从业人员比例	46.02	30.76	16.20	7.02

续表

"六普"	东部沿海地区	中部地区	西部地区	东北地区
生产运输类人员比例	89.64	4.61	4.02	1.72
国、企事业类相关工作人员比例	85.60	8.81	3.81	1.78
商业、服务人员比例	77.15	11.83	7.75	3.27
各类专业、技术人员比例	80.22	11.78	5.60	2.40
农林牧渔从业人员比例	51.33	21.71	17.31	9.65

第三节　不同受教育程度人口的省际迁移特征分析

省际迁移人口具有不同的学历，本节选取 1990 年（"四普"）、2000 年（"五普"）、2010 年（"六普"）《中国人口普查资料》中的"全国按现住地、受教育程度、性别分户口所在地在外省的人口"数据为依据对省际迁移人口受教育程度的时空变化进行了对比分析。如图 4—10 所示，超过半数的省际迁移人口是初中学历，"四普"时具有初中文化省际迁移人口的比例为 36.11%；而"五普"时期此比例上升到 51.08%；"六普"时期又略升到了 52.84%。"四普"期间仅次于具有初中文化的迁移人员的为具有小学文化的迁移人员，其比例为 27.18%；此比例在"五普"和"六普"时期分别为 22.05% 和 17.32%。"四普"时期排名第三的迁入人员教育程度为高中，其比例为 12.05%；此比例在"五普"和"六普"时期也都名列第三，分别为 9.59% 和 16.76%。除此以外的其他受教育程度的省际迁移人员占省际迁移人口的比例都低于 10%，其中具有大学本科程度的省际迁移人员所占的比例在三个时段分别为 8.59%、5.33% 和 5.04%；而"四普"、"五普"和"六普"期间具有大学专科程度的省际迁移人员所占的比例为 3.25%、3.59% 和 6.07%；此外，未上过学的省际迁移人员所占比例在"四普"、"五普"和"六普"期间分别为 8.63%、2.87% 和 1.5%。仅在"四普"和"五普"时期统计过的具有中专教育程度的省际迁移人员所占的比例分别为 4.19% 和 4.67%；在"五普"和"六普"时期统计过的具有研究生教育程度的省际迁移人员所占的比例分别为 0.5% 和 0.47%；此外只在"五普"时期统计过的上过扫盲班的省际迁移人员占其时段迁移人口的比例为 0.32%。总体而言，省际迁移人口中的文盲比例逐渐减小，以初中学历为主，平均受教育水平逐渐提高，这与我国的九年义务教育的普及有很大的关系。

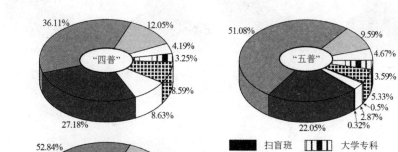

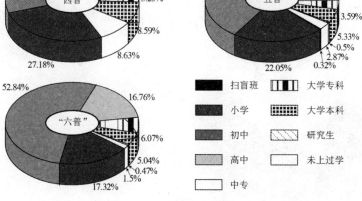

图4—10　"四普"、"五普"和"六普"期间省际迁移人口不同受教育程度比例

为了更加详细地分析各受教育程度的迁入人员在各个省份的分布情况，本书将受教育程度分为五个类别逐一分析：未上过学、小学、初中、高中和大学及以上，其中"五普"时期具有小学教育程度的人员将扫盲班统计在其类别中；"四普"和"五普"时期具有高中教育程度的人员将中专统计在其类别中；而大学及以上受教育程度类别中包括大学专科、大学本科及研究生。本书将在以下几个小节进行分析讨论。

一　未上过学人员的省际迁移及分布

从"四普"到"六普"期间，未上过学人员占总省际迁移人口的比例从8.63%降到1.5%。根据各个省份未上过学人员迁入比例，将其分为四个等级，分别为0—1%、1%—2%、2%—4%和>4%，如图4—11所示，呈现了"四普"、"五普"和"六普"外省迁入的未上过学人员比例分布。

"四普"时期外省迁入的未上过学人员比例超过4%的地区有11个，主要集中在北部地区，南部地区包括河南、安徽、上海、江苏和广东；由外省迁入的未上过学人员比例小于1%的只有广西；而外省迁入的未上过学人员比例介于1%—2%之间的包括海南、青海、宁夏、天津和贵州；

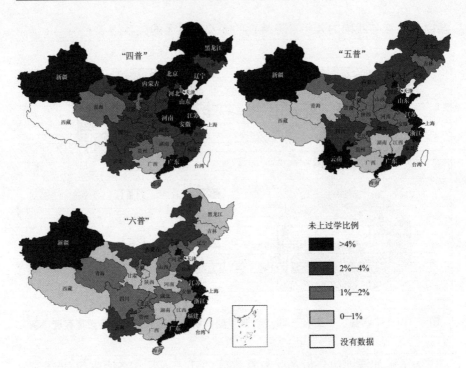

图4—11　"四普"、"五普"和"六普"期间未上过学省际迁移人员各省比例

其余地区从外省迁入的未上过学人员比例都在2%—4%之间。

　　"五普"期间,从外省迁入的未上过学人员比例超过4%的地区减少到8个,主要包括东部沿海地区的北京、山东、江苏、上海、浙江和广东以及西部地区的新疆和云南;由外省迁入的未上过学人员比例介于2%—4%之间的有7个,包括北部的黑龙江、辽宁、内蒙古、河北以及南部的四川、湖北和福建;而由外省迁入的未上过学人员比例小于1%的地区较"四普"时期增加了5个,依次为湖南、青海、江西、海南和西藏;其余地区从外省迁入的未上过学人员比例都在1%—2%之间。

　　"六普"期间,从外省迁入的未上过学人员比例超过4%的地区减少到7个,其分布与"五普"时期相似,主要分布在东部沿海地区以及西部地区的新疆;由外省迁入的未上过学人员比例介于2%—4%之间的减少到4个,包括北部的内蒙古、山东和天津以及南部的云南;而由外省迁入的未上过学人员比例小于1%的地区较"四普"时期增加到了10个;其余地区从外省迁入的未上过学人员比例都在1%—2%之间。

综上所述，从外省迁入的未上过学的省际迁移人口逐渐呈现出聚集的趋势，在"五普"和"六普"期间未上过学人员的省际迁移人口更多地迁入东部沿海地区和西部地区的新疆。

二　具有小学教育程度人员的省际迁移及分布

如图4—12所示，图中显示了"四普"、"五普"和"六普"期间各地区从外省迁入的具有小学教育程度的人员比例，从中可以看出，在不同的时间段，中国省际迁移人口中具有小学教育程度人员的各省空间分布特征存在显著的差异。

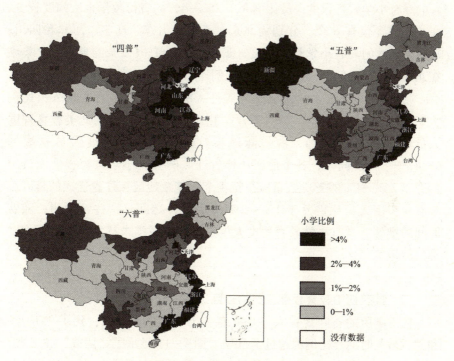

图4—12　"四普"、"五普"和"六普"期间具有小学教育
程度省际迁移人员各省比例

"四普"期间各个地区从外省迁入的具有小学教育程度人员比例差异较小，介于0.87%—11.74%，其中最高的为广东，最小的为宁夏；其中大于4%的省份分别为广东、江苏、山东、辽宁、河北、上海、河南，这些地区所接收的外省迁入的具有小学教育程度人员比例为45.12%；其余大部分省

份从外省迁入的具有小学教育程度人员比例也较高，介于2%—4%，仅有4个省份介于1%—2%之间，依次为天津、甘肃、海南和广西；除宁夏外，从外省迁入的具有小学教育程度人员比例小于1%的地区还有青海。

"五普"期间，各个地区从外省迁入的具有小学教育程度人员比例差异加大，介于0.25%—22.64%，其中最高仍为广东，其余大于4%的省份分别为浙江、上海、江苏、福建和新疆。相对于"四普"期间而言，"五普"时期各个省份从外省迁入的具有小学教育程度人员比例大于4%的省份减至6个，但接收的此类人口比例为60.61%。说明自20世纪90年代以来具有小学教育程度人员迁入地区更加集中。与此同时，从外省迁入的具有小学教育程度人员比例介于2%—4%的省份数量也大幅度较少，在"五普"仅有6个，分别为北京、云南、山东、辽宁、河北和四川；从外省迁入的具有小学教育程度人员比例介于1%—2%的省份主要集中在北部和中部地区；其余地区此类比例均小于1%。

"六普"期间，各个地区从外省迁入的具有小学教育程度人员比例大于4%的省份为6个，与"五普"相比，从外省接收的此类教育程度人员的数量有所增加，占省际迁移具有小学教育程度人员总数的68.47%。与此同时，各个地区从外省迁入的具有小学教育程度人员比例介于2%—4%的省份数量减少至4个；其余地区从外省迁入的具有小学教育程度人员比例介于1%—2%或0—1%之间。这些都说明，随着时间的推移，具有小学教育程度人员迁入的地区越来越集中，主要为东部沿海地区。

三　具有初中教育程度人员的省际迁移及分布

初中学历的省际迁移人口是所有学历中比例最高的，到了"五普"和"六普"时期其比例都超过了50%。图4—13显示了"四普"、"五普"和"六普"时期中国各省迁入的具有初中教育程度人员比例。"四普"时期，从外省迁入的具有初中教育程度人员比例高于4%的省份依次有东部沿海的广东（14.65%）、上海（7.27%）、北京（6.76%）、江苏（6.42%）、山东（4.78%）、辽宁（4.55%）、河北（4.27%）以及中部的河南（4.09%）8个省份。其次从外省迁入的具有初中教育程度人员比例小于1%的省份只有一个，为宁夏（0.82%）。剩余地区从外省迁入的具有初中教育程度人员比例都介于1%—2%和2%—4%之间。这个时期

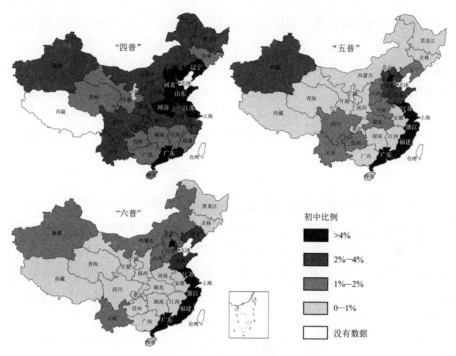

**图4—13 "四普"、"五普"和"六普"期间具有初中教育
程度省际迁移人员各省比例**

从外省迁入东部沿海的具有初中教育程度人员比例大于 4% 的省份有 7
个，包括了这类教育程度人员总数的 48.7%。

"五普"时期具有初中教育程度人员的迁移更加集中，主要分布在东
部沿海地区，其中从外省迁入的具有初中教育程度人员比例高于 4% 的省
份 有 广 东 （44.12%）、浙 江 （8.76%）、上 海 （6.2%）、江 苏
（5.58%）、北京（5.1%）和福建（4.65%）6 个省份，包括了具有初中
教育程度人员总数的 74.41%。从外省迁入的具有初中教育程度人员比例
介于 2%—4% 的省份只有 3 个，依次为新疆（2.76%）、山东（2.27%）
和河北（2.09%），其余地区从外省迁入的具有初中教育程度人员比例介
于 1%—2% 或 0—1% 之间。

"六普"期间各个地区从外省迁入的具有初中教育程度人员分布特征
与"五普"时期极为相似，其中由外省迁入的具有初中教育程度人员比
例高于 4% 的省份有广东（28.43%）、浙江（14.74%）、上海
（10.37%）、江苏（8.82%）、北京（7.16%）和福建（5.48%）6 个省

份，包括了具有初中教育程度人员总数的75.01%。从外省迁入的具有初中教育程度人员比例介于2%—4%的省份有天津（3.63%）、辽宁（2.06%）、山东（2.05%）和四川（2.11%），其次由外省迁入的具有初中教育程度人员比例介于1%—2%的省份有5个，其余大部分省份接收的具有初中教育程度人员比例均在1%以下。综上所述，随着时间的推移，具有中学教育程度人员迁入的地区越来越集中，主要为东部沿海地区的南部省份。

四　具有高中教育程度人员的省际迁移及分布

本节主要讨论省际迁移具有高中和中专文化程度的人口（具有高中教育程度人员）在各省份的分布比例及男女比。如图4—14所示，图中显示了"四普"、"五普"和"六普"期间各地区从外省迁入的具有高中教育程度人员比例，从中可以看出，在不同的时间段，中国省际迁移人口中具有高中教育程度人员的各省空间分布特征存在显著的差异。

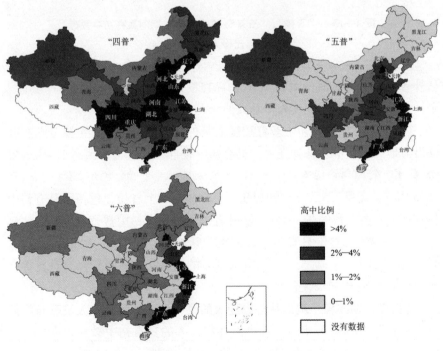

图4—14　"四普"、"五普"和"六普"期间具有高中
教育程度省际迁移人员各省比例

"四普"期间各个地区从外省迁入的具有高中教育程度人员比例差异较小，介于0.87%—10.08%，其中最高的为广东，最小的为宁夏；其余大于4%的省份分别为江苏、上海、四川、山东、河南、北京、河北、辽宁和湖北，这些地区所接收的外省迁入的具有高中教育程度人员比例为58.62%；从外省迁入的具有高中教育程度人员比例小于1%的只有宁夏；剩余地区从外省迁入的具有高中教育程度人员比例都介于1%—2%和2%—4%之间。

"五普"期间，各个地区从外省迁入的具有高中教育程度人员比例差异加大，介于0.26%—39.35%，其中最高仍为广东，其余大于4%的省份分别为北京、上海、浙江和江苏。相对于"四普"期间而言，"五普"时期各个省份从外省迁入的具有高中教育程度人员比例大于4%的省份减少至5个，但接收的此类人口比例为60.39%。与此同时，从外省迁入的具有高中教育程度人员比例介于2%—4%的省份数量也有所减少，在"五普"期间仅有7个；从外省迁入的具有高中教育程度人员比例介于1%—2%的省份主要集中在东部；其余地区此类比例均小于1%。

"六普"期间，各个地区从外省迁入的具有高中教育程度人员比例大于4%的省份为5个，这些省份都在东部沿海地区，从外省接收的此类教育程度人员的数量有所增加，占省际迁移具有高中教育程度人员总数的67.82%。与此同时，各个地区从外省迁入的具有高中教育程度人员比例介于2%—4%的省份数量减少至3个；其余地区从外省迁入的具有高中教育程度人员比例介于1%—2%或0—1%之间。总而言之，随着时间的推移，不同省份间具有高中教育程度人员迁入比例差异越来越大，更多的该类人员迁入东部沿海地区的一些省份。

五　具有大学及以上教育程度人员的省际迁移及分布

大学及以上受教育程度类别中包括大学专科、大学本科及研究生，根据各个省份大学及以上受教育程度人员迁入比例，在此将其分为四个等级，分别为0—1%、1%—2%、2%—4%和>4%，如图4—15所示。"四普"时期外省迁入的大学及以上受教育程度人员比例超过4%的地区有8个，主要集中在东部和中部地区，依次包括北京、江苏、上海、广东、四川、湖北、陕西和辽宁；由外省迁入的大学及以上受教育程度比例小于1%的地区有6个；而外省迁入的大学及以上受教育程度人员比例介

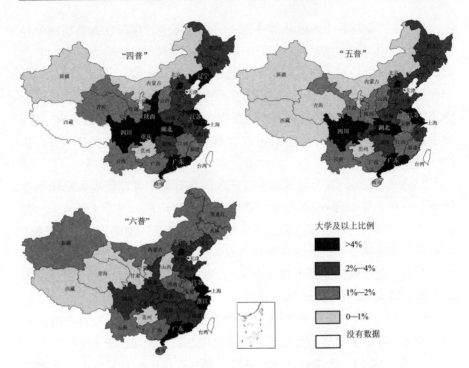

图4—15 "四普"、"五普"和"六普"期间具有大学及以上
教育程度省际迁移人员各省比例

于1%—2%之间的包括福建、江西、广西、云南和山西；其余地区从外省迁入的大学及以上受教育程度人员比例都在2%—4%之间。

"五普"期间，从外省迁入的大学及以上受教育程度人员比例超过4%的地区有7个，依次包括广东、北京、上海、江苏、陕西、湖北和四川，分布在东部沿海地区和中部地区；由外省迁入的大学及以上受教育程度人员比例介于2%—4%之间的有10个；而由外省迁入的大学及以上受教育程度人员比例小于1%的地区较"四普"时期增加到了7个；其余地区从外省迁入的大学及以上受教育程度人员比例都在1%—2%之间。

"六普"期间，从外省迁入的大学及以上受教育程度人员比例超过4%的地区只有5个，其分布地区主要集中在东部沿海，包括北京（17.33%）、广东（15.34%）、上海（12.62%）、江苏（6.19%）和浙江（4.73%）；由外省迁入的大学及以上受教育程度人员比例介于2%—4%之间的有11个，都集中在东部沿海和中部地区；而由外省迁入的大学及以上受教育程度人员比例小于1%的地区有6个，基本在西部地区；其余地区从外省迁入的大学及以上受教育程度人员比例都在1%—2%之间。总体而言，三个人口普查阶段大学及以上受教育程度的迁移人口所选择的迁入地区主要集中在东中部地区，而迁入西部的地区的该人员较少。

六　不同受教育程度省际迁移人口的空间分布的差异

由于高中及以上教育的人更容易发生户口迁移，因此迁移人口的受教育程度越高越容易迁移。Ye Liu 等（2014）研究表明随着产业模式从劳动密集型向技术密集型的转变，受过教育的迁移人口比未受过教育的迁移人口在空间上更加集中。此外，迁移人口受教育程度对迁入区的经济发展有着重要的影响。

通过上述讨论，本书发现不同的受教育程度省际迁移人口对迁入地的选择在空间分布上存在很大的差异。如表4—3，小学、初中和高中的省际迁移人口在"四普"、"五普"和"六普"期间呈现较高的相关性，表明这三类受教育程度的省际迁移人口在空间分布上存在很大的相似性，上述讨论结果也表明这三类受教育程度的省际迁移人口都呈现向东部沿海地区聚集的趋势。未上过学和大学及以上受教育程度人员与其他三类受教育程度省际迁移人口的相关系数较低，相关较弱，说明这两类省际迁移人口的空间分布不同于其他三类受教育程度的省际迁移人口。

表4—3　　三个时期不同受教育程度人员在省际之间迁移的分布比例相关系数

"四普"	未上过学	小学	初中	高中	大学及以上
未上过学	1				
小学	0.720***	1			
初中	0.522***	0.914***	1		
高中	0.649***	0.904***	0.889***	1	
大学及以上	0.421**	0.590***	0.694***	0.775***	1
"五普"	未上过学	小学	初中	高中	大学及以上
未上过学	1				
小学	0.789***	1			
初中	0.589**	0.927***	1		
高中	0.558***	0.887***	0.991***	1	
大学及以上	0.521***	0.667***	0.72***	0.763***	1

续表

"六普"	未上过学	小学	初中	高中	大学及以上
未上过学	1				
小学	0.947 ***	1			
初中	0.805 ***	0.921 ***	1		
高中	0.675 ***	0.81 ***	0.972 ***	1	
大学及以上	0.576 ***	0.608 ***	0.76 ***	0.823 ***	1

注：***、**分别表示在1%、5%水平上通过检验。

　　如表4—4所示，"五普"和"六普"时期小学、初中和高中都呈现出向东部沿海地区聚集的趋势，其中初中学历的省际迁移人口的聚集程度最强。未上过学的省际迁移人口中，虽然迁往东部沿海地区的人口比例逐渐增加，但并未形成明显的聚集。大学及以上学历的省际迁移人口也并未形成明显的聚集，在"四普"、"五普"和"六普"时期这类学历的省际人口都倾向于迁移到中部和东部沿海地区。综上所述，不同的受教育程度省际迁移人口在空间分布上存在明显的差异，小学、初中和高中学历的省际迁移人口在"五普"之后都呈现出明显向东部沿海地区聚集的趋势，而未上过学的和大学及以上的省际迁移人口都未呈现明显向东部沿海地区聚集的趋势。

表4—4　　三个时期不同受教育程度省际迁移人员在不同地区的比例　　单位：%

"四普"	东部沿海地区	中部地区	西部地区	东北地区
未上过学	40.83	29.91	16.28	12.98
小学	49.04	27.60	12.03	11.33
初中	52.54	25.80	12.22	9.44
高中	47.67	33.63	9.78	8.92
大学及以上	52.40	31.75	5.17	10.67
"五普"	东部沿海地区	中部地区	西部地区	东北地区
未上过学	53.32	16.95	22.77	6.95
小学	66.49	16.14	12.49	4.87
初中	80.58	9.66	6.62	3.13
高中	71.87	18.10	6.66	3.37
大学及以上	56.36	30.73	4.66	8.25

"六普"	东部沿海地区	中部地区	西部地区	东北地区
未上过学	68.37	12.51	15.82	3.30
小学	76.47	10.23	9.84	3.46
初中	82.72	8.32	5.99	2.98
高中	80.58	11.47	5.54	2.41
大学及以上	68.65	21.17	5.17	5.00

第四节　不同性别省际人口迁移的特征分析

一　不同性别的省际迁移人口空间分布

本节主要讨论"四普"和"六普"时期不同性别省际迁移人口的空间分布（见图4—16）。"四普"期间，全国省际迁移人口的男女比为1.4。其中，男性省际迁移人口在各个省份分布的比例差异相对较小，其

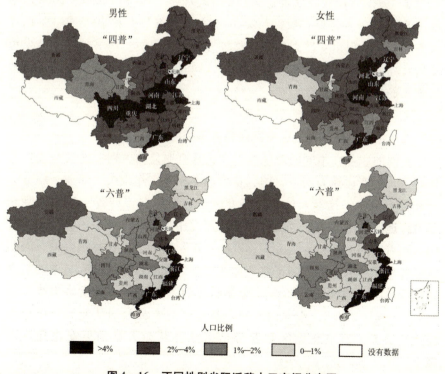

图4—16　不同性别省际迁移人口空间分布图

中比例大于4%的省份有广东、北京、上海、江苏、辽宁、河南、山东、湖北和四川9个省份；有15个省份的比例介于2%—4%，4个省份的比例介于1%—2%，仅有1个省份小于1%。与男性相比，女性省际迁移人口在各个省份分布更为集中，比例大于4%的省份有广东、北京、上海、江苏、山东、河北、河南和辽宁8个省份，主要分布在东部沿海及其邻近省份。而女性省际迁移人口在各个省份的比例介于2%—4%的省份有12个，其他省份的比例都在2%以下。

"六普"期间，男性和女性省际迁移人口在空间上向东部沿海地区的省份聚集趋势都更加明显。该时期男性和女性省际迁移人口的比例大于4%的省份都有6个，比例介于2%—4%的省份也都有4个。

通过统计，"四普"期间男性省际迁移人口的比例大于4%的省份接收男性总人口的52.09%，而女性省际迁移人口的比例大于4%的省份接收女性总人口的54.98%；"六普"期间男性省际迁移人口的比例大于4%的省份接收男性总人口的69.76%，而女性省际迁移人口的比例大于4%的省份接收女性总人口的72.76%。He和Pooler（2002）根据1987年1%抽样调查数据、2000年人口普查数据和2005年1%抽样调查数据分析得出女性人口的迁移较男性更为集中。本书分析的结果也支持女性人口的迁移较男性更为集中，同时两者都有明显向东部沿海地区聚集的趋势。

二 不同职业不同地区省际迁移人口的男女比

不同的职业在不同的地区的男女比具有明显的区别，见表4—5。总体而言，生产运输类人员，国、企事业类相关工作人员，商业、服务人员和各类专业、技术人员中男多女少。特别是在"四普"期间，除东部沿海地区外的其他地区，国、企事业类相关工作人员中的男女比超过10。随着时间的推移，"五普"和"六普"期间男女比逐渐降低，表明从事各个职业的女性省际迁移人员在增多。农林牧渔从业人员中的男女比最低，中部地区和东部地区这类职业的省际迁移人口女多男少。从"四普"到"六普"，中部地区和东部地区的农林牧渔从业人员中男女比逐渐增大，而东北地区和西部地区此类从业人员的男女比却逐渐减小。

表4—5　　　　"四普"、"五普"和"六普"不同职业省际迁移
人员在不同地区的男女比

"四普"	东部沿海地区		中部地区		西部地区		东北地区	
	范围	平均值	范围	平均值	范围	平均值	范围	平均值
生产运输类人员	0.9—7	3.2	3.6—9.2	5.1	3.7—7	5.5	4.3—10.6	7
国、企事业类工作人员	4.4—11.5	7.5	9.6—19.8	13.7	6.9—20.3	14.2	8.8—18.6	14.4
商业、服务人员	0.8—1.7	1.3	1.2—1.8	1.4	1.1—1.9	1.6	1.4—2	1.7
农林牧渔从业人员	0.3—1.5	0.5	0.1—1.4	0.7	0.8—2.6	1.4	1—2.4	1.6
各类专业、技术人员	1.3—2.2	1.7	1.8—3.3	2.4	1.7—2.2	2.0	1.4—2.1	1.8
"五普"	东部沿海地区		中部地区		西部地区		东北地区	
	范围	平均值	范围	平均值	范围	平均值	范围	平均值
生产运输类人员	0.9—4.2	2.2	2.7—8.8	4.1	3.7—6.2	4.9	2.5—5.9	4.5
国、企事业类工作人员	2—4.1	3.3	3.3—5.7	4.4	3.3—4.7	4.1	3.4—4.9	4
商业、服务人员	0.9—1.3	1.1	1.1—1.6	1.3	1.3—1.8	1.4	1.3—1.6	1.4
农林牧渔从业人员	0.4—1.3	0.8	0.3—0.8	0.6	0.5—1.3	1.0	0.8—1.2	1
各类专业、技术人员	1—1.9	1.4	1.5—2.1	1.8	1.5—2	1.7	1.2—1.4	1.3
"六普"	东部沿海地区		中部地区		西部地区		东北地区	
	范围	平均值	范围	平均值	范围	平均值	范围	平均值
生产运输类人员	1.5—4	2.4	2.4—8	3.6	3—5.6	4.7	2.9—5.2	4
国、企事业类工作人员	1.7—2.8	2.4	2.3—3.8	2.8	2.4—4	3.1	2.9—3.8	3.2
商业、服务人员	0.9—1.2	1.1	1—1.5	1.2	1.1—1.5	1.2	0.9—1.2	1.1
农林牧渔从业人员	0.5—1.4	0.9	0.1—0.7	0.3	0.6—1.6	1.0	0.8—1	0.9
各类专业、技术人员	1—1.6	1.4	1.4—2.5	1.7	1.8—2.7	2.2	1.2—1.6	1.4

三　不同受教育程度不同地区省际迁移人口的男女比

如表4—6所示，不同受教育程度省际迁移人口的男女比在不同地区不同。"四普"期间，未上过学的省际迁移人口以女性为主，约为男性的1.4—2倍；随着学历的升高，男性省际迁移人口成为主导，且随着学历的升高，男女比也随之升高。说明省际迁移人口中的女性受教育程度普遍低于男性。对比不同地区的男女比发现，在东部沿海地区的男女比最小，

说明女性省际迁移人口趋向迁入东部沿海地区。

"六普"期间，未上过学的省际迁移人口的男女比保持不变或降低，说明对女性的教育并未有显著的改善。而其他学历的省际迁移人口，男女比总体降低，特别是高学历省际迁移人口的男女比变化最大，说明接受高等教育的女性省际迁移人口增加较快。

表4—6　　　　"四普"和"六普"不同受教育程度省际
迁移人员在不同地区的男女比

"四普"	东部沿海地区		中部地区		西部地区		东北地区	
	范围	平均值	范围	平均值	范围	平均值	范围	平均值
未上过学	0.3—0.8	0.5	0.2—0.8	0.6	0.4—1.2	0.7	0.6—0.7	0.7
小学	0.5—2	1	0.5—2.2	1.2	1.1—2.9	1.6	1.1—1.6	1.3
初中	0.8—2.4	1.5	1.6—3	2.2	1.5—3.8	2.3	1.8—2.6	2.1
高中	1.4—2.9	2	2.5—4.1	2.3	1.6—3.3	2.3	2—2.7	2.4
大学及以上	2.2—3.4	2.7	2.8—4.3	3.5	2.1—3	2.7	2.9—3.1	2.8

"六普"	东部沿海地区		中部地区		西部地区		东北地区	
	范围	平均值	范围	平均值	范围	平均值	范围	平均值
未上过学	0.4—0.7	0.5	0.3—0.6	0.5	0.5—1	0.7	0.5—0.6	0.5
小学	0.9—1.7	1.1	0.9—1.3	1.1	1.1—1.5	1.3	1—1.2	1.1
初中	1.3—2	1.4	1.2—2.2	1.4	1.5—2.1	1.8	1.3—1.4	1.4
高中	1.1—1.8	1.5	1.4—2.07	1.7	1.7—2.4	2	1.3—1.4	1.3
大学及以上	1—1.5	1.3	1.3—1.9	1.5	2.11—3	1.9	1.1—1.3	1.2

早期的人口迁移以男性为主，随着中国社会经济的全面发展，女性在家庭和社会中地区不断提高，女性人口的迁移活动变得活跃，但男性迁移人口的文化程度和迁移人口在第二、第三产业的比例要高于女性人口。本书讨论结果也表明，从事第一产业的省际迁移人口以女性为主，而从事第二、第三产业以及其他工作的省际迁移人口以男性为主。随着社会经济的发展，适宜女性工作的第二、第三产业以及其他工作的机会增多，省际人口中这些职业的女性比例增加，男女比减小。同时，不同地区的各个职业

的省际迁移人口的男女比存在很大差异，总体上东部沿海地区从事第二、第三产业以及其他工作的省际迁移人口男女比最低。未上过学的省际迁移人口以女性为主，男性省际迁移人口的受教育程度高于女性，随着时间推移，女性省际迁移人口的受教育程度不断提高，这也是省际人口中从事第二、第三产业以及其他工作女性比例提高的一个原因。

第五节　省际人口迁移对不同地区人口再分布的影响

省际人口迁移对不同区域的可持续发展和迁入地人口构成（如职业、受教育程度）有着重要的影响。特别是随着社会经济的发展，农村剩余劳动力大量地迁入城市从事第二、第三产业。

一　职业

在此，对四个地区的省际迁入人口与地区内从事不同职业的人口比例进行对比，如图4—17所示。我国是传统的农业大国，从事第一产业的人口比例最高，特别是在中部地区和西部地区。各个地区的省际迁入人口中主要以生产运输人员为主，其次为商业、服务业人员，其中中部地区的商业、服务业人员比例在"六普"时已超过生产运输人员比例，此外，各个地区农林牧渔从业人员的比例逐渐降低。因此，在省际迁移人口和迁入地中，从事不同职业的人口比例有很大的差异，因此从很大的程度上改变了迁入地的人口从业结构。

迁入东部沿海地区的省际人口规模最大（"六普"时东部地区的省际迁移人口占当地人口的9%以上），其中生产运输人员占据绝对优势，其次为商业、服务业人员，在很大的程度上改变了东部沿海地区不同职业从业人口的比例。"六普"时，东部沿海地区的生产运输人员比例接近农林牧渔从业人员的比例，而且商业、服务业人员比例也较高，不同于其他的地区。其他地区省际迁入人口中的商业、服务业人员比例快速增加，使得在"六普"时，与生产运输人员比例相当，甚至超过；同时农林牧渔从业人员的比例快速减少，"六普"时已低于10%。虽然，东北地区、中部地区和西部地区的省际迁入人口与当地不同职业从业人口的比例有显著差异，但省际迁入人口占总人口的数量较少，因此对当地不同职业从业人口的影响相对较弱。

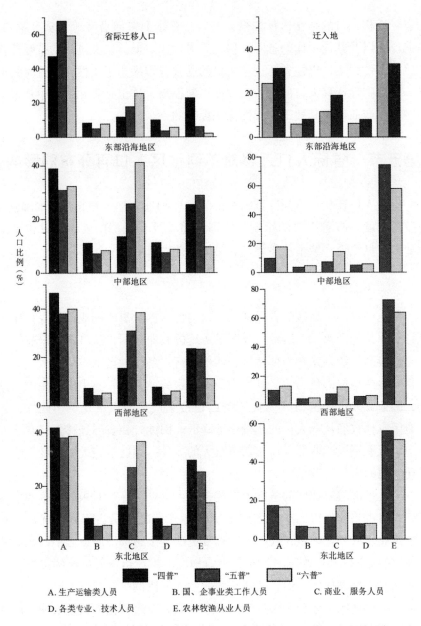

图4—17 不同地区省际迁移人口和迁入地的不同职业从业人口的比例

二 受教育程度

图4—18显示了省际迁入人口和迁入地区不同受教育程度人口的比例。通过对比可知，省际迁入人口的平均受教育程度高于迁入地区人口的

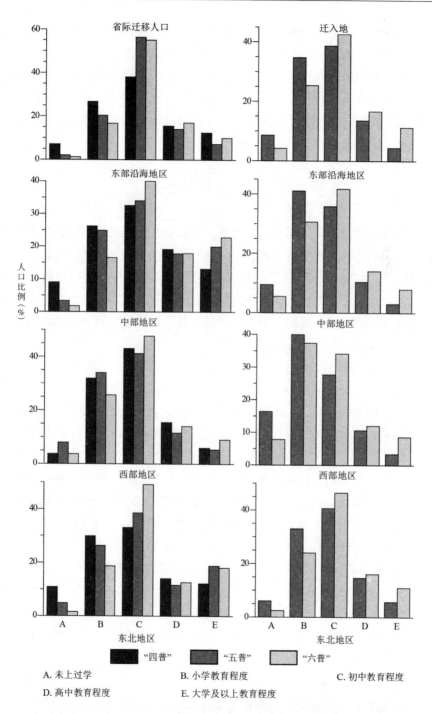

图4—18 不同地区省际迁移人口和迁入地的不同受教育程度人口的比例

受教育程度，因此，总体上可以提高迁入地的受教育水平。其中，迁入中部地区和东北地区的省际迁移人口中大学及以上的比例最高，约20%。

随着时间的推移，从"四普"到"六普"省际迁移人口的平均受教育水平不断提高，特别是东北地区、东部沿海地区和中部地区，而西部地区增长较慢，这也说明个人的受教育程度的高低在一定程度上影响其在省际迁移上的活跃度。

第六节　本章小结

之前的研究表明，在不同的时期，不同受教育程度、性别和职业都会对省际人口迁移产生显著影响，然而对不同受教育程度、性别和职业的省际迁移人口的空间分布以及对迁入地区的人口再分布研究相对较少。为此，本章通过近三次中国人口普查数据，分析省际迁入人口的职业、受教育程度和性别组成特征的空间变化以及对各个地区人口再分布的影响，得出以下结论：

（1）省际迁移人口中，生产运输类人员比例最高，其次为农林牧渔从业人员。不同时期不同职业的省际迁移人口在各省的比例不同，其空间分布存在明显的差异。生产运输类人员，国、企事业类相关工作人员，商业、服务人员和各类专业、技术人员逐渐形成向东部沿海省份聚集的趋势。国、企事业类相关工作人员，商业、服务类人员和各类专业、技术人员，其省际迁移的空间分布状况在"四普"、"五普"和"六普"期间具有很大的相似性。而生产运输类人员省际迁移与这三类职业的省际迁移人员在空间分布上略有差异。东部沿海地区的地理区域、经济优势，是导致这些职业的省际迁移人口向东部沿海省份聚集的主要原因。上述从事农林牧渔业的省际迁移人员并未形成明显的聚集趋势，但70%以上的此类省际迁移人口都集中在中东部地区，这与自然气候条件密切相关。由于"西部大开发战略"以及政府对西部经济发展的关注，特别是新疆，其省际人口迁入规模也较大，其中商业、服务人员和各类专业、技术人员以及农林牧渔从业人员占全国省际迁移人口比例较高。

（2）省际迁移人口中，具有初中文化程度的省际迁移人员比例最大，其次为具有小学和高中学历的省际迁移人口，这与普及九年义务教育密切相关。总体而言，从"四普"到"六普"，省际迁移人口的受教育程度逐渐提高。具有小学、初中和高中学历的省际迁移人口在"四普"、"五普"和"六普"期间呈现较高的相关性，表明这三类受教育程度的省际迁移人口在空间分布上存在很大的相似性，同时这三类受教育程度的省际迁移人口都呈现向东部沿海地区聚集的趋势。未上过学、大学及以上与其他三类受教育程度省际迁移人口在空间分布上存在显著差异，并未呈现明显向东部沿海地区聚集的趋势。大学及以上受教育程度的省际迁移人员主要集中在中东部地区。之所以不同受教育程度的省际迁移人口在空间分布上差异较大，这与他们从事的职业有关，说明职业和受教育程度对省际人口的迁入地的选择有着重要的影响。

（3）从"四普"到"六普"时期，男性和女性省际迁移人口都呈现出向东部沿海地区聚集的趋势，而且女性人口比男性人口的迁移更为集中。省际迁移人口不同职业的男女比差异较大，其中农林牧渔从业人员以女性为主，而其他职业则以男性为主，其中国、企事业类相关工作人员中的男女比最高。从"四普"到"六普"，女性在除农林牧渔从业人员外的职业中比例增加，男女比降低。不同受教育程度的省际迁移人口男女比也不相同，未上过学的省际迁移人口以女性为主，随着学历的升高，男性省际迁移人口成为主导。"四普"到"六普"期间，未上过学的省际迁移人口的男女比保持不变或降低，而其他学历的省际迁移人口的男女比总体降低，说明女性省际迁移人口的受教育程度逐渐提高。

（4）省际迁移人口对迁入地的人口构成存在一定影响，其中对东部沿海地区的人口就业结构影响显著。虽然省际迁移人口对迁入地受教育程度的影响相对较弱，但总体上逐渐加大了东、中、西部人口受教育程度的差距。

综上所述，第二、第三产业类从业人员趋向于迁移到产业密集、科学技术发达的东部沿海地区，此类地区第二、第三产业发展较为完善，具有更高的产业竞争力和创新能力。这反映了人们通过迁移寻求更多更好的就业机会。此外具有大学以下学历的省际迁移人口都呈现向东部沿海地区聚集的趋势，而大学及以上受教育程度的省际迁移人员主要集中在中东部地区，这些地区分布有较多的科研事业类单位。这说明高学历人才对迁入地的选择还考虑到了除经济以外的其他因素，如房价和工作单位等。从性别比的层面来看，不同职业的女性迁移人员数量有所增加，其受教育程度也逐渐提高。此外，省际迁移人口对迁入地的人口构成存在一定的影响。

第五章 中国省际人口迁移原因及影响迁移的因素分析

第一节 省际人口迁移原因分析

人口个体流动的意向千差万别，具有较强的随机性，但人口群体的大规模流动趋向具有深刻的地理、经济和社会原因。分析人口迁移的原因和驱动人口迁移的力量，对于人口的管理、产业布局、基础设施建设、社会就业等都是极为重要的。本章通过人口普查数据详细分析人口迁移的原因以及影响人口迁移的因素，以期能够为一些政策的实施提供一定的参考。

一 数据来源及迁移原因分析

中国省际人口的迁移原因分为务工经商、工作调动、学习培训、随迁家属等。由于"五普"时期即 2000 年人口普查资料中省际迁移原因数据的统计口径与"四普"与"六普"的不同，因而本书选取 1990 年（"四普"）及 2010 年（"六普"）《中国人口普查资料》中的"全国按现住地、性别、迁移原因分的户口登记地在外省人口"为依据进行省际迁移原因的对比分析。

从图 5—1 可以看出，"四普"时期各迁移原因的分布相对均匀，因务工经商而迁入其他地区的人口占总迁移人口的 29.46%，而"六普"时期此比例上升到 74.68%；"四普"时期工作调动的比例占 15.06%，仅次于务工经商，但是此迁移原因在"六普"时期只占 2.48%，在"六普"时期次于务工经商的迁移原因为随迁家属；"四普"时期迁移原因的比例超过 10% 的还有随迁家属、投亲靠友和婚姻嫁娶，其比例分别为 10.86%、10.39% 和 13.66%，相对而言，"六普"时期此三类迁移原因所占比例快速减少，分别为 9.29%、3.26% 和 2.56%。除上述几种迁移原因之外，

"四普"时期还包括学习培训、分配录用、退休退职以及其他，其比例分别为8.38%、4.53%、1.48%和6.18%；而"六普"时期略有差异，迁移原因还包括学习培训、拆迁搬家、寄挂户口和其他，其比例分别为4.4%、0.86%、0.14%和2.34%。

　　通过两个时间段的对比分析，可以看出"四普"与"六普"时期的省际迁移人口原因发生了很大的变化。"四普"时期各类迁移原因所占比例相对均衡，其中因亲缘关系迁移去其他地区的人口占30%以上，为这一时段的主要迁移原因。而到"六普"时期，务工经商成为这一时段的主要迁移原因，比例高达70%以上。这种差异的变化主要与社会经济发展有关。

　　为了更加详细分析各迁移原因在各个省份的分布情况，本书将迁移原因分为四个类别逐一分析：务工经商、工作调动、学习培训及其他迁移原因。"四普"时期的工作调动将分配录用统计在其类别中；"四普"时期的其他迁移原因包括随迁家属、投亲靠友、退休退职、婚姻嫁娶及其他，而"六普"时期的其他迁移原因包括随迁家属、投亲靠友、拆迁搬家、婚姻嫁娶、寄挂户口及其他。本书将在以下几个小节进行分析讨论。

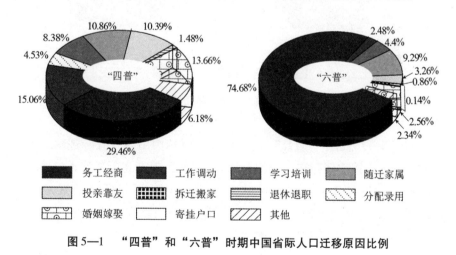

图5—1　"四普"和"六普"时期中国省际人口迁移原因比例

二　不同迁移原因的空间分布规律

　　因不同迁移原因迁移的省际迁移人口在空间分布上势必不同，本节主要讨论因务工经商、工作调动、学习培训和其他迁移原因的省际迁移人口的空间分布。

图5—2显示了"四普"和"六普"时期中国各省省际务工经商人口比例。"四普"时期，省际迁移人口中务工经商人口比例高于4%的省份依次有东部沿海的广东（23.69%）、北京（8.47%）、上海（8.09%）和江苏（4.46%）以及西部的新疆（4.19%）5个省份。其次介于2%—4%的省份主要分布在中部地区，包括河南等11个省份，这个时期务工经商人口选择迁移地点相对分散。"六普"时期务工经商人口迁移更加集中，主要分布在东部沿海地区，其中省际迁移人口中务工经商人口比例高于4%的省份有广东（28.75%）、浙江（15.46%）、上海（10.96%）、江苏（9.03%）、北京（8.12%）和福建（5.41%）6个省份，占了务工经商人口的77.74%，说明"六普"期间，务工经商人员更趋向迁入东部沿海地区。

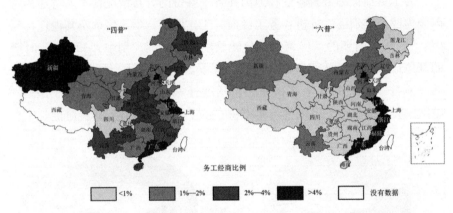

图5—2　"四普"和"六普"时期中国省际迁移人口务工经商迁移原因比例

如图5—3所示，"四普"和"六普"时期中国各省省际迁移人口工作调动迁移原因比例存在一定的差异。"四普"时期省际迁移人口中工作调动人口比例高于4%的省份共有9个，包括东部沿海地区的河北（5.67%）、北京（5.35%）、山东（6.72%）、江苏（8.18%）、上海（6.15%）、浙江（4.02%）和广东（7.77%），此外还包括中部地区的河南（6.33%）以及四川（7.97%）。介于2%—4%的省份主要分布在中部地区，包括8个省份。此外，省际迁移人口中工作调动人口的比例为1%—2%的地区有8个，比例小于1%的省份有4个。这一时期工作调动人口迁移地点相对分散，主要趋向于迁往中部和东部沿海地区。"六普"时期工作调动人口更趋向迁入东部沿海地区，其中省际迁移人口中工作调动人口比例高于4%的省份依次有广东（19%）、北京（12.04%）、上海（7.05%）、江苏（6.5%）、山东（5.79%）和浙江（4.59%）6个省份，涵盖了工作调动人口的54.97%。其次因工作调动的省际迁移人口也趋向于迁入我国北方地区。综上所述，"四普"和"六普"时期省际迁移人口中的因工作调动人员迁入地区都较为分散，但是东部沿海地区汇集了40%和50%以上的工作调动人员，表明因工作调动人员的省际迁移人口有较弱的迁入东部沿海地区的趋向。

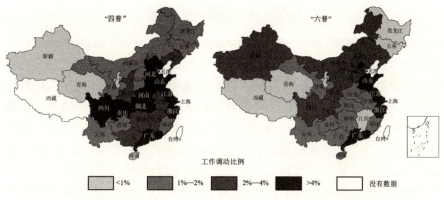

图5—3　"四普"和"六普"时期中国省际迁移人口工作调动迁移原因比例

　　图5—4显示了"四普"和"六普"时期中国省际迁移人口学习培训迁移原因比例。"四普"时期省际迁移人口中学习培训人员比例高于4%的省份依次有东部沿海地区的北京（12.21%）、上海（9.36%）、江苏（8.04%），东北地区的辽宁（6.06%）和吉林（4.23%）以及中部地区的湖北（7.33%）、陕西（7.11%）和四川（6.8%）8个省份。这个时期因学习培训的省际迁移地点相对分散，并未形成集中区。"六普"时期学习培训人员迁移与上一时段相似，其中省际迁移人口中学习培训人员比例高于4%的省份有东部沿海地区的北京（8.69%）、山东（6.65%）、广东（6.09%）、江苏（5.93%）和上海（4.76%）以及中部地区的湖北（5.69%）、陕西（5.26%）、江西（5.03%）、重庆（4.98%）和四川（4.69%）。省际迁移人口中学习培训人员比例介于2%—4%的省份仅有9个，都位于东中部地区。"四普"和"六普"时期省际迁移人口中的学习培训人员迁入地区主要集中在中东部地区，究其原因，主要是中国的高等学府多集中在这一地区。

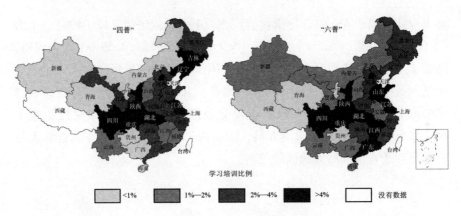

图5—4 "四普"和"六普"时期中国省际迁移人口学习培训迁移原因比例

图5—5 显示了"四普"和"六普"时期中国各省省际迁移人口其他迁移原因人员比例。"四普"时期省际迁移人口中其他迁移原因人员比例高于4%的省份共有9个，包括东部沿海地区的江苏（8.36%）、山东（8.16%）、河北（6.63%）、广东（6.14%），东北部地区的辽宁（6.06%）和黑龙江（4.16%），以及中部地区的河南（4.85%）、安徽（4.06%）和四川（4.29%）。其次外省际迁移人口中其他迁移原因人员比例为2%—4%的地区有13个，而迁移人口中其他迁移原因人员比例小于1%的省份仅有两个，为青海（0.88%）和广西（0.97%），介于1%—2%的省份主要分布在南部地区，包括5个省份。这个时期因其他迁移原因的省际迁移地点相对分散。"六普"时期因其他迁移原因的省际迁移人口趋向于迁入东部沿海地区，其中省际迁移人口中其他迁移原因人员

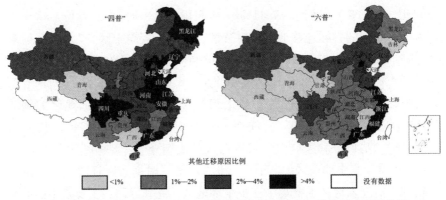

图5—5 "四普"和"六普"时期中国省际迁移人口其他迁移原因比例

比例高于 4% 的省份依次有广东（15.31%）、浙江（10.51%）、上海（10.21%）、北京（7.92%）、江苏（7.73%）和福建（4.31%）6 个省份，包括了其他迁移原因人口总数的 55.99%。而省际迁移人口中其他迁移原因人员比例介于 2%—4% 的省份有 7 个，除四川以外都集中在北部地区。"四普"时期省际迁移人口中的其他迁移原因人员迁入地区都较为分散，并未形成集中趋势。然而到了"六普"时期，东部沿海地区汇集了 50% 以上的其他迁移原因人员，形成了较弱的集中趋势。

综上所述，因务工经商而迁移的省际迁移人口到"六普"时有很强的聚集趋势，主要迁入东部沿海地区，而其他迁移原因的省际迁移人口相对分散，有较弱的集中趋势。

三 不同地区省际人口迁移原因

由于不同地区的自然地理和社会经济差异，在不同的时期，省际迁移人口的迁移原因也有所不同，如表 5—1 所示。"四普"时除东北地区（投亲靠友）外，其他地区的省际人口迁移原因都以务工经商为主，介于 22%—36% 之间；次要的省际人口迁移原因却有所不同，东北地区为务工经商（23%），西部地区为投亲靠友（18.8%），东部沿海地区为婚姻嫁娶（15.5%），而中部地区为工作调动（20.2%）。这个时期各个地区省际人口的迁移原因比较分散，主要和次要的迁移原因人口比例不到一半。

表 5—1　　　　不同地区省际迁移人口迁移原因百分比　　　　单位：%

"四普"	务工经商	工作调动	分配录用	学习培训	随迁家属	投亲靠友	退休退职	婚姻嫁娶	其他
东北地区	23.0	9.2	3.4	11.3	12.5	23.9	0.3	9.6	6.8
西部地区	35.1	8.2	4.4	3.3	10.6	18.8	0.4	9.6	9.7
东部沿海地区	33.4	14.9	4.3	7.8	10.0	7.7	1.8	15.5	4.7
中部地区	22.7	20.2	5.4	10.3	11.9	6.9	1.8	13.6	7.1
"六普"	务工经商	工作调动	学习培训	随迁家属	投亲靠友	拆迁搬家	寄挂户口	婚姻嫁娶	其他
东北地区	50.9	2.7	12.7	14.4	6.3	3.2	0.2	5.4	4.2
西部地区	63.2	4.0	4.2	16.4	3.9	0.9	0.1	3.1	4.2
东部沿海地区	79.8	2.0	2.6	8.2	3.0	0.6	0.1	1.8	1.8
中部地区	51.1	4.9	15.3	11.2	3.9	1.7	0.2	6.9	4.8

"六普"时四个地区的省际人口迁移原因都发生了显著变化，务工经商比例最高（＞50%），其中东部沿海地区最高，为79.8%，其次为西部地区，为63.2%；次要的迁移原因各地区略有不同，除中部地区外，其他三个地区都是随迁家属（8.2%—16.4%），而中部地区为学习培训（15.3%），当然随迁家属也较高（11.2%）。这个时期的省际人口迁移原因较为集中，主要为务工经商，其次为随迁家属，因这两类迁移原因的省际迁移人口的比例达到60%以上。

综上所述，"四普"时各个地区省际人口的迁移原因比较分散，主要和次要的迁移原因人口比例不到一半；"六普"时省际迁移人口的迁移原因较为集中，因务工经商和随迁家属的省际迁移人口的比例达到60%以上，而东部沿海地区达到88%。

四 不同地区不同性别迁移原因

前文已讨论，不同性别的省际迁移人口在空间分布上存在较大的差异，说明男性和女性的省际迁移人口在不同地区的迁移原因存在差异，本节主要讨论男性和女性省际迁移人口在不同地区的迁移原因的差异（见表5—2和表5—3）。

表5—2　　　　　　　**男性不同地区省际迁移人口迁移原因百分比**　　　单位:%

"四普"	务工经商	工作调动	分配录用	学习培训	随迁家属	投亲靠友	退休退职	婚姻嫁娶	其他
全国	36.7	20.2	6.1	10.3	7.3	8.4	2.1	2.0	7.0
东北地区	31.7	12.4	4.2	13.2	7.3	21.2	0.4	3.3	6.3
西部地区	46.2	10.9	5.1	3.7	5.9	15.1	0.5	3.2	9.4
东部沿海地区	40.2	20.2	6.2	10.1	7.3	6.6	2.6	1.1	5.8
中部地区	29.6	26.8	7.0	12.1	7.4	4.4	2.4	2.3	8.0
"六普"	务工经商	工作调动	学习培训	随迁家属	投亲靠友	拆迁搬家	寄挂户口	婚姻嫁娶	其他
全国	78.5	2.8	4.3	7.7	2.7	0.8	0.1	0.7	2.4
东北地区	58.2	3.3	12.2	10.8	5.6	3.0	0.2	1.9	4.7
西部地区	70.0	4.9	3.8	11.4	3.0	0.9	0.1	1.4	4.6
东部沿海地区	82.8	2.1	2.5	7.1	2.5	0.6	0.1	0.4	1.8
中部地区	59.2	6.2	14.6	8.6	3.1	1.6	0.2	1.7	4.8

　　"四普"时全国的男性省际迁移人口的迁移原因主要是务工经商（36.7%），其次为工作调动（20.2%），再次为学习培训（10.3%），这三类迁移原因包括了 67.2% 的男性省际迁移人口，其他迁移原因都在10% 以下。东部沿海地区和中部地区的男性省际迁移人口的迁移原因与全国性的省际迁移人口的迁移原因较为相似，最高是务工经商，第二是工作调动，第三是学习培训；而东北地区和西部地区略有差别，最高是务工经商，第二是投亲靠友，第三是学习培训。这个时期的男性省际迁移人口的迁移原因虽然以务工经商为主，但其他迁移原因的比例也较高。

　　"六普"时期，男性省际迁移人口的迁移原因绝大多数为务工经商（78.5%），其次为随迁家属（7.7%），其他迁移原因的比例都在5%以下。四个地区的男性省际迁移人口的迁移原因也是以务工经商为主，而东部沿海地区和西部地区相对较高；东部沿海地区和西部地区的次要迁移原因为随迁家属，而东北地区和中部地区的次要迁移原因为学习培训，此外，东北地区因随迁家属迁移的男性省际迁移人口比例也在10% 以上。

　　如表 5—3 所示，女性省际迁移人口的迁移原因与男性有显著差异。"四普"时全国女性省际迁移人口的迁移原因以婚姻嫁娶（29.9%）为主，其次为务工经商（19.4%），此外为随迁家属（15.8%）和投亲靠友（13.2%），其余的迁移原因比例都在10% 以下。之前的研究也表明，婚姻嫁娶和务工经商是女性省际迁移人口的主要途径。按排名前三的迁移原因分，各个地区女性省际迁移人口的迁移原因有着显著的不同：东北地区依次为投亲靠友（28.4%）、随迁家属（20.9%）和婚姻嫁娶（19.7%）；西部地区为投亲靠友（25.2%）、婚姻嫁娶（20.5%）和随迁家属（18.5%）；东部沿海地区为婚姻嫁娶（32.1%）、务工经商（25.6%）和随迁家属（12.7%）；中部地区为婚姻嫁娶（32.6%）、随迁家属（19.5%）和务工经商（11.3%）。总体而言，这个时期女性省际迁移人口的迁移原因主要为婚姻嫁娶、务工经商、随迁家属和投亲靠友。

　　"六普"时女性省际迁移人口的迁移原因变化较大，全国女性省际迁移人口的迁移原因以务工经商（69.7%）为主，其次为随迁家属（11.4%），其余的迁移原因比例都在10% 以下。这个时期各个地区的女性省际迁移人口的迁移原因都以务工经商为主，其中东部沿海地区比例最高（76.0%），次要迁移原因各个地区略有不同。东北地区次要迁移原因为随迁家属（18.9%），此外学习培训（13.3%）的比例也较高；东部沿海地区和西部地区次要迁移原因都为随迁家属，其余迁移原因都在10%以下；中部地区次要迁移原因为学习培训（16.1%），此外随迁家属（14.8%）和婚姻嫁娶（14.2%）的比例也较高。

表5—3　　　　　女性不同地区省际迁移人口迁移原因百分比　　　单位：%

"四普"	务工经商	工作调动	分配录用	学习培训	随迁家属	投亲靠友	退休退职	婚姻嫁娶	其他
全国	19.4	7.9	2.4	5.7	15.8	13.2	0.7	29.9	5.1
东北地区	8.8	4.0	2.1	8.2	20.9	28.4	0.2	19.7	7.7
西部地区	16.0	3.5	3.0	2.7	18.5	25.2	0.2	20.5	10.3
东部沿海地区	25.6	8.8	2.2	5.1	12.7	9.4	0.8	32.1	3.4
中部地区	11.3	9.1	2.7	7.4	19.5	11.1	0.7	32.6	5.6
"六普"	务工经商	工作调动	学习培训	随迁家属	投亲靠友	拆迁搬家	寄挂户口	婚姻嫁娶	其他
全国	69.7	2.0	4.6	11.4	4.0	1.0	0.1	5.0	2.2
东北地区	41.8	2.0	13.3	18.9	7.3	3.4	0.3	9.6	3.5
西部地区	52.6	2.4	4.8	24.2	5.4	1.1	0.1	5.8	3.6
东部沿海地区	76.0	1.9	2.7	9.7	3.6	0.7	0.1	3.6	1.7
中部地区	40.0	3.2	16.1	14.8	5.0	1.9	0.2	14.2	4.7

　　综上所述，不同的地区男性和女性省际迁移人口的迁移原因差异显著，特别是在"四普"时期。"六普"时期不同地区的男性和女性省际迁移人口的迁移原因存在差异，但主要以务工经商为主。

第二节　影响省际人口迁移流场模式的影响因子选取

一　影响因子选取及数据来源

　　对于影响省际人口迁移的因素，本书综合其他学者的研究提出以下六个方面的影响因素：人口构成，人口就业结构，经济发展水平，人类发展指数，距离因素，环境影响因素。其中人类发展指数又称为人文发展指数（Human Development Index，HDI），由巴基斯坦籍经济学家 Mahbub ul Haq

和印度籍经济学家 Amartya Sen 于 1990 年创造。人类发展指数的指标值是"预期寿命"、"教育年限"和"生活水平"三个分指标的几何平均数。1990 年 5 月，联合国开发计划署（UNDP）首次公布了人文发展指数（HDI），将经济指标与社会指标相结合，揭示了经济增长与社会发展的不平衡。由于 1985—1990 年的经济类数据无法获得，本书选取 1995—2005 年以及 2005—2010 年的省际人口迁移数据进行对比分析。具体影响因子选取见表 5—4 和表 5—5。对于人口构成因子，本书选取迁入地/迁出地总人口、迁入地/迁出地人口密度和迁入地/迁出地城镇化率，此类数据来源于《中国人口与就业统计年鉴 1996—2011》；而对于就业结构因子，本书选取迁入地/迁出地第一产业从业人员比重、迁入地/迁出地第二产业从业人员比重及迁入地/迁出地第三产业从业人员比重，数据来自于《中国统计年鉴 1996—2011》；对于经济发展水平，本书选取迁入地/迁出地人均 GDP、迁入地/迁出地城镇人均生活消费支出、迁入地/迁出地农村人均生活消费支出、迁入地/迁出地城镇人均可支配收入、迁入地/迁出地农村人均纯收入，此类数据来源于《中国统计年鉴 1996—2011》；人类发展指数（HDI）来自于《中国人类发展报告 2013》（2010 年数据）、《中国人类发展报告 2007/2008》（2005 年数据）、《中国人类发展报告 2002》（1999 年数据）、《中国人类发展报告 1997》（1995 年数据）；而对于距离因素，本书选取相邻性指数和省会城市间最短公路里程，相邻性指数为自己设定，若迁出地与迁入地有共同边界，则为 1，若迁出地与迁入地无共同边界，则为 0，而最短公路里程来源于《中国交通统计年鉴 1996—2011》；对于环境影响因素，本书选取迁入地城镇人均绿地面积、迁入地可吸入颗粒物 PM10、迁入地 SO_2、迁入地 NO_2、迁入地空气质量达到及好于二级的天数百分比，此类数据来源于《中国统计年鉴 2006—2011》。《中国人口普查资料 2000、2010》中关于 1995—2000 年和 2005—2010 年的省际迁移人口的统计都是五年间的迁移量，因而所有影响因子均采用五年的平均值，HDI 采用五年间初期值与末期值的平均值（1995—2000 年采用 1995 年和 1999 年数据的平均值），此外经济类数据均折算为 2000 年不变价。除相邻性指数外，其余变量均取自然对数。

二 省际迁移人口与其影响因子的相关系数分析

为了统计分析不同影响因子与省际迁移人口的关系，本书首先运用皮尔逊相关性检验计算了它们之间的相关系数,并进行 T 检验,结果如表5—4 和表5—5 所示。由于统计年鉴不同年份之间的差异,1996—2001 年间没有迁入地可吸入颗粒物 PM10、迁入地 SO_2、迁入地 NO_2 和迁入地空气质量达到及好于二级的天数百分比的相关数据,在此并未计算 1995—2000 年间省际迁移人口与这四个影响因子的相关系数。

如表5—4 所示,人口构成因子中的迁出地总人口 (0.516,P < 0.01)、迁入地总人口 (0.365,P < 0.01)、迁出地人口密度 (0.244,P < 0.01)、迁入地人口密度 (0.410,P < 0.01) 与省际迁移人口呈正相关。其中迁出地总人口和迁入地总人口都与省际迁移人口呈正相关,说明人口大省是省际迁移人口的主要迁出地区,与此同时迁入地人口规模越大,就能提供更多的就业机会,因而也可以吸引较多人口迁入,这与王桂新的结论相同。迁出地和迁入地的人口密度与省际迁移人口呈正相关,说明人口密度较大的省份利于迁出更多的省际迁移人口,而且省际迁移人口更多迁入人口密度较大的省份。省际迁移人口与迁入地城镇化率 (0.231,P < 0.01) 呈正相关,而与迁出地城镇化率 (−0.164,P < 0.01) 呈负相关,说明省际迁移人口更多趋向于迁入城镇化率高的省份。

表5—4　　　1995—2000 年省际迁移人口与其影响因子的相关系数

	迁出地总人口	迁入地总人口	迁出地人口密度	迁入地人口密度	迁出地城镇化率	迁入地城镇化率	迁出地第一产业从业人员比重
省际迁移人口	0.516 ***	0.365 ***	0.244 ***	0.410 ***	− 0.164 ***	0.231 ***	0.120 ***
	迁入地第一产业从业人员比重	迁出地第二产业从业人员比重	迁入地第二产业从业人员比重	迁出地第三产业从业人员比重	迁入地第三产业从业人员比重	迁出地人均 GDP	迁入地人均 GDP
	− 0.292 ***	0.100 ***	0.375 ***	− 0.097	0.254 ***	− 0.077 **	0.371 ***
	迁出地城镇人均消费	迁入地城镇人均消费	迁出地农村人均消费	迁入地农村人均消费	迁出地城镇人均可支配收入	迁入地城镇人均可支配收入	迁出地农村人均纯收入
	− 0.084 **	0.338 ***	0.018	0.391 ***	− 0.171 ***	0.280 ***	− 0.029
	迁入地农村人均纯收入	迁入地 HDI	相邻性指数	省会城市间最短公路里程	迁入地城镇人均绿地面积		
	0.381 ***	0.437 ***	0.392 ***	− 0.557 ***	0.017		

注: *** 、** 分别表示在1%、5%水平上显著。

人口就业结构中的迁入地第二产业从业人员比重（0.375，P<0.01）和迁入地第三产业从业人员比重（0.254，P<0.01）与省际迁移人口呈正相关，而省际迁移人口与迁入地第一产业从业人员比重呈负相关（-0.292，P<0.01），此外省际迁移人口与迁出地第一产业从业人员比重（0.120，P<0.01）、迁出地第二产业从业人员比重（0.100，P<0.01）和迁出地第三产业从业人员比重（-0.097，不显著）呈弱相关或不相关。省际迁移人口趋向于第二、第三产业就业人员比重相对较高的省份，而传统的农业大省对省际迁移人口没有吸引力。就经济发展水平因子而言，省际迁移人口与迁入地人均 GDP（0.371，P<0.01）、迁入地城镇/农村人均消费（0.338/0.391，P<0.01）、迁入地城镇人均可支配收入（0.280，P<0.01）和迁入地农村人均纯收入（0.381，P<0.01）呈正相关，而迁出地人均 GDP（-0.077，P<0.05）、迁出地城镇/农村人均消费水平（-0.084/0.018，P<0.05/不显著）、迁出地城镇人均可支配收入（-0.171，P<0.01）和迁出地农村人均纯收入（-0.029，不显著）与省际迁移人口呈弱的负相关或不相关，这说明省际迁移人口的迁移目的是为了获得更高的收益，王桂新等人的研究也发现收入水平对人口迁移产生较大的影响。

本书发现迁入地 HDI（0.437，P<0.01）与省际迁移人口有显著的正相关性，说明省际迁移人口向往较高的生活水平。通过对比省际迁移人口与各省份之间的相邻性指数和省会城市之间最短公路里程，本书得出省际迁移人口与相邻性指数（0.392，P<0.01）呈正相关，与省会城市之间最短公路里程（-0.557，P<0.01）呈负相关，说明距离因素对省际人口迁移影响较大，人们趋向于迁移到离自身较近的省份。1995—2000年间，环境影响因素仅有迁入地城镇人均绿地面积，然而本书发现其与省际迁移人口不相关，说明这一时期生活环境因素并不能左右省际迁移人口的迁移意向。

从表5—5可以看出，2005—2010年间人口构成因子中的迁出地总人口（0.524，P<0.01）、迁入地总人口（0.346，P<0.01）、迁出地人口密度（0.264，P<0.01）、迁入地人口密度（0.472，P<0.01）与省际迁移人口呈正相关，与1995—2000年间相似。省际迁移人口与迁出地城镇化率（-0.048，不显著）呈不相关，而与迁入地城镇化率（0.420，P<0.01）呈正相关，其相关系数高于1995—2000年间，说明迁入地城镇化

率对省际迁移人口的影响增强。此外，省际迁移人口与迁出地城镇化率呈不相关，说明2005—2010年间迁出地的城镇化率对省际人口迁移不产生任何影响。

人口就业结构中的省际迁移人口与迁入地第一产业从业人员比重呈负相关（-0.414，P<0.01），而迁入地第二产业从业人员比重（0.442，P<0.01）和迁入地第三产业从业人员比重（0.256，P<0.01）与省际迁移人口呈正相关，此外省际迁移人口与迁出地第一产业从业人员比重（0.069，P<0.05）、迁出地第二产业从业人员比重（0.199，P<0.01）和迁出地第三产业从业人员比重（-0.178，P<0.01）呈弱相关。相较上一时间段，2005—2010年间传统的农业大省对省际迁移人口吸引力更弱，而第二、第三产业就业人员比重相对较高的地区对省际迁移人口具有更强的吸引力。就经济发展水平因子而言，2005—2010年间省际迁移人口与迁入地人均GDP（0.439，P<0.01）、迁入地城镇/农村人均消费（0.476/0.498，P<0.01）、迁入地城镇人均可支配收入（0.492，P<0.01）和迁入地农村人均纯收入（0.483，P<0.01）呈正相关，与1995—2010年间相比，这一时间段迁入地经济发展水平对省际迁移人口的影响更大，而迁出地人均GDP（-0.059，P<0.1）、迁出地城镇/农村人均消费水平（-0.036/0.028，不显著）、迁出地城镇人均可支配收入（-0.015，不显著）和迁出地农村人均纯收入（0.023，不显著）与省际迁移人口呈弱的负相关或不相关，这说明随着经济的发展，迁出地的经济发展水平对省际迁移人口并不产生过多的影响，人类迁移的目的只是获得更高的收益。

2005—2010年间，迁入地HDI（0.474，P<0.01）与省际迁移人口依旧有显著的正相关性，这说明省际迁移人口对较高生活水平的向往不会随着时间而改变。通过对比省际迁移人口与距离影响因子，本书得出省际迁移人口与相邻性指数（0.355，P<0.01）呈正相关，与省会城市之间最短公路里程（-0.567，P<0.01）呈负相关，这一结果与上一时段基本一致。相比1995—2000年间，这一时段环境影响因素不仅有迁入地城镇人均绿地面积，而且还包括其他空气污染指标，此外与上一时段不同的是，迁入地城镇人均绿地面积与省际迁移人口呈正相关（0.379，P<0.01），这说明随着社会的发展，生活环境开始逐渐影响人口迁移的去向，但是这种显著的相关性也是因为发达城市经济实力雄厚，有更多的资

金用于城市绿化。

表5—5　　　　2005—2010年省际迁移人口与其影响因子的相关系数

	迁出地总人口	迁入地总人口	迁出地人口密度	迁入地人口密度	迁出地城镇化率	迁入地城镇化率	迁出地第一产业从业人员比重
省际迁移人口	0.524 ***	0.346 ***	0.264 ***	0.472 ***	−0.048	0.420 ***	0.069 **
	迁入地第一产业从业人员比重	迁出地第二产业从业人员比重	迁入地第二产业从业人员比重	迁入地第三产业从业人员比重	迁入地第三产业从业人员比重	迁出地人均GDP	迁入地人均GDP
	−0.414 ***	0.199 ***	0.442 ***	−0.178 ***	0.256 ***	−0.059 *	0.439 ***
	迁出地城镇人均消费	迁入地城镇人均消费	迁出地农村人均消费	迁入地农村人均消费	迁出地城镇人均可支配收入	迁入地城镇人均可支配收入	迁出地农村人均纯收入
	−0.036	0.476 ***	0.028	0.498 ***	−0.015	0.492 ***	0.023

迁入地农村人均纯收入	迁入地HDI	相邻性指数	省会城市间最短公路里程	迁入地城镇人均绿地面积
0.483 ***	0.474 ***	0.355 ***	−0.567 ***	0.379 ***
迁入地可吸入颗粒物	迁入地 SO_2	迁入地 NO_2	迁入地空气质量达到及好于二级的天数百分比	
0.136 ***	0.170 ***	0.374 ***	−0.089 ***	

注：***、**、*分别表示在1%、5%、10%水平上显著。

虽然迁入地可吸入颗粒物PM10、迁入地 SO_2 和迁入地 NO_2 与省际迁移人口呈现很好的正相关，但是这种正相关并不是因为人口向往迁移到污染更为严重的地方，而是因为人们偏向于迁往经济发达的地区，而经济发展较快的地区环境污染也较为严重。此外，省际迁移人口与迁入地空气质量达到及好于二级的天数百分比呈较弱的负相关，那是因为空气质量越好的地区经济也相对越不发达，因而迁移到该省份的人口也就越少。总而言之，生活环境及空气质量对省际人口的迁移的影响在2010年以前并不明显。

第三节　省际人口迁移的影响因素分析

研究结果表明人口迁入和迁出的空间分布受诸多因素影响，如不同区域经济分布不平衡，各省外来资本投入的差异以及农村人口向城镇地区迁移的政策放宽。本书通过建立回归模型，分析各省份人口构成、人口就业结构、经济发展水平、人类发展指数、距离因素对省际迁移人口分布模式的影响，如下：

$$
\begin{aligned}
\ln PM_{ij} = {} & a_0 + a_1 \ln Pout_i + a_2 \ln Pin_j + a_3 \ln PDout_i + a_4 \ln PDin_j \\
& + a_5 \ln UPout_i + a_6 \ln UPin_j + a_7 \ln FIout_i + a_8 \ln SIin_j \\
& + a_9 \ln TIin_j + a_{10} \ln UIin_j + a_{11} \ln HDIin_j + a_{12} N_{ij} \\
& + a_{13} \ln D_{ij} + \alpha_{ij} \tag{1}
\end{aligned}
$$

式（1）为1995—2000年间和2005—2010年间的回归模型，由于上一小节计算的相关系数的差异，两个时段的影响因子略有不同。

式中，PM_{ij}为1995—2000年和2005—2010年迁出地i和迁入地j的总人口（i、j＝1，2，3，…，31，$i \neq j$）（万人）。

$Pout_i$和Pin_j分别表示迁出地和迁入地的人口规模（万人）。

$PDout_i$和$PDin_j$分别表示迁出地和迁入地的人口密度（人/平方千米）。

$UPout_i$和$UPin_j$分别表示迁出地和迁入地的城镇化率（%）。

$FIout_i$为迁出地第一产业从业人员比重（%）。

$SIin_j$为迁入地的第二产业从业人员比重（%）。

$TIin_j$为迁入地的第三产业从业人员比重（%）。

$UIin_j$为迁入地城镇人均可支配收入（元）。

$HDIin_j$为迁入地人文发展指数。

N_{ij}为迁出地和迁入地之间的相邻性指数，若迁出地与迁入地相邻有共同边界，N_{ij}为1；若迁出地与迁入地无共同边界，N_{ij}为0。另外，对于隔海相望距离比较近的省份设定N_{ij}为1，如山东和辽宁、广东和海南。

D_{ij}为迁出地和迁入地之间的距离，用省会城市之间的最短公路里程表示（千米）。

a_0为常数项，a_n（n＝1，2，…，13）为各变量的系数，α_{ij}为误差项。所有变量的取值及运算方法在上一小节的影响因子选取及数据来源中已经描述过，在此就不再阐述。由于本书选取31个省份，因此每一时期省际人口迁移流场应为一个 31 乘 31 的矩阵 PM_{ij}（见附表 1—附表 3），因而对于省际迁移人口的影响因素研究本书采用 Matlab 软件进行回归分析。本书首先用 Matlab 软件对式（1）进行反复调试，去除具有共线性的影响因子，然后根据各影响因子的性质，分类进行回归，最终的回归结果呈现如下。

一　人口密度及距离因素对省际人口迁移的影响

根据上一小节计算的相关系数，模型 1 和模型 2 选取迁出地和迁入地的人口规模、迁出地和迁入地人口密度、相邻性指数和省会城市间最短公路里程与两个时段的省际人口迁移规模进行回归分析。从表 5—6 可以看出，模型 1 和模型 2 的 R^2 分别为 0.6119 和 0.6463，这说明模型及解释变量均有效。此外，两个模型中各解释变量系数的符号都和预期的一样，迁出地人口规模（$Pout_i$）越大则证明迁出省份人口基数越大，其迁出人口输出就越大，迁入地人口规模（Pin_j）越大则迁入地就业机会相对也就越大，其对迁入人口的吸引力也就越强；省会城市间最短公路里程（D_{ij}）越远则迁移人口越少，迁出地与迁入地相邻越近则更易产生迁移；迁出地人口密度与省际迁移人口规模呈负相关，而迁入地人口密度与省际迁移人口规模呈正相关，这说明人口密集的地区对省际迁移人口有一定的吸引力。

从模型 1 和模型 2 可以看出，省会城市间最短公路里程和迁出地人口密度与省际迁移人口呈负相关，其他影响因子均和省际迁移人口呈正相关。迁出地人口规模为影响省际人口迁移的主要因素，其系数在两个时段都超过 1；而距离因素（D_{ij} 和 N_{ij}）仅次于人口规模因子。相比较而言，迁入地人口规模及迁入/迁出地人口密度对省际人口迁移区域分布及流向的影响较小。

本书通过对比两个模型，发现不同时段各影响因素对省际人口迁移区域分布的影响变化不大。迁出地人口规模对中国省际人口迁移流向分布的影响基本相同，其中 $Pout_i$ 的系数在 1995—2000 年和 2005—2010 年都为 1 左右，这说明迁出地人口规模提高 1% 将引起省际迁移人口规模增大 1%。从模型 1 和模型 2 的系数可以看出，迁入地人口规模的系数从 0.36 下降到 0.26，这说明从 1995—2000 年到 2005—2010 年迁入地人口数量对迁移人口的吸引力有所降低；同样距离因素对省际人口迁移的影响呈弱化趋势。此外迁出地人口密度对省际迁移人口产生的推动作用有所降低，而迁入地人口密度的相关系数增加，人口更趋向于迁入人口密度高的地区。

表5—6　　　　　　　　省际人口迁移的影响因素回归结果（1）

解释变量	模型1	解释变量	模型2
	1995—2000		2005—2010
$\ln Pout_i$	1.0083 ***	$\ln Pout_i$	1.0073 ***
$\ln Pin_j$	0.3575 ***	$\ln Pin_j$	0.2635 ***
$\ln PDout_i$	-0.1373 ***	$\ln PDout_i$	-0.0695 **
$\ln PDin_j$	0.2710 ***	$\ln PDin_j$	0.3566 ***
N_{ij}	0.8064 ***	N_{ij}	0.6034 ***
$\ln D_{ij}$	-0.7438 ***	$\ln D_{ij}$	-0.7126 ***
截距	2.5030 ***	截距	2.8314 ***
F	245.12	F	283.87
R^2	0.6119	R^2	0.6463
N	930	N	930

注：***、**分别表示在1%、5%水平上显著。

二　就业结构及距离因素对省际人口迁移的影响

如表5—7所示，模型3和模型4选取迁出地和迁入地的人口规模、迁出地第一产业从业人员比重、迁入地第二及第三产业从业人员比重、相邻性指数和省会城市间最短公路里程与两个时段的省际人口迁移规模进行回归分析。从表5—7可以看出，模型所选变量均在1%的置信水平上显著，模型3和模型4的R^2分别为0.6558和0.7218，这说明模型及解释变量均有效。此外，两个模型中各解释变量系数的符号都和预期的一样，迁出地人口规模（$Pout_i$）越大则证明迁出省份人口基数越大，其迁出人口输出就越大，迁入地人口规模（Pin_j）越大则迁入地就业机会相对也就越大，其对迁入人口的吸引力也就越强；通过大量学者研究可知，中国省际人口迁移主要是从农村迁移到城镇地区，因而迁出地第一产业就业人员比重（$FIout_i$）越大则证明该地区从事农林牧渔业的劳动人口越多，可输出的人口规模自然也越大，反之迁入地第二、第三产业从业人员比重（$SIin_j$、$TIin_j$）越大则证明此类就业机会丰富，对其他地区人口输出的吸引力就越强；然而省会城市间最短公路里程（D_{ij}）越远则迁移人口越少，迁出地与迁入地相邻越近则更易产生迁移。

表5—7　　　　　　　　省际人口迁移的影响因素回归结果（2）

解释变量	模型 3	解释变量	模型 4
	1995—2000		2005—2010
$\ln Pout_i$	0.8717 ***	$\ln Pout_i$	0.9314 ***
$\ln Pin_j$	0.6073 ***	$\ln Pin_j$	0.6557 ***
$\ln FIout_i$	0.2430 ***	$\ln FIout_i$	0.1643 ***
$\ln SIin_j$	0.4292 ***	$\ln SIin_j$	0.7158 ***
$\ln TIin_j$	1.5199 ***	$\ln TIin_j$	2.4261 ***
N_{ij}	0.8824 ***	N_{ij}	0.5850 ***
$\ln D_{ij}$	− 0.7358 ***	$\ln D_{ij}$	− 0.6967 ***
截距	− 5.2564 ***	截距	− 9.4174 ***
F	253.83	F	345.29
R^2	0.6558	R^2	0.7218
N	930	N	930

注：＊＊＊表示在1%水平上显著。

从模型3和模型4可以看出，除省会城市间最短公路里程外，其他影响因子均和省际迁移人口呈正相关。迁入地第三产业从业人员比重为影响省际人口迁移的主要因素，其系数在两个时段都超过1；而迁出地人口规模为仅次于 $TIin_j$ 的影响因素，其系数都在0.8以上。此外，距离因素（D_{ij}和N_{ij}）也是影响省际人口迁移的主要因子。相比较而言，第一产业从业人员比重对省际人口迁移区域分布及流向的影响较小。可以看出，20世纪90年代以后迁入地以服务业为主的大量就业机会为影响中国省际人口迁移的主要动力机制。

许多学者研究发现，区域经济差异和距离因素是影响省际人口迁移的主要驱动力。本书通过对比两个模型，发现不同时段各影响因素对省际人口迁移区域分布的影响不同。人口就业结构中第二、第三产业就业人口比重对中国省际人口迁移流向分布的影响明显加强，其中 $SIin_j$ 的系数从1995—2000年的0.43增加到2005—2010年的0.72，这说明迁入地第二产业从业人员比重提高 1% 将引起省际迁移人口规模增大 0.43% 和 0.72%；此外 $TIin_j$ 的系数从 1995—2000 年的 1.52 增加到 2005—2010 年的 2.43，即迁入地第三产业从业人员比重提高 1% 将引起省际迁移人口规模增大 1.5% 和 2.4%。从模型 3 和模型 4 的系数可以看出，迁出地第一产业从业人员比重的系数从 0.24 下降到 0.16，这说明从 1995—2000 年到 2005—2010 年迁出地对迁移人口的推动力有所降低；同样距离因素对省际人口迁移的影响呈弱化趋势。此外迁出地人口规模对省际迁移人口产生的推动作用有所增强，而迁入地人口规模的拉动作用却呈现出减小的趋势。

三　城镇化率、经济发展水平及距离因素对省际人口迁移的影响

根据两个时间段相关系数的显著性和模型的有效性，表 5—8 中的模型 5 和模型 6 选取迁出地和迁入地的人口规模、迁出地和迁入地城镇化率、迁入地城镇人均可支配收入、相邻性指数和省会城市间最短公路里程与两个时段的省际人口迁移规模进行回归分析，其中模型 6 中去除了迁出地城镇化率（相关系数不显著）。从表 5—8 可以看出，模型所选变量均在 1% 的置信水平上显著，模型 5 和模型 6 的 R^2 分别为 0.7055 和 0.7660，这说明模型及解释变量均有效。此外，两个模型中各解释变量系数的符号都和预期的一样，迁出地人口规模（$Pout_i$）越大则证明迁出省份人口基数越大，其迁出人口输出就越大，迁入地人口规模（Pin_j）越大则迁入地就业机会相对也就越大，其对迁入人口的吸引力也就越强；中国省际人口迁移主要是从农村迁移到城镇地区，因而迁出地城镇化率（$UPout_i$）越高则其农村人口就越少，可输出的人口规模自然也越小，反之迁入地城镇化率越高则其社会经济发展就越快，对其他地区人口输出的吸引力就越强；迁入地城镇人均可支配收入（$UIin_j$）越高则对其他地区人口迁出的吸引力越强；然而省会城市间最短公路里程（D_{ij}）越远则迁移人口越少，迁出地与迁入地相邻越近则更易产生迁移。此外，模型 5 和模型 6 只选取了相关性较为显著的迁入地城镇人均可支配收入作为经济影响因素，而王桂新（2012）选择迁入地城镇人均可支配收入和迁出地农村人均纯收入作为经济影响因素。但是通过上一小节自变量与解释变量相关系数的计算可以看出，两个时段迁出地农村人均纯收入与省际迁移人口并无相关性，因而不能列入回归模型中。

　　从模型 5 和模型 6 可以看出，除省会城市间最短公路里程和迁出地城镇化率外，其他影响因子均和省际迁移人口呈正相关。迁入地城镇人均可支配收入为影响省际人口迁移的主要因素，两个时段其系数在 2 左右；而迁出地城镇化率为仅次于 $UIin_j$ 的影响因素，其系数在 1 左右。此外，距离因素（D_{ij} 和 N_{ij}）依旧是影响省际人口迁移的主要因子。相比较而言，模型 5 中迁出地城镇化率对省际人口迁移区域分布及流向的影响较小。可以看出，这两个模型中迁入地的城镇化水平和城镇收入水平是影响中国省际人口迁移的主要动力机制。

　　通过对比两个模型中影响因子的系数，本书发现迁入地城镇人均可支配收入对中国省际人口迁移流向分布的影响明显加强，其系数从 1995—2000 年的 1.88 增加到 2005—2010 年的 2.17，这说明迁入地城镇人均可支配收入提高 1% 将引起省际迁移人口规模增大 1.88% 和 2.17%。从模型 5 和模型 6 的系数可以看出，距离因素对省际人口迁移的影响呈弱化趋势；迁出地人口规模对省际迁移人口产生的推动作用有所增强，而迁入地人口规模的拉动作用却呈现出减小的趋势；此外 $UPin_j$ 的系数从 1995—2000 年的 1.58 降低到 2005—2010 年的 0.94，这说明迁入地城镇化率对迁移人口的吸引力有所降低。

表 5—8　　　　　　　省际人口迁移的影响因素回归结果（3）

解释变量	模型 5	解释变量	模型 6
	1995—2000		2005—2010
$\ln Pout_i$	0.8550 ***	$\ln Pout_i$	0.9418 ***
$\ln Pin_j$	0.7318 ***	$\ln Pin_j$	0.5330 ***
$\ln UPout_i$	− 0.7516 ***	$\ln UPout_i$	—
$\ln UPin_j$	1.5784 ***	$\ln UPin_j$	0.9432 ***
$\ln UIin_j$	1.8774 ***	$\ln UIin_j$	2.1745 ***
N_{ij}	0.8458 ***	N_{ij}	0.6788 ***
$\ln D_{ij}$	− 0.7715 ***	$\ln D_{ij}$	− 0.6998 ***
截距	− 14.9403 ***	截距	− 20.1459 ***
F	318.94	F	507.75
R^2	0.7055	R^2	0.7660
N	930	N	930

注：＊＊＊表示在 1% 水平上显著。

四 人文发展指数及距离因素对省际人口迁移的影响

本小节在模型 7 和模型 8 中引入了人类发展指数，如表 5—9 所示。模型 7 和模型 8 选取迁出地和迁入地的人口规模、迁入地人类发展指数、相邻性指数和省会城市间最短公路里程与两个时段的省际人口迁移规模进行回归分析。从表 5—9 可以看出，模型所选变量均在 1% 的置信水平上显著，模型 7 和模型 8 的 R^2 分别为 0.6825 和 0.7221，这说明模型及解释变量均有效。此外，两个模型中各解释变量系数的符号都和预期的一样，迁出地人口规模（$Pout_i$）越大则证明迁出省份人口基数越大，其迁出人口输出就越大，迁入地人口规模（Pin_j）越大则迁入地就业机会相对也就越大，其对迁入人口的吸引力也就越强；迁入地人文发展指数越高，则此地区的经济社会发展水平就越高，因而可以吸引更多的人口迁入；然而省会城市间最短公路里程（D_{ij}）越远则迁移人口越少，迁出地与迁入地相邻越近则更易产生迁移。

表5—9 省际人口迁移的影响因素回归结果（4）

解释变量	模型 7 1995—2000	解释变量	模型 8 2005—2010
$\ln Pout_i$	0.8969 ***	$\ln Pout_i$	0.9438 ***
$\ln Pin_j$	0.4304 ***	$\ln Pin_j$	0.4791 ***
$\ln HDIin_j$	4.7525 ***	$\ln HDIin_j$	7.6919 ***
N_{ij}	1.0484 ***	N_{ij}	0.6678 ***
$\ln D_{ij}$	− 0.6899 ***	$\ln D_{ij}$	− 0.6137 ***
截距	− 28.4096 ***	截距	− 47.6889 ***
F	400.48	F	483.81
R^2	0.6825	R^2	0.7221
N	930	N	930

注：***表示在1%水平上显著。

从模型 7 和模型 8 可以看出，除省会城市间最短公路里程外，其他影响因子均和省际迁移人口呈正相关。迁入地人类发展指数（$HDIin_j$）为影响省际人口迁移的主要因素，两个时段其系数都大于 4；而距离因素（D_{ij}

和 N_{ij}）也是影响省际人口迁移的主要因子。相比较而言，模型7和模型8中迁入地人口规模对省际人口迁移区域分布及流向的影响较小。从此模型可以看出，包含了社会及经济因素的 HDI 成为1990年以后影响中国省际人口迁移的主要吸引力。

通过对比两个模型中影响因子的系数，本书发现迁入地人文发展指数对中国省际人口迁移流向分布的影响明显加强，其系数从1995—2000年的4.75增加到2005—2010年的7.69，这说明迁入地城镇人均可支配收入提高1%将引起省际迁移人口规模增大4.75%和7.69%。从模型7和模型8的系数可以看出，距离因素对省际人口迁移的影响呈弱化趋势；迁出地人口规模对省际迁移人口产生的推动作用有所增强，而迁入地人口规模的拉动作用却呈现出减小的趋势。

五　省际人口迁移的影响因素小结

本节通过建立回归模型分析各省份人口构成、人口就业结构、经济发展水平、人类发展指数、距离因素对省际迁移人口分布模式的影响，结果表明，不同的影响因素作用不同，且变化趋势也不相同。

人口构成的影响因子主要分析了迁入地、迁出地的人口规模、人口密度和城镇化率，其中迁出地的人口规模对省际迁移人口影响最大，人口大省是省际迁移人口的主要输出省份，说明人口规模较大的省份迫于空间压力会输出大量的省际迁移人口，其中三组建模结果表明，从1995—2000年到2005—2010年间，迁出地的人口规模对省际人口影响增强，而有一组建模结果表明略有减弱。而迁入地、迁出地的人口密度和迁入地的人口规模的影响力较弱，甚至弱于距离因素的影响。总体而言，从人口构成因素来看，迁出地人口规模的"推力"因素是影响省际人口迁移的主要因素。

人口就业结构中迁入地的第二、第三产业的从业人员比例对省际迁移人口影响较大，其中迁入地的第三产业的从业人员比例系数要高于迁入地的人口规模的系数，说明迁入地的第二、第三产业的从业人员比例越高，其对省际迁移人口的吸引力越强。随着社会生产力的提升，农村劳动力过剩，大量的农民进城，进入到第二、第三产业就业，因此省际人口在迁移的过程中更趋向于第二、第三产业就业机会多的地区（即第二、第三产业的从业人员比例高的地区，如东部沿海地区），而且从1995—2000年到

2005—2010 年间，这种趋势在加剧。

由于城乡二元结构的差异，在 1995—2000 年间，省际人口迁移与迁出地、迁入地的城镇化率密切相关，其系数较高，与迁出地的城镇化率呈负相关，而与迁入地的城镇化率呈正相关，说明大量的省际迁移人口从城镇化较低的地区迁入城镇化高的地区，这与人们对城市生活的向往以及国家推行"城镇化"建设的政策有着一定的关系。同时，迁入地城镇化程度的吸引力要强于迁出地的推力，到了 2005—2010 年间，迁入地城镇化的影响有所减弱。迁入地城镇人均可支配收入对省际迁移人口的影响要强于迁入地城镇化率和迁入地人口规模，其系数是迁出地人口规模的 2 倍有余，说明迁入地城镇人均可支配收入对省际迁移人口有着极大的吸引力，而且从 1995—2000 年到 2005—2010 年间，这种吸引力在逐渐增加。

人文发展指数对省际迁移人口影响显著，其系数是迁出地人口规模系数的数倍，而且从 1995—2000 年到 2005—2010 年间，人文发展指数的系数增加了 1.6 倍，说明人们的省际迁移行为是为了追求更好的生活和发展环境，如享受更好的生活，收入、医疗、教育和公共设施等方面对人们省际迁移的迁入地选择性影响很大，并且随着时间的推移，越来越重要。距离因素对省际人口迁移也有着重要的影响，略弱于迁出地人口规模的影响，1995—2000 年到 2005—2010 年间，这种影响在逐渐减弱，这与省际人口迁移的迁移原因改变以及越来越便利的交通条件有着密切的关系。

综上所述，人口迁移的主要目的是追求更高的经济收入和寻求更多的发展机会，因此过去的几十年中迁入地的吸引力（人文发展指数、经济收入和城镇化）是影响省际人口迁移空间分布的主要因素。由于东部沿海地区的经济快速发展，其吸引力越来越大，逐渐形成省际迁移人口的聚集区。而迁出地的人口规模是省际人口迁移的重要推力，中部地区的人口大省是省际人口迁移的大省。此外，由于迁移原因的改变和交通的便利以及人口迁移政策的放宽，距离因素对省际人口迁移的空间分布影响在逐渐减弱。

第四节　本章小结

不同的地理环境和社会经济条件下，省际迁移人口的影响因素是多方面的。随着我国经济的快速发展以及人口迁移政策的放宽，由于地区间经济水平和生存环境的差异，驱动人口迁移的力量变得更加自然和直白——人往高处走，人口迁移的主要目的是追求更高的经济收入和寻求更多的发展机会。因此，为了更好地理解人们省际迁移的影响因素，本章主要对省际迁移人口的迁移原因和驱动因素进行分析。

　　不同时期不同性别的人口，其省际迁移原因也不相同。通过对"四普"和"六普"时期迁移原因的对比，发现这两个时期的迁移原因所占比例具有显著差异。"四普"时期各类迁移原因所占比例相对均衡，其中因亲缘关系迁移去其他地区的人口占30%以上，为主要迁移原因；而到"六普"时期，务工经商（70%以上）成为这一时段的主要迁移原因。不同地区和不同性别的省际迁移人口的迁移原因所占比例具有显著差异。"四普"和"六普""时期，各个地区的男性省际迁移人口主要因务工经商而进行迁移，到"六普"期间其所占的比例更高。"四普"期间，各个地区的女性省际迁移人口的主要迁移原因较为复杂，主要为婚姻嫁娶、务工经商、随迁家属和投亲靠友；而到了"六普"期间，务工经商成为主要的迁移原因，但其所占比例低于男性。总体而言，从"四普"到"六普"时期，随着社会经济的发展，务工经商成为主要的迁移原因，说明绝大部分省际人口迁移（特别是男性）是为了追求更高的收入和更好的生活条件。

　　此外，本章分别计算不同影响因子与省际迁移人口的相关系数，并建立了线性回归模型，得出以下结论。迁出地的人口规模是省际人口迁移的主要推力，人口大省是省际迁移人口的主要迁出地区。迁出地和迁入地的人口密度与省际迁移人口呈正相关，说明人口密度较大的省份利于迁出更多的省际迁移人口，而且省际迁移人口更多迁入人口密度较大的省份。在社会经济和就业结构方面，省际迁移人口主要受迁入地"拉力"的影响，如省际迁移人口更多趋向于迁入城镇化率高，收入和消费水平高以及第二、第三产业就业人员比重相对较高的省份，而传统的农业大省对省际迁移人口没有吸引力。省际迁移人口规模与人文发展指数的相关系数结果表明，省际迁移人口趋向于迁入高生活水平地区，而且随着时间的推移，这种意愿在增强。距离因素对省际迁移人口规模起到抑制作用，即人们更愿意迁入距离较近的省份。2005—2010年间，城市绿化面积开始影响省际人口迁移，但空气污染指数（PM10、迁入地 SO_2 和迁入地 NO_2）并未显现出对省际人口迁移的影响。总而言之，生活环境及空气质量对省际人口的迁移的影响在 2010 年以前并不明显。

通过建立线性回归模型，分析各省份人口构成、人口就业结构、经济发展水平、人类发展指数、距离因素对省际迁移人口分布模式的影响。结果表明，迁入地的社会经济因素（城镇化水平、收入和消费）、就业结构（第二、第三产业从业人员比重）和人文发展指数的"拉力"作用，是影响省际人口迁移的最主要因素。而且从"五普"到"六普"时期，这种迁入地的"拉力"作用在逐渐增强。其次，迁出地的人口规模是重要的"推力"因素。人口规模越大的省份输出的迁移人口越多，并且随着时间推移，这种"推力"作用的影响略有增强。此外，距离因素（相邻系数和省会间最短距离）对省际人口迁移存在阻碍作用，即人们更愿意迁入距离较近的省份，然而随着社会的发展，交通的便利，迁移原因和人口迁移政策的改变，这种阻碍作用在逐渐减弱。

综上所述，随着社会经济的发展，人们的迁移原因发生着明显的改变，越来越多的省际迁移人口是为了获取更多的收入和追求更好的生活。同时，迁入地的"拉力"作用是影响省际迁移人口空间分布的最主要因素，其次为迁出地的人口规模和距离因素。

第六章　中国省际人口迁移效应分析

　　人口迁移有利于迁入地经济的发展。首先，外来人口的迁入带来了不同的生产方式和生产经验，加快了生产方式的交流和发展，丰富的劳动力资源，促进了当地经济的发展。其次，不同地区的人有不同的生活习惯和文化背景，外来人口如果来自于文化优势地区，则他们的迁入有利于文化的交流和传播。此外，人才的流入和提供廉价的劳动力，外来人口的迁入使人口的流动成为常态，有利于人与人之间的交流。与此同时，人口迁移会从很大程度上减轻迁出地的人口和环境压力。但是，外来人口的迁入给当地的各种基础建设带来压力，人口密度的增大，需要更多的基础设施来满足，如学校、住房等。交通压力加大，春运就是一个很好的例子。此外，人口增多给当地的自然生态环境带来巨大的挑战。因此，本章以人口迁移导致的消费水平变化为例来探讨省际人口迁移效应。

　　本章使用大陆地区 30 个省、市、自治区（除西藏、香港、澳门和台湾）为研究单元。人口迁移数据来自 2000 年和 2010 年中国人口普查数据；人口普查数据间隔覆盖 5 年迁移人口，本书数据中涵盖了 1995—2000 年和 2005—2010 年的人口迁移数据；基本的家庭能源消耗的数据来自《中国能源统计年鉴 1996—2011》。基本家庭碳排放数据根据能源转换系数计算得来；人均消费支出数据来自《中国统计年鉴 1996—2011》，并转换为 2000 年不变价。其中所有 5 年间的数据变化都用平均值表示。本章主要研究省际人口迁移的过程中，消费支出（C）、基本家庭能源消费（E）和二氧化碳（$CO2$）排放的变化，通过对省际迁移人口规模和消费数据进行定量分析来说明省际人口迁移对消费水平变化的影响。

第一节　标准消费系数

假如不考虑不同时间某一地区人口的性别、消费水平的多样性以及生活水平的差异，消费水平可以被认定为统一的。在这种情况下，我们选定某一地区、某一时间成年人的消费水平为标准消费水平。标准消费系数（sc）指的是其他地区的消费水平与标准消费水平的比值。举个例子，如果我们选择 N 地人口的消费水平为标准消费水平，而住在豪华的别墅、开着豪车的 M 地人的消费水平就是 N 地人的 sc 倍，M 地人所占据的资源也是 N 地人的 sc 倍。sc 并没有实际的意义，本书只是用它来衡量不同地区人口消费水平的差异，其公式如下：

$$sc = C_i/C_0 \tag{2}$$

其中 C_i 表示不同地区人口消费水平，包括人均消费支出（C）、人均基本生活能耗（E）和人均基本生活碳排放（CO_2）；C_0 选取甘肃省 1995—2010 年间 $C - E - CO_2$ 的实际数据。

第二节　省际迁入人口与自然增长人口

对于一个地区而言，自然增长人口为区域环境压力的主要来源。但近年来，中国部分省份的人口增长主要来自于其他地区的迁移人口。由于 1985—1990 年的经济类数据缺失较大，本书选取 1995—2000 年及 2005—2010 年间各地区省际迁入人口和自然增长人口进行了对比（见表 6—1）。

表 6—1　　　　　　　　自然增长人口和省际迁移人口规模对比

地区	1995—2000			2005—2010		
	自然增长人口[a]	省际迁入人口规模[b]	省际迁入人口百分比[c]	自然增长人口[a]	省际迁入人口规模[b]	省际迁入人口百分比[c]
	万人	万人	%	万人	万人	%
北京	12.41	188.97	93.84	27.23	382.78	93.36
天津	17.51	49.20	73.75	14.64	149.71	91.09
河北	261.51	76.99	22.74	270.66	92.41	25.45
山西	184.04	38.27	17.22	111.50	49.82	30.88

续表

地区	1995—2000			2005—2010		
	自然增长人口[a]	省际迁入人口规模[b]	省际迁入人口百分比[c]	自然增长人口[a]	省际迁入人口规模[b]	省际迁入人口百分比[c]
	万人	万人	%	万人	万人	%
内蒙古	112.37	32.55	22.46	60.48	82.77	57.78
辽宁	114.56	75.48	39.72	26.14	117.19	81.76
吉林	92.50	25.40	21.54	36.39	33.84	48.18
黑龙江	137.68	30.12	17.95	54.16	32.19	37.27
上海	-10.42	216.78	105.05	25.11	490.05	95.13
江苏	182.96	190.84	51.05	111.13	488.73	81.47
浙江	131.12	271.47	67.43	146.37	837.29	85.12
安徽	318.64	31.35	8.96	234.73	82.21	25.94
福建	127.12	134.62	51.43	132.62	244.99	64.88
江西	255.92	23.59	8.44	205.89	69.84	25.33
山东	234.81	90.41	27.80	304.79	133.56	30.47
河南	429.02	46.99	9.87	286.21	42.97	13.05
湖北	236.27	60.62	20.42	113.88	84.35	42.55
湖南	204.47	36.26	15.06	214.50	68.84	24.30
广东	456.07	1150.11	71.61	413.29	1387.44	77.05
广西	256.10	28.75	10.09	239.68	59.78	19.96
海南	57.47	21.77	27.47	45.55	33.77	42.58
重庆	105.40	44.78	29.82	58.00	73.56	55.91
四川	387.50	58.96	13.21	131.21	105.28	44.52
贵州	301.73	26.15	7.97	157.63	59.19	27.30
云南	301.95	73.27	19.53	183.96	62.09	25.23
陕西	152.00	42.30	21.77	89.52	73.40	45.05
甘肃	159.54	20.36	11.32	98.91	26.02	20.83
青海	41.28	7.69	15.71	29.05	18.25	38.59
宁夏	41.71	12.88	23.59	36.71	23.90	39.43
新疆	128.17	114.22	47.12	139.28	83.98	37.62

注：a. 自然增长人口计算如下：五年平均增长人口乘以五年平均人口自然增长率；b. 省际迁入人口来自于人口普查资料；c. 省际迁入人口百分比计算如下：(省际迁入人口/新增人口) × 100，新增人口为自然增长人口加上省际迁入人口 (a＋b)。

除了河南、云南和新疆外，各地区的迁入人口和自然增长人口在这 10 年间都呈增长趋势。从表 6—1 中还可以看出，部分省份的省际迁入人口的规模超过本省自然增长人口的数量。如图 6—1 所示，东部沿海地区和省份为外省迁移人口的主要目的地，如广东、浙江、江苏、上海和北京。2005—2010 年间，北京、上海和天津的外来人口超过了 90%。1995—2000 年间有 7 个省份的迁入人口超过了自然增长人口，这个数据在 2005—2010 年间增加到了 10 个。

图 6—1　1995—2000 年及 2005—2010 年间各地区省际迁入人口规模分布图

第三节　省际人口迁移对消费水平的影响

一　$C-E-CO_2$ 的标准消费系数

在经济学和其他社会科学领域中消费是一个重要的概念。然而不同学科对消费的定义不同，没有一个特定的公式，但消费水平被视为衡量生活水平的标准。

鉴于本书的目的是研究省际人口迁移对消费水平的影响，因而引入标准消费系数这一指标。我们假定在一定时间内研究区域内的个人消费水平是相似或相等的，并不考虑年龄、性别、消费模式的差异。本书根据公式（2）将各地区的消费套入，得出 $C-E-CO2$ 的标准消费系数，结果如表6—2所示。

表6—2　　　　　　　　$C-E-CO2$ 的标准消费系数（sc）

地区	C			E			CO2		
	1995—2000	2005—2010	增长率（%）	1995—2000	2005—2010	增长率（%）	1995—2000	2005—2010	增长率（%）
北京	3.96	8.55	115.65	2.47	3.53	43.21	1.81	2.40	32.85
天津	2.65	5.94	124.26	1.92	3.10	61.33	1.14	1.30	13.60
河北	1.18	2.76	133.36	1.30	1.61	24.34	1.29	1.17	-9.74
山西	1.16	2.72	134.82	1.55	1.96	26.13	1.51	1.52	0.73
内蒙古	1.38	3.69	166.62	0.79	3.74	375.77	0.64	2.80	334.14
辽宁	1.75	4.14	136.25	1.21	2.12	75.35	0.85	0.85	0.69
吉林	1.52	3.36	121.27	0.95	1.86	95.31	0.66	0.95	44.69
黑龙江	1.56	3.24	107.69	0.51	2.22	336.84	0.45	1.11	146.03
上海	4.54	9.6	111.58	1.64	2.11	28.92	1.22	1.25	3.03
江苏	1.92	4.58	138.29	0.44	0.91	105.01	0.38	0.47	23.36
浙江	2.83	6.5	129.58	0.56	1.31	133.19	0.34	0.72	114.67
安徽	1.17	2.84	142.25	0.44	0.76	73.53	0.5	0.52	4.68
福建	2.03	4.53	123.16	0.56	1.13	101.01	0.45	0.6	34.25
江西	1.23	2.83	130.51	0.55	0.63	14.81	0.66	0.43	-35.60
山东	1.61	3.67	127.81	0.37	1.37	268.46	0.26	0.84	219.71
河南	1.00	2.4	139.47	0.75	0.98	31.94	0.80	0.75	-6.63
湖北	1.49	3.06	105.26	0.76	1.10	45.19	0.74	0.82	10.73
湖南	1.60	3.12	95.63	0.51	1.09	115.97	0.45	0.85	90.45
广东	3.17	6.3	99.01	0.87	1.33	51.9	0.57	0.76	33.96
广西	1.34	2.73	104.07	0.25	0.63	157.08	0.19	0.36	94.63
海南	1.44	2.92	103.36	0.26	0.47	77.62	0.18	0.24	33.89
重庆	1.55	3.66	136.97	0.62	1.01	62.39	0.43	0.62	43.58
四川	1.31	2.75	109.47	0.69	1.08	56.9	0.64	0.69	8.53

续表

地区	C			E			CO2		
	1995—2000	2005—2010	增长率（%）	1995—2000	2005—2010	增长率（%）	1995—2000	2005—2010	增长率（%）
贵州	1.49	2.06	38.54	2.24	1.58	−29.2	2.89	1.46	−49.71
云南	1.46	2.41	65.63	0.75	0.84	11.85	0.75	0.64	−14.85
陕西	1.20	2.88	141.01	0.79	1.53	93.6	0.77	1.11	43.12
甘肃	1.00	2.16	116.15	1.00	1.38	38.05	1.00	1.10	10.40
青海	1.26	2.39	89.22	1.54	2.72	76.78	1.55	1.81	16.76
宁夏	1.23	2.87	132.72	1.23	1.47	19.73	1.16	1.15	−1.11
新疆	1.24	2.5	100.72	2.11	2.31	9.71	2.27	1.21	−46.61
平均值	1.74	3.77	116.52	0.99	1.60	61.73	0.88	1.02	14.90
标准差	0.86	1.85	—	0.61	0.84	—	0.62	0.56	—

二　家庭生活消费支出系数

从表 6—2 中可以看出，不同地区间生活消费（C）的差异较为显著，这也体现了地区之间经济发展的不平衡。南北方之间的差距依然存在，东部和西部地区的差距较为明显。1995—2000 年不同地区人均消费支出的平均 sc 为 1.74，2005—2010 年这一数据为 3.77，两次普查期间的增长率为 116.5%。两个时段的标准偏差分别为 0.86 和 1.85，这表明"六普"期间各地区之间消费支出的差距较大。随着中国经济的快速发展，不同省份的生活消费支出都有不同程度的增长。从"五普"到"六普"，贵州人均消费支出的标准消费系数增长了 38.54%，而内蒙古的增幅为 166.62%。人均家庭消费水平较高的地区主要集中在东部沿海地区，如北京、上海、广东、天津和江苏。随着迁移人口大规模流入东部沿海地区，必然会增加东部地区的环境压力。

三　能源消费系数

由于地理环境和气候的差异，中国南北部之间对于能源的使用差距也很大。中国北部地区在冬季要利用较多的能源来取暖，因而北方省份的人均生活能耗相较南方地区更高。1995—2000 年不同地区人均生活能耗的

平均 sc 为 0.99，2005—2010 年这一数据为 1.60，两次普查期间的增长率为 61.7%。两个时段的标准偏差分别为 0.61 和 0.84。从"五普"到"六普"，除了贵州省外，不同地区的生活能耗都有不同程度的增长，新疆的增幅最低为 9.71%，而内蒙古（375.77%）、黑龙江（336.84%）和山东（268.46%）的增幅都较高。

四　碳排放系数

与家庭能耗相同，中国北部地区与南部地区的家庭生活碳排放差异较大。如表 6—2 所示，1995—2000 年不同地区人均生活碳排放的平均 sc 为 0.88，2005—2010 年这一数据为 1.02，"六普"期间人均生活碳排放的平均 sc 偏差（0.56）比"五普"期间（0.62）低，这意味着随着时间推进不同省份的生活碳排放差异呈缩小趋势。从"五普"到"六普"，7 个省份的人均生活碳排放有所减少，包括江西、河南、新疆、贵州、云南、河北和宁夏。其他省份的生活碳排放都有不同程度的增长，增长率从 0.69%（辽宁）变化到 334.14%（内蒙古）。

五　迁入人口和消费水平的变化

排除气候和地形的差异，中国各省区消费水平的差异从某一方面也反映了收入水平的不同。为了提高生活水平和得到更好工作机会，人们选择迁移到收入水平更好的地区。随着大规模的人口迁往少数发达城市，这势必会对此类城市的生态环境和社会基础设施产生压力。换句话说，外来迁入人口会增加地区的消费水平和污染程度。本书运用 2000 年和 2010 年的人口普查数据，通过计算 $C - E - CO2$ 系数的变化来估量迁入人口消费总量的变化，从而反映省际人口迁移对迁入地的影响。具体的计算公式如下：

$$PM_j = \sum_{i=1}^{30} \left[M_{ij} \times (sc_j - sc_i) \right] \tag{3}$$

式中 i 代表迁出地区（$i = 1, 2, 3, \cdots, 30$），j 代表迁入地区（$j = 1, 2, 3, \cdots, 30$）；M_{ij} 指 30 个地区的省际迁入人口，单位为万人；sc 为标准消费系数；PM_j 为标准迁入人口，单位为 1×10^4 标准人。

从公式（3）可以看出，迁入地的标准消费系数减去迁出地的标准消费系数表示的是不同地区间消费水平的差异，这种差异再乘以省际迁移人口规模,即可得出不同地区间人口迁移导致消费总量的变化,在本书中这种变化以标准人为单位,迁移后消费水平提高的为正,消费水平降低的为负,数据越大则表明外来人口对迁入地区的压力越大,结果如表6—3所示。人口迁移到东部沿海地区,会导致人均消费支出的增加,这些地区主要包括广东、北京、上海、浙江、江苏和天津,其他地区的消费支出会降低。当我们把中国看为一个整体时,"五普"期间不同地区之间的人口迁移会增加 3281.89 万人的标准消费人口,这一数据在"六普"期间为12417.72 万人。

表6—3 基于 $C-E-CO2$ 的标准消费人变化 单位:万人

地区	C		E		CO2	
	1995—2000	2005—2010	1995—2000	2005—2010	1995—2000	2005—2010
北京	440.81	1935.34	284.92	737.65	178.48	513.15
天津	53.19	384.04	49.35	221.38	16.91	39.98
河北	-29.13	-89.47	31.46	-18.46	38.36	2.00
山西	-9.69	-25.33	25.4	24.76	25.80	25.7
内蒙古	-1.62	40.54	-4.89	169.36	-6.75	138.11
辽宁	14.65	81.19	34.97	25.10	17.35	-31.74
吉林	-1.91	-8.23	4.64	0.91	0.60	-3.96
黑龙江	-0.70	-14.31	-8.76	13.56	-5.83	0.92
上海	589.42	2844.26	211.51	484.06	131.67	258.73
江苏	69.93	642.44	-49.87	-87.88	-61.18	-130.82
浙江	357.96	2775.92	-44.89	192.02	-113.79	-42.51
安徽	-19.92	-145.94	-11.19	-46.71	-7.79	-25.61
福建	72.40	315.89	-20.89	10.41	-38.36	-37.86
江西	-15.69	-107.88	-4.84	-43.82	-0.88	-26.01
山东	2.98	39.08	-36.39	-29.39	-38.50	-18.77
河南	-25.26	-53.82	-4.79	-17.40	-0.12	-6.94
湖北	-4.26	-58.43	0.82	-12.63	2.61	-0.48
湖南	-4.53	-73.39	-11.34	-10.53	-12.45	2.93
广东	1866.08	4396.03	245.50	412.71	-70.97	52.60

续表

地区	C		E		CO_2	
	1995—2000	2005—2010	1995—2000	2005—2010	1995—2000	2005—2010
广西	-13.50	-78.73	-15.30	-35.80	-16.01	-26.40
海南	-5.32	-22.30	-8.48	-25.07	-8.70	-18.3
重庆	-0.02	17.09	-11.09	-16.76	-18.56	-14.6
四川	-19.37	-121.36	-11.34	-23.99	-10.35	-16.67
贵州	-3.22	-105.53	38.06	23.85	55.88	40.48
云南	-7.24	-53.14	-11.90	-22.94	-14.47	-12.60
陕西	-10.12	-23.78	-4.27	5.53	-3.28	7.58
甘肃	-9.12	-28.30	0.82	-1.91	1.61	3.32
青海	-0.63	-11.16	5.05	23.84	5.37	15.07
宁夏	-0.59	-1.97	4.40	0.32	3.94	2.51
新疆	-3.71	-31.03	142.41	84.55	161.76	26.05
全国总和	3281.89	12417.72	819.11	2036.72	212.32	715.87

除了运用人均消费支出（C）的变化，本书还引入了人均生活能耗（E）和人均生活碳排放（CO_2）。从表6—3可以看出，2005—2010年间，基于E和CO_2的变化，因省际人口迁移而增加了2036.72万和715.87万标准消费人口，这两个数据分别是1995—2000年的2.5倍和3.4倍。从每个省份和地区来看，人口迁移所导致的人均生活能耗（E）和人均生活碳排放（CO_2）的增减，从而引起标准消费人口的变化与人均消费支出（C）所引起的变化是相似的，这些省份主要集中在东部沿海地区。除了经济较为发达的沿海城市呈增减趋势以外，人口迁移也导致新疆、内蒙古和贵州等地的标准消费人口呈增加态势。这是由于此类地区海拔较高，可能在冬季消耗更多的能源，并排放更多的二氧化碳。

第四节　讨论

一　省际迁移人口及其对消费（C - E - CO_2）的影响

人们之所以选择迁移是为了追寻更好的就业机会和更高的收入。虽然距离是阻碍人口迁移的主要因素之一，但随着经济发展，城镇地区的人均收入对省际人口迁移的影响更大。本节并不讨论影响人口迁移的因素，而考虑人口迁移导致的结果，比如消费水平的变化。研究结果表明，人口迁移会对环境带来一定的影响，大规模的人口迁移到省际沿海地区，加大了此类地区的环境压力。

"六普"期间，大约78.63%的省际迁移人口迁移到东部沿海地区。以北京、上海、天津、浙江和广东为例，"六普"期间这些地方的省际迁入人口占总增长人口的比例在77.03%—95.13%之间。由图6—2可知，广东的人口迁移率在"六普"期间比"五普"期间要低，但其他四个地区的人口迁移率都呈增长趋势。总之，大规模外来人口迁入东部沿海地区，势必会改变此类地区的消费模式，如生活碳排放增加，进而增大迁入地区的环境压力。

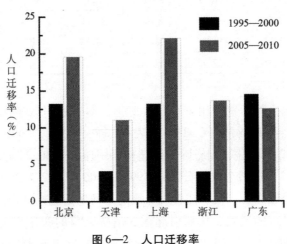

图6—2　人口迁移率

二　消费水平的变化及影响

如前所述，在本章中，我们考虑三种类型的消费水平，即人均家庭消费支出（C），人均基本家庭能源消费（E）和人均基本家庭二氧化碳排放（CO_2）。由于各个地区经济水平和气候环境的不同，区域间人口迁移自然会导致消费水平的变化。如表6—3所示，各省因省际人口迁移而增加的标准消费人口差异都较大，东部沿海地区的增长量都为正，其中广东省的标准消费人口增长最多。另一方面，内陆地区中国省份的标准消费人口变化量为负值。但是从整体角度来看，省际人口迁移导致的标准消费人口变化为正值。这表明，跨省的人口迁移已导致全国人均消费支出的增加。随着中国的经济增长和城市化进程加快，基于 C 的标准消费人规模增长更快，"六普"期间此规模为"五普"期间的近4倍。

由于不同地区经济与气候的不同，其生活方式差异也较大，因此不同省份的 E 和 $CO2$ 也存在差异。如表6—3所示，基于 E 和 $CO2$ 的变化，各省因省际人口迁移而增加的标准消费人口差异都较大，东部沿海地区为正，大部分内陆地区为负。但是从整体角度来看，省际人口迁移导致的标准消费人口变化为正值。这表明，跨省的人口迁移已导致 E 和 $CO2$ 的增加。此外，"六普"期间因 E 和 $CO2$ 的变化而导致标准消费人口变化的规模分别为"五普"期间的2.5倍和3.4倍。

第五节 本章小结

本章分析和讨论了省际人口迁移模式以及其对消费水平的影响。本章以2000年和2010年的人口普查数据为基础，详细分析了基于人均消费支出（C）、人均生活能耗（E）和人均生活碳排放（$CO2$）的变化，因省际人口迁移而变化的标准消费人口。

通过对省际人口迁移规模的分析可知，1990—2010年间，省际迁移人口规模增加了4392万人，而对迁移人口吸引最大的地区莫过于经济快速发展的东部沿海地区。"六普"期间，大约4324万人迁移到东部沿海地区，占当期总迁入人口的78.63%。从"五普"到"六普"期间，大部分省份的迁入人口呈增长趋势，尤其是东部沿海地区，外来人口成为此类地区人口增长的主要元素。

大量的人口从内陆向东部沿海地区迁移，很大程度上影响了人口消费水平的变化。"六普"期间，人均消费支出（C）的平均标准消费系数为3.77，与"五普"相比，增加了116.5%，这表明各地区间 C 的差异在2005—2010年间较大。除此之外，表6—2也显示了南北部之间人均生活能耗（E）和人均生活碳排放（$CO2$）的差异。除了贵州以为，大部分地区人均生活能耗（E）的 sc 都呈增长趋势，尤其是内蒙古、黑龙江和山东。与此同时，人均生活碳排放（$CO2$）的 sc 也呈增长趋势。

将全国看为一个整体可以得出，基于 $C-E-CO2$ 的变化，因省际人口迁移而增加的标准消费人口都为正值。基于人均消费支出（C）的变化，"五普"期间增加的标准消费人口为 3282 万人，"六普"期间这一规模为"五普"期间的近 4 倍。同样，基于人均生活能耗（E）和人均生活碳排放（$CO2$）的变化，"五普"期间增加的标准消费人口为 2037 万人和 716 万人，而"六普"期间此数据为"五普"期间的 2.5 倍和 3.4 倍。通过上述研究表明，由于中国不同省份之间的差异，省际人口迁移从一定程度上影响了消费水平的变化。作为主要人口迁入地的东部沿海地区，外来迁移人口带来的环境压力自然更大。

第七章　结论及政策建议

第一节　研究结论

本书选取 1990 年、2000 年、2010 年三个时段的人口普查数据对中国省际人口迁移的空间分布现状、特征及影响因素进行了详细的分析和研究。其中包括各个省份的迁入率、迁出率和净迁移率，不同地区省际迁移人口变化，不同省份的迁入人口吸引力和迁出人口的影响范围，不同职业、受教育程度和性别的省际迁移人口的空间分布规律，省际迁移人口的迁移原因和影响省际人口迁移的因素。

首先，本书选取"四普"、"五普"和"六普"期间的"现住地和五年前常住地人口分布表"，分析了 1985—1990 年、1995—2000 年及 2005—2010 年间省际人口迁移中迁入率、迁出率及净迁移率的变化，不同地区省际人口迁移，人口密度和省际人口迁入、迁出的影响力分布及变化，得出以下结论：

（1）1985—2010 年间省际迁移人口规模迅速增大，1985—1990 年省际迁移人口规模为 1106.54 万人，到 2005—2010 年已增加到 5499.39 万人，20 年间人口增长了 4392.85 万人，年均增长率为 19.85%。随着时间的推移，1995—2000 年间中国省际迁移人口的空间分布开始发生变化。

（2）省际人口迁入大省分布较为集中，主要为东部沿海地区京津冀、长三角、珠三角三大都市圈，如广州、上海、北京、浙江、江苏。这些地区是我国城市化程度较高、产业密集、经济增长最具活力的地区，也是我国参与国际竞争的主要区域。较多的就业机会和较大的发展潜力吸引了谋求增加收入的劳动者。除了传统的人口输出大省四川和河南外，还增加了新型的人口输出大省，包括安徽、江西、湖南、湖北、广西和贵州。此外，新疆也是人口迁入大省，在 1995—2000 年间最强，而到了 2005—

2010 年，人口迁入有减弱趋势。这是因为新疆地域广阔，人口密度低，开发建设对劳动力的需求量大，而当地劳动力供给不足，较多的就业机会是吸引人口流入的重要因素。

（3）东部沿海地区与其他地区之间的省际人口迁移最为活跃，是省际人口迁移的聚集区，特别是来自于中部地区的省际迁移人口。中部地区是省际人口迁移的迁出地，大量的人口流入其他地区，特别是东部沿海地区和西部地区的主要人口迁入地。东北地区的省际人口迁移并不活跃，与西北地区和中部地区间的省际人口迁移规模较小，而与东部沿海地区间的省际人口迁移规模最大，大部分的省际迁移人口迁入东部沿海地区。西部地区各省份主要在"胡焕庸线"的西部，在"四普"和"五普"期间，西部地区的净省际人口迁移为正，"六普"期间大量的西部地区的人口迁入东部沿海地区，导致西部地区人口开始失调。"四普"期间，人口密度较小的东北地区和西北地区的省际迁移人口较为活跃；而到了"五普"和"六普"期间，人口密度较高的东部沿海地区和中部地区的省际人口迁移更为活跃。随着时间的推移，绝大部分的省际人口发生在人口密度较高的东部沿海地区和中部地区，而且省际迁移人口主要从人口密度较低的中部地区迁往人口密度更高的东部沿海地区。

（4）中国省际人口迁入、迁出的影响力研究表明：东部沿海地区的各个省份对其他省份的人口迁出的影响力在逐渐增加，而其他地区的影响力在逐渐减弱，早期以广东为最强，而到了 2005—2010 年间长三角地区（如浙江）也逐渐成为吸引其他地区人口迁出的主要影响地区；迁出地对其他省份人口迁入的影响力区域分布范围差异较大，四川和河南作为传统的人口输出大省，其人口迁出规模很大且影响范围较广，随着时间的推移，四川省的影响范围在减弱，而河南省在增强，2005—2010 年河南超越四川成为输出力辐射范围最广的省份。此外广东作为主要人口迁入省份，2005—2010 年其人口输出影响力范围达到了 7 个，是除河南和四川外，输出力辐射范围最广的省份，与传统的人口输出大省相比，新兴的人口迁出大省（如安徽、江西）的输出力辐射范围相对较小。

综上所述，人口主要流向海拔较低、经济发达、城市化程度较高的区域，此类地区基础设施和公共服务较为完善。这反映了人们通过迁移增加经济收入，改善生存环境，寻求更多发展机会的基本价值取向。反之，人口流出地区多是资源环境承载力不高，经济增长活力不足，就业机会少，收入水平较低的区域。

其次，本书选取"四普"、"五普"及"六普"中的"全国按现住地、性别、职业和受教育程度分的户口登记地在外省的迁入人口数据"，对省际迁入人口的职业、受教育程度及性别分布进行了分析和研究。得出以下结论：

（1）省际迁移人口中，生产运输类人员比例最高，其次为农林牧渔从业人员。不同时期不同职业的省际迁移人口在各省的比例不同，其空间分布存在明显的差异。生产运输类人员，国、企事业类相关工作人员，商业、服务人员和各类专业、技术人员逐渐形成向东部沿海省份聚集的趋势。在"四普"、"五普"和"六普"期间，国、企事业类相关工作人员，商业、服务人员和各类专业、技术人员在空间分布上具有很大的相似性，而生产运输类人员与这三类职业的省际迁移人员在空间分布上略有差异。东部沿海地区的地理区域、经济优势，是导致这些职业的省际迁移人口向东部沿海省份聚集的主要原因。上述农林牧渔从业人员并未形成明显的聚集趋势，但70%以上的此类省际迁移人口集中在中东部地区，这与自然气候条件密切相关。由于"西部大开发战略"以及政府对西部经济发展的关注，特别是新疆，其省际人口迁入规模也较大，其中商业、服务类人员和各类专业、技术人员以及农林牧渔从业人员占全国省际迁移人口比例较高。

（2）省际迁移人员中，具有初中文化程度的比例最大，其次为小学和高中学历的省际迁移人口，这与普及九年义务教育密切相关。总体而言，从"四普"到"六普"时期，省际迁移人口的受教育程度逐渐提高。小学、初中和高中的省际迁移人口在"四普"、"五普"和"六普"期间呈现较高的相关性，表明这三类受教育程度的省际迁移人口在空间分布上存在很大的相似性，同时这三类受教育程度的省际迁移人口都呈现向东部沿海地区聚集的趋势。而大学及以上受教育程度的省际迁移人员主要集中在中东部地区，这些地区也分布着较多的科研教学类单位。这说明高学历人才对迁入地的选择还考虑到了除经济以外的其他因素，例如房价和工作单位等。之所以不同受教育程度的省际迁移人口在空间分布差异较大，这与他们从事的职业有关，说明职业和受教育程度对省际人口的迁入地的选择有着重要的影响。

（3）从"四普"到"六普"期间，男性和女性省际迁移人口都呈现向东部沿海地区聚集的趋势，而且女性人口比男性人口的迁移更为集中。省际迁移人口不同职业的男女比差异较大，其中农林牧渔从业人员以女性为主，而其他职业则以男性为主，其中国、企事业类相关工作人员中的男女比最高。"四普"到"六普"时期，女性在除农林牧渔从业人员外的职业中比例增加，男女比降低。不同受教育程度的省际迁移人口男女比也不相同，未上过学的省际迁移人口以女性为主，随着学历的升高，男性省际迁移人口成为主导。从"四普"到"六普"期间，未上过学的省际迁移人口的男女比保持不变或降低，而其他学历的省际迁移人口的男女比总体降低，说明女性省际迁移人口的受教育程度逐渐提高。

（4）省际迁移人口对迁入地的人口构成存在一定影响，其中对东部沿海地区的人口就业结构影响显著。虽然省际迁移人口对受教育程度的影响相对较弱，但总体上逐渐加大了东、中、西部人口受教育程度的差距。

综上所述，第二、第三产业类从业人员趋向于迁移到产业密集、科学技术发达的东部沿海地区，此类地区第二、第三产业发展较为完善，具有更高的产业竞争力和创新能力。这反映了人们通过迁移寻求更多更好的就业机会。此外具有大学以下学历（不包括未上过学）的省际迁移人口都呈现出向东部沿海地区聚集的趋势，而大学及以上受教育程度的省际迁移人员主要集中在中东部地区。这说明高学历人才对迁入地的选择还考虑到了除经济以外的其他因素。最后，从性别比的层面来看，不同职业的女性迁移人员数量有所增加，其受教育程度也逐渐提高。

最后，由于"五普"时期即 2000 年人口普查资料中省际迁移原因数据的统计口径"四普"与"六普"的不同，因而本书选取 1990 年（"四普"）及 2010 年（"六普"）《中国人口普查资料》中的"全国按现住地、性别、迁移原因分的户口登记地在外省人"为依据进行省际迁移原因的对比分析。此外，对"五普"和"六普"时期影响省际人口迁移的主要因素进行选取，并建立了回归模型，运用 Matlab 软件对其影响系数进行估计。主要结论如下：

（1）不同时期不同性别的人口，其进行省际迁移的原因也不相同。通过对"四普"和"六普"时期人口迁移原因的对比，发现这两个时期的迁移原因所占比例具有显著差异。"四普"时期各类迁移原因所占比例相对均衡，其中因亲缘关系迁移去其他地区的人口占 30% 以上，为主要迁移原因；而到"六普"时期，务工经商（70% 以上）成为这一时段的主要迁移原因。不同地区和不同性别的省际迁移人口的迁移原因所占比例具有显著差异。"四普"和"六普"时期，各个地区的男性省际迁移人口主要因务工经商而进行迁移，且"六普"期间其所占的比例更高。"四普"时期，各个地区的女性省际迁移人口主要迁移原因较为复杂，主要为婚姻嫁娶、务工经商、随迁家属和投亲靠友；而到了"六普"期间，务工经商成为主要的迁移原因，但其所占比例低于男性。总体而言，从"四普"到"六普"时期，随着社会经济的发展，务工经商成为主要的迁移原因，说明绝大部分省际人口迁移（特别是男性）是为了追求更高的收入和更好的生活条件。

（2）迁出地的人口规模是省际人口迁移的主要"推力"，人口大省是省际迁移人口的主要迁出地区。迁出地和迁入地的人口密度与省际迁移人口呈正相关，说明人口密度较大的省份利于迁出更多的省际迁移人口，而且省际迁移人口更多迁入人口密度较大的省份。在社会经济和就业结构方面，省际迁移人口主要受迁入地的"拉力"影响，如省际迁移人口更多趋向迁入城镇化率高，收入和消费水平高以及第二、第三产业就业人员比重相对较高的省份，而传统的农业大省对省际迁移人口没有吸引力。省际迁移人口规模与人文发展指数（HDI）的相关系数结果表明，省际迁移人口趋向于迁入高生活水平地区，而且随着时间的推移，这种意愿在增强。距离因素对省际迁移人口规模起到抑制作用，即人们更愿意迁入距离较近的省份。2005—2010 年间，城市绿化面积开始影响省际人口迁移，但空气污染指数（PM10、迁入地 SO_2 和迁入地 NO_2）并未显现出对省际人口迁移的影响。总而言之，生活环境及空气质量对省际人口迁移的影响在2010 年以前并不明显。

（3）通过建立线性回归模型，分析各省份人口构成、人口就业结构、经济发展水平、人类发展指数、距离因素对省际迁移人口分布模式的影响。结果表明，迁入地的社会经济因素（城镇化水平、收入和消费）、就业结构（第二、第三产业从业人员比重）和人文发展指数的"拉力"是影响省际人口迁移的最主要因素。而且从"五普"到"六普"时期，这种迁入地的"拉力"作用在逐渐增强。其次，迁出地的人口规模是重要的"推力"因素，人口规模大的省份输出的迁移人口越多，并且随着时间推移，这种"推力"作用的影响略有增强。此外，距离因素（相邻系数和省会间最短距离）对省际人口迁移存在阻碍作用，即人们更愿意迁入距离较近的省份，然而随着社会的发展，交通的便利，迁移原因和人口迁移政策的改变，这种阻碍作用在逐渐减弱。总而言之，随着社会经济的发展，人们的迁移原因发生着明显的改变，越来越多的省际迁移人口是为了获取更高的收入和追求更好的生活。同时，迁入地的"拉力"是影响省际迁移人口空间分布的最主要因素，其次为迁出地的人口规模和距离因素。

（4）由于中国不同省份之间的差异，省际人口迁移从一定程度上影响了消费水平的变化。基于人均消费支出（C）的变化，"五普"期间增加的标准消费人口为 3282 万人，"六普"期间这一规模为"五普"期间的近 4 倍。同样，基于人均生活能耗（E）和人均生活碳排放（$CO2$）的变化，"五普"期间增加的标准消费人口为 2037 万人和 716 万人，而"六普"期间此数据为"五普"期间的 2.5 倍和 3.4 倍。

第二节　关于人口均衡发展的建议

自 20 世纪 90 年代以来中国改革开放的深化和西部大开发、中部崛起等国家区域发展战略的推进，并未明显改变中国宏观地理环境所决定的区域开发与经济发展的基本空间格局，并未导致中西部地区人口主要向东部沿海地区迁移区域模式发生根本性变化。然而，中国正在经历的大规模省际人口迁移对各个地区的人口均衡分布造成了显著影响。

根据前文的分析结果可以得出，省际迁移人口的半数以上是从事生产、运输设备操作人员，其次为商业、服务业人员。且从事生产、运输设备操作和商业、服务业的省际迁移人口更愿意迁入高收入的东部沿海地区。因此，统计我国东西部地区生产运输类及商业服务类产业的分布情况和数量，有助于引导具有不同文化素质、不同技能的人才流向有需求的地区，合理分配人力资源，实现劳动力的供需平衡。因此，为了更好地缓解人地之间的矛盾，减少盲目追求经济利益的省际人口迁移，实现各地区均衡发展，建议加速发展中部地区的经济，减少与东部沿海地区的差距，抑制中部地区劳动力的流失。此外，"拉力"因素是影响省际人口空间分布的主要因素，因而应发展工业、运输业，加大科技的投入，利用中西部地区资源优势承接东部地区的产业，吸引国内外资金流入，从而吸引更多的生产运输类从业人员。同时东部沿海地区利用自身经济优势，提升生产线的自动化水平，减少对人力资源的需求。

通过对三个时段省际迁移人口的研究，本书发现，人口趋向于迁移到海拔较低、经济较为发达、就业机会较多的东部沿海地区，这进一步加大了区域间人口分布的差异。因而我国应加大中西部地区经济发展力度，增加中西部地区对省际人口迁移的拉力，进而缓解东部地区的人口压力。虽然西部地区生态环境脆弱，给人口的迁入及定居带来较多的负面影响。但是随着西部大开发的贯彻实施和国家对西部地区生态环境的重视，西部地区的环境已得到很大的改善。因此，西部地区应该进一步加大环境治理的力度，在贯彻实施"一带一路"的背景下，重振古"丝绸之路"，改善历史生态和历史自然环境，从而吸引更多的迁移人口。

参考文献

蔡昉：《中国人口与劳动问题报告 No.7》，社会科学文献出版社 2006
    年版。

刘小敏：《流动人口学》，世界图书出版社 2008 年版。

邬沧萍：《人口学学科体系研究》，中国人民大学出版社 2006 年版。

马荣华：《GIS 空间关联模式发现》，科学出版社 2007 年版。

宋青青等：《中国中学教学百科全书》，沈阳出版社 1990 年版。

彭勋等：《人口迁移与社会发展——人口迁移学》，山东大学出版社 1992
    年版。

葛剑雄：《中国移民史》，福建人民出版社 1997 年版。

王德文：《刘易斯转折点与中国经验》，社会科学文献出版社 2008 年版。

张庆五等：《五十年代以来中国国内人口迁移的基本格局和特点》，中国
    人口年鉴 1986 年版。

［美］A. 刘易斯：《二元经济论》，施炜等译，北京经济学院出版社 1989
    年版。

［美］费景汉－拉尼斯：《劳动剩余经济的发展——理论和政策》，王璐
    译，经济科学出版社 1992 年版。

［美］T. W. 舒尔茨：《人力资本投资》，吴珠华等译，北京经济学院出版
    社 1990 年版。

［美］M. P. 托达罗：《第三世界的经济发展学》，印金强等译，中国人民
    大学出版社 1988 年版。

Ackers L., *Shifting spaces: women, citizenship and migration within the Euro-
pean Union*, BristohThe Policy Press, 1998.

Donald Bogue, *Internal Migration*, Chicago: University of Chicago Press,
1959.

Stanley Johnson, *The Population Problem*, A Halsted Press, 1973.

Anthony Oliver – Smith T. , ed, *Coping with Crises*: *The Management of Disasters*, *Riots and Terrorism*, Springfield: Charles C. Thomas, 2010.

Dragana Avramov, Robert Cliquet, *Integrated Policies on Gender Relations*, *Ageing and Migration in Europe*: *Lessons from the Network for Integrated European Population Studies* (*NIEPS*), CBGS Publicatie, 2005.

柳延恒:《人力资本对新生代农民工职业流动的影响研究:基于辽宁省三类城市的考察》,博士毕业论文,沈阳农业大学,2014 年。

叶鹏举:《乡城人口迁移大潮中的上海人口与就业:现状及将来预测——基于城乡统筹发展的人口学思考》,博文毕业论文,复旦大学,2004 年。

蔡昉:《关于中国人口及相关问题的若干认识误区》,《国际经济评论》2010 年第 6 期。

蔡昉:《被世界关注的中国农民工——论中国特色的深度城市化》,《国际经济评论》2010 年第 2 期。

蔡建明等:《我国人口迁移趋势及空间格局演变》,《人口研究》2007 年第 5 期。

吴斐丹等:《试论我国当前的人口问题及解决途径》,《复旦学报》(社会科学版) 1980 年第 4 期。

林富德:《与时俱进的迁移度量——评段成荣博士著〈中国省际人口迁移研究〉》,《人口研究》2002 年第 6 期。

李德辉:《关于人口迁移规律的初探——人口迁移的历史回顾目前状况及未来趋势》,《人口学刊》1981 年第 2 期。

解韬:《经济全球化与国际人口迁移》,《广东社会科学》2001 年第 4 期。

佟新:《全球化下的国际人口迁移》,《中国人口科学》2000 年第 5 期。

李传永:《中国历史上的人口迁移》,《四川师范学院学报》1997 年第 5 期。

杨云彦:《八十年代中国人口迁移的转变》,《人口与经济》1992 年第 5 期。

胡焕庸:《中国人口的分布、区划和展望》,《地理学报》1990 年第 2 期。

李玉田:《工程移民与生态移民之比较研究》,《广西右江民族师专学报》2006 年第 2 期。

牛叔文等:《资源环境约束下的中国人口增长问题研究》,《中国人口·资源与环境》2010 年第 3 期。

吴文恒等:《中国人口与资源环境耦合的演进分析》,《自然资源学报》2006 年第 6 期。

范力达:《我国八十年代末期区域间人口迁移和经济发展》,《人口学刊》1992 年第 5 期。

穆光宗:《改革开放以来中国人口迁移的特点和趋势》,《人口学刊》1994 年第 3 期。

段成荣等:《我国流动人口统计口径的历史变动》,《人口研究》2006 年第 4 期。

魏津生:《国内人口迁移和流动研究的几个基本问题》,《人口与经济》1984 年第 6 期。

姚华松等:《西方人口迁移研究进展》,《世界地理研究》2008 年第 1 期。

盛来运:《国外劳动力迁移理论的发展》,《统计研究》2005 年第 8 期。

胡焕庸:《中国人口之分布》,《地理学报》1935 年第 2 期。

刘泰洪:《从瑗珲—腾冲线的形成看人口迁移对我国人口分布的影响》,《市场与人口分析》2001 年第 4 期。

张善余:《我国省际人口迁移模式的重大变化》,《人口研究》1990 年第 1 期。

杨云彦:《八十年代中国人口迁移的转变》,《人口与经济》1992 年第 5 期。

王桂新:《中国经济体制改革以来省际人口迁移区域模式及其变化》,《人口与经济》2000 年第 8 期。

王桂新:《改革开放以来中国人口迁移发展的几个特征》,《人口与经济》2004 年第 4 期。

丁金宏:《中国人口省际迁移的原因及流场特征探析》,《人口研究》1994 年第 1 期。

丁金宏等:《中国人口迁移的区域差异与流场特征》,《地理学报》2005 年第 1 期。

李培:《中国城乡人口迁移的时空特征及其影响因素》,《经济学家》2009 年第 1 期。

鲍曙明:《中国人口迁移的空间形态变化分析》,《中国人口科学》2005

年第 5 期。

王桂新等:《中国省际人口迁移区域模式变化及其影响因素——基于 2000 和 2010 年人口普查资料的分析》,《中国人口科学》2012 年第 5 期。

邓羽等:《中国省际人口空间格局演化的分析方法与实证》,《地理学报》2014 年第 10 期。

张善余等:《我国三大都市圈人口迁移态势与影响因素分析》,《南方人口》2005 年第 3 期。

王桂新:《中国省际人口迁移地域结构探析》,《中国人口科学》1996 年第 1 期。

张伊娜等:《中国东部地区三大都市圈人口迁移与经济增长极化研究》,《华东师范大学学报》(哲学社会科学版) 2006 第 5 期。

张伟等:《中国流动人口的影响要素与空间分布》,《地理学报》2001 年第 5 期。

王远林等:《中国人口空间分布变化的收敛性分析》,《中国人口科学》2005 年第 4 期。

李梦花:《我国人口迁移的流向》,《人口研究》1994 年第 3 期。

董春等:《中国长三角地区人口迁移空间模式研究》,《人口与经济》2006 年第 3 期。

李薇:《我国人口省际迁移空间模式分析》,《人口研究》2008 年第 4 期。

潘竟虎等:《甘肃省人口流动空间格局和影响因素的 ESDA 分析》,《统计与信息论坛》2009 年第 9 期。

刘盛和等:《中国流动人口地域类型的划分方法及空间分布特征》,《地理学报》2010 年第 10 期。

吴静等:《2000 年来中国人口地理演变的 Agent 模拟分析》,《地理学报》2008 年第 2 期。

段学军等:《长江三角洲地区人口分布演化与偏移增长》,《地理学报》2008 年第 2 期。

刘睿文等:《中国人口集疏格局与形成机制研究》,《中国人口·资源与环境》2010 年第 3 期。

韩惠等:《中国人口分布的空间格局及其成因探讨》,《兰州大学学报》(社会科学版) 2000 年第 4 期。

路遇:《山东人口迁移和城镇化的新趋势》,《东岳论丛》1989 年第 2 期。

蔡建明：《中国省级人口迁移及其对城市化的影响》，《地理研究》1990年第 2 期。

刘宗昌等：《中国人口迁移政策与人口城市化》，《人文杂志》1992 年第 3 期。

周皓等：《新形势下我国乡—城迁移流持续原因新探》，《人口研究》1998年第 4 期。

魏星等：《中国人口迁移与城市化研究的近今发展》，《人口与经济》2011年第 5 期。

王桂新等：《长三角都市群地区城市化发展动向考察》，《人口与经济》2014 年第 1 期。

肖智等：《劳动力流动与第三产业的内生性研究——依据新经济地理的实证分析》，《人口流迁》2012 年第 2 期。

段成荣等：《当前我国新生代农民工的"新"状况》，《人口与经济》2011 年第 4 期。

蔡昉：《人口转变、人口红利与刘易斯转折点》，《经济研究》2010 年第 4 期。

盛先友等：《安徽农村人口与农村可持续发展战略思考》，《市场周刊》2004 年第 6 期。

栾敬东等：《流动人口的社会特征及其收入影响因素分析》，《中国人口科学》2003 年第 2 期。

韦伟等：《城乡收入差距与人口流动模型》，《中国人民大学学报》2004年第 6 期。

吴忠涛：《城乡预期收入差距对农村人口迁移的影响——基于托达罗模型》，《西北大学学报》（哲学社会科学版）2013 年第 4 期。

张丽等：《地方财政支出对中国省际人口迁移影响的实证研究》，《税务与经济》2011 年第 4 期。

杨蔚等：《省际人口迁移缩小地区收入差距的作用机制探讨》，《农业技术经济》2008 年第 6 期。

潘纪：《人口迁移过程中的生态问题》，《人口学刊》1988 第 3 期。

郑燕等：《环境移民：概念辨析、理论基础及政策含义》，《中国人口·资源与环境》2013 年第 4 期。

余庆年等：《环境、气候变化和人口迁移》，《中国人口·资源与环境》

2010 年第 7 期。

余庆年等：《气候变化移民：极端气候事件与适应——基于对 2010 年西南特大干旱农村人口迁移的调查》，《中国人口·资源与环境》2011 年第 8 期。

沈茂英等：《汶川地震灾区受灾人口迁移问题研究》，《社会科学研究》2009 第 4 期。

李雨停等：《地理成本与人口空间分布格局研究》，《中国人口·资源与环境》2009 年第 5 期。

高晓路等：《汶川地震灾后重建地区的人口容量分析》，《地理学报》2010 年第 2 期。

杨振等：《虚拟水战略：拯救民勤绿洲的新思路》，《中国人口·资源与环境》2004 年第 6 期。

苏志霞：《论户籍制度的功能定位》，《河北师范大学学报》（哲学社会科学版）2007 年第 2 期。

杨川丹：《改革户籍制度建立一体化的劳动力市场》，《劳动保障世界》2009 年第 1 期。

江业文：《新中国户籍制度与三农问题的关系研究》，《湖南农业大学学报》（社会科学版）2008 年第 6 期。

余佳等：《中国户籍制度：基本价值、异化功能与改革取向》，《人口与发展》2008 年第 5 期。

孟兆敏：《我国户籍制度改革研究的回顾与展望》，《西北人口》2008 年第 1 期。

李若建等：《中国人口的户籍现状与分区域推进户籍制度改革》，《中国人口科学》2003 年第 3 期。

马侠：《三十多年来我国的国内人口迁移及今后的展望》，《人口与经济》1987 年第 2 期。

孙筱：《秦汉时期人口分布与人口迁移》，《中国人口科学》1992 年第 4 期。

仇为之：《对建国以来人口迁移的初步研究》，《人口与经济》1981 第 4 期。

王德等：《1990 年以后的中国人口迁移研究综述》，《人口学刊》2004 年第 1 期。

马伟等：《交通基础设施与中国人口迁移：基于引力模型分析》，《中国软科学》2012 年第 3 期。

王蕾：《小城镇人口迁移与人口素质问题初探——广东省四个小城镇人口迁移调查剖析》，《南方人口》1990 年第 1 期。

王桂新：《中国人口迁移与区域经济发展关系之分析》，《人口研究》1996 年第 6 期。

丁军：《沿海地区城乡人口流动制度屏障分析》，《城市问题》1993 年第 2 期。

杨云彦等：《中国人口迁移：多区域模型及实证分析》，《中国人口科学》1999 年第 4 期。

王桂新等：《1990 年代后期我国省际人口迁移区域模式研究》，《市场与人口分析》2003 年第 4 期。

朱传耿：《中国城市流动人口影响因素的定量研究》，《人口学刊》2002 年第 2 期。

蔡昉等：《作为市场化的人口流动——第五次全国人口普查数据分析》，《中国人口科学》2003 年第 5 期。

王化波等：《省际间人口迁移流动及原因探析》，《人口学刊》2009 年第 5 期。

刘建波等：《基于嵌套 Logit 模型的中国省际人口二次迁移影响因素分析》，《人口研究》2004 年第 4 期。

王海宁等：《京津沪外来人口迁移行为影响因素对比分析》，《人口与发展》2010 年第 2 期。

王桂新：《我国省际人口迁移与距离关系之探讨》，《人口与经济》1993 年第 2 期。

段成荣：《省际人口迁移迁入地选择的影响因素分析》，《人口研究》2001 年第 1 期。

严善平：《中国省际人口流动的机制研究》，《中国人口科学》2007 年第 1 期。

牛叔文等：《甘肃省近百年来人口分布的时空变化分析》，《中国人口科学》2006 年第 6 期。

唐家龙等：《中国人口迁移的选择性：基于五普数据的分析》，《人口研究》2007 年第 5 期。

李树茁：《80 年代中国女性人口迁移的选择性探讨》，《妇女研究论丛》
　　1994 年第 2 期。

赵君丽：《人口迁移的性别选择性与女性移民问题》，《南京人口管理干部
　　学院学报》2002 年第 2 期。

段平忠：《中国省际迁移人口的受教育程度差异对经济增长及地区差距的
　　影响分析》，《中国地质大学学报》（社会科学版）2013 年第 3 期。

Anselin L. , "Local Indicators of Spatial Association—LISA", *Geographical A-nalysis*, Vol. 27, No. 2, 1995.

Adrian J. Bailey, "Population geographies, gender, and the migration – development nexus", *Progress in Human Geography*, Vol. 34, No. 3, 2010.

B. K. Paul, "Evidence against disaster – induced migration: the 2004 tornado in north – central Bangladesh", *Disaster*, Vol. 29, No. 4, 2005.

Becher G, Glaeser EL, Murphy KM, "Population and Economic Growth", *The American Economic Review*, Vol. 89, No. 2, 1999.

Chun Y. , "Modeling network autocorrelation within migration flows by eigenvector spatial filtering", *Journal of Geographical Systems*, Vol. 10, No. 4, 2008.

Curry L, "A spatial analysis of gravity flows", *Regional Studies*, Vol. 6, No. 2, 1972.

C Cindy Fan, "Economic Opportunity and Internal Migration: A Case Study of Guangdong Province, China", *The Professional Geographer*, Vol. 48, No. 1, 1996.

C Cindy Fan, "The Elite, the Natives, and the Outsiders: Migration and Labor Market Segmentation in Urban China", *Annals of the Association of American Geographers*, Vol. 92, No. 2, 2002.

C Cindy Fan, "Interprovincial Migration, Population Redistribution, and Regional Development in China: 1990 and 2000 Census Comparisons", *The Professional Geographer*, Vol. 57, No. 2, 2005.

Canfei He, "Gendering Interprovincial Migration in China", *International Migration Review*, Vol. 37, No. 4, 2003.

Chen shuzhi, Hong Gongfu, "A preliminary study of population migration factors which affect environmental change", *Economic and Social Development*,

Vol. 5, No. 4, 2007.

D. W. Jogenson, "The Development of a Dual Economy", *The Economic Journal*, Vol. 71, No. 282, 1961.

D. W. Jogenson, "Surplus Agricultural Labor and the Development of a Dual Economy", *Oxford Economic Papers*, Vol. 19, No. 3, 1967.

David A. Plane, "Population Migration and Economic Restructuring in the United States", *International Regional Science Review*, Vol. 12, No. 3, 1989.

Ducan, B. and Venon, H., "A Theory of Urban Growth", *Journal of Political Economy*, Vol. 107, No. 2, 1999.

D. C. Bates, "Environmental refugees? Classifying human migration caused by environmental change", *Population and Environment*, Vol. 23, No. 5, 2002.

E. G. Ravenstein, "The Laws of Migration", *Journal of the Statistical Society of London*, Vol. 48, No. 2, 2008.

Everett S. Lee, "A theory of Migration", *Demography*, Vol. 3, No. 1, 1966.

Griffith D. A, "Spatial structure and spatial interaction: 25 years later", *The Review of Regional Studies*, Vol. 37, No. 1, 2007.

Jiaosheng He, Jim Pooler, "The regional concentration of China's interprovincial migration flows, 1982 – 1990", *Population and Environment*, Vol. 24, No. 2, 2002.

Juha M. Alho, "Migration, Fertility, and Aging in Stable Populations", *Demography*, Vol. 45, No. 3, 2008.

Kam Wing Chan, Li Zhang, "The Hukou System and Rural – Urban Migration in China: Processes and Changes", *The China Quarterly*, Vol. 160, No. 1, 1999.

Liu Chen, K. Otsubo, Q. Wang, et al., "Spatial and temporal changes of floating population in China between 1990 and 2000", *Chinese Geographical Science*, Vol. 17, No. 2, 2007.

Li Yang, Liu Hui, Tang Qin, Lu Dadao, Xiao Ningchuan, "Spatial – temporal patterns of China's interprovincial migration, 1985 – 2010", *Journal of Geographical Sciences*, Vol. 24, No. 5, 2014.

M. P. Todaro, "A Model of Labor Migration and Urban Unemployment in Less Developed Countries", *The American Economic Review*, Vol. 59,

No. 1, 1969.

Ord J. K., Getis A., "Local spatial autocorrelation statistics: distributional issues and an application", *Geographical analysis*, Vol. 27, No. 4, 1995.

Ranis, Fei, "A Theory of Economic Development", *The American Economic Review*, Vol. 51, No. 4, 1961.

Si – ming Li, "Population Migration and Urbanization in China: A Comparative Analysis of the 1990 Population Census and the 1995 National One Percent Sample Population Survey", *International Migration Review*, Vol. 38, No. 2, 2004.

Steinar Engen, Russell Lande, Bernt – Erik Sæther, "Migration and Spatiotemporal Variation in Population Dynamics in a Heterogeneous Environment", *Ecology*, Vol. 83, No. 4, 2002.

Tiefelsdorf M., "Misspecifications in interaction model distance decay relations: A spatial structure effect", *Journal of Geographical Systems*, Vol. 5, No. 1, 2003.

Xiao – liu Yang, "Research on the Adjustments of Population Migration Policies in Guangzhou Province Since the Reform and Opening Period", *Chinese Sociology and Anthropology*, Vol. 43, No. 2, 2010.

Zhang, et al., "A Test of Climate, Sun, and Culture Relationships from an 1810 – Year Chinese Cave Record" *Science*, Vol. 322, No. 5903, Nov. 2008.

Zelinsky W., "The hypothesis of the mobility transition", *Geographical Review*, Vol. 61, No. 2, 1971.

Zai Liang, Michael J. White, "Market Transition, Government Policies, and Interprovincial Migration in China: 1983 – 1988", *Economic Development and Cultural Change*, Vol. 45, No. 2, 1997.

附　表

附表1

1985—1990 年中国省际人口迁移规模矩阵

现住地 （迁入地区）	五年前常住地（迁出地区）（人）														
	北京	天津	河北	山西	内蒙古	辽宁	吉林	黑龙江	上海	江苏	浙江	安徽	福建	江西	山东
北京		15252	214047	26717	16629	19708	14651	24147	6930	32854	23461	32192	8055	6684	44537
天津	6048		95469	9397	10010	7743	4558	14053	1455	5097	5345	5685	1879	1384	22195
河北	18436	19093		42601	46548	23236	19380	48987	1328	9540	14641	7576	3575	2643	24971
山西	6615	2130	55213		39307	4897	3217	3692	628	8324	28842	6343	5487	1294	17165
内蒙古	2380	1485	37982	14083		25219	23673	57352	389	4635	11270	2728	1003	994	13030
辽宁	4339	3580	30458	5574	61145		88851	150073	2182	16165	23744	11177	4461	3221	56515
吉林	1879	1621	9047	2411	19641	45297		65512	571	5825	8112	2727	1675	1375	43661
黑龙江	2644	1376	16684	2398	37922	47046	80257		916	14291	15070	14723	2119	1842	86552
上海	5823	2611	6878	4816	2392	6015	3677	10369		214436	102203	115372	10590	23208	17448
江苏	9345	3113	14307	9231	6618	12681	10619	22947	39600		53275	150325	15683	31831	48808
浙江	4207	1467	4608	4399	2854	4927	3119	9085	23685	37651		31572	24743	40413	9684
安徽	5046	1149	6923	4848	2099	4371	2957	8007	14115	61766	30485		6851	14767	15053
福建	2368	901	1858	1869	722	1733	1204	1515	4040	10760	45854	5152		41656	5030
江西	1929	418	2602	1785	823	2111	1515	1622	2664	10919	41920	22191	36351		3345
山东	10359	3371	35118	13866	17093	25062	60559	130712	4170	33393	23768	13590	11841	7312	

注：根据1990年人口普查全部数据得到。

现住地（迁入地区）	五年前常住地（迁出地区）（人）														
---	北京	天津	河北	山西	内蒙古	辽宁	吉林	黑龙江	上海	江苏	浙江	安徽	福建	江西	山东
河南	8466	2100	26327	22660	6144	14315	7821	18132	1995	20119	21581	32016	5052	4360	35013
湖北	5095	1734	10931	4466	2938	6214	4081	5543	3087	22240	23762	17254	9278	14156	13326
湖南	4020	1093	6165	3720	2027	4898	2444	4709	1736	5113	12314	7145	7395	17635	4200
广东	10676	2916	9619	3642	2383	8075	5817	6744	11282	24172	37229	8943	53683	57331	8495
广西	1391	464	1992	914	782	1372	875	1686	1027	2495	6582	1777	3480	3852	2149
海南	949	230	676	335	227	505	645	752	595	2726	3172	1809	7404	2011	640
重庆															
四川	8615	2323	20550	12523	6616	13149	7145	11547	3473	11810	12448	7695	7454	5615	10133
贵州	853	176	1374	454	290	843	415	1151	615	3362	9217	2119	1589	1827	3438
云南	1155	323	2213	1033	356	1078	926	1007	1450	5645	17694	2436	2173	2016	3202
西藏															
陕西	5544	1495	15593	15486	6488	5979	3084	3610	1515	14827	17176	9241	3364	3055	12354
甘肃	1771	721	6708	4242	3165	3272	1818	1720	1093	9600	16777	3902	1363	1536	9774
青海	764	222	3743	1423	408	1694	689	390	323	8039	8179	2393	657	384	4452
宁夏	404	350	3469	1364	6210	2368	615	1226	379	3880	7065	2376	361	158	3624
新疆	1027	480	5150	2215	1292	1188	920	1195	1319	20794	11137	12929	821	1212	16048
迁出人口合计（万人）	13.21	7.22	64.57	21.85	30.31	29.50	35.55	60.75	13.26	62.05	63.23	53.34	23.84	29.38	53.48

续表

	五年前常住地（迁出地区）（人）																迁入人口合计（万人）
	河南	湖北	湖南	广东	广西	海南	重庆	四川	贵州	云南	西藏	陕西	甘肃	青海	宁夏	新疆	
	51515	19963	11375	7349	5238	870		45293	4047	3473	991	16840	7192	2735	2292	7625	67.27
	10228	5259	3278	1948	3042	404		9358	1688	911	542	4776	4268	1110	1296	6181	24.46
	29895	11104	9457	3439	24072	554		77120	14258	12448	1240	22569	13063	5008	2050	11555	52.04
	42515	4168	4985	996	2775	63		36630	4176	1983	448	13889	5105	1565	649	3925	30.70
	6290	1208	1193	400	352	31		13585	497	531	42	12039	14671	583	4637	2042	25.43
	17253	8463	4205	3162	1620	410		23703	2298	1359	640	6498	4305	1825	1193	2956	54.14
	4995	3119	1721	1112	981	146		7321	915	1066	61	2051	1898	743	536	1274	23.73
	13055	6614	2046	859	795	98		13150	1157	623	34	2438	1364	381	329	645	36.74
	11299	10969	8488	9439	3018	956		31924	8071	5125	770	8768	9016	4242	1499	26104	66.55
	27237	27243	16965	8527	11605	3960		95847	45499	35154	1555	24474	17242	9726	3862	33831	79.11
	8152	10147	13987	6169	11755	832		28463	18583	12148	575	5330	4658	3678	1824	7171	33.59
	26912	14053	7764	2474	2313	1254		39767	16543	20569	1098	11077	4114	2417	783	8188	33.78
	2785	6066	8520	14008	13856	953		52208	17696	4480	82	2260	1002	571	227	1668	25.10
	6026	17170	27830	12760	5372	766		11151	4346	2427	453	2390	1753	511	218	1497	22.49
	27584	9957	5454	5208	6977	1199		45382	17273	27510	1986	21729	14994	10720	2487	20758	60.94
		40486	9297	11560	4452	2006		50295	12161	13737	2966	40416	19517	9345	4388	31106	47.78

续表

| 五年前常住地（迁出地区）（人） | | | | | | | | | | | | | | | | 迁入人口合计（万人） |
河南	湖北	湖南	广东	广西	海南	重庆	四川	贵州	云南	西藏	陕西	甘肃	青海	宁夏	新疆	
79423		42533	12300	7492	1678		94729	5726	4534	1207	19296	4182	2148	790	10978	43.11
10772	39629		26995	20348	4395		29626	22795	11839	766	6537	2878	1651	543	8414	27.18
31864	38753	228436		401318	76121		153917	30772	17778	290	15063	4877	1723	803	4786	125.75
2924	5560	36468	30286		5313		9980	9951	6575	69	1442	692	637	115	1655	14.25
2475	4499	10526	61636	30409			14176	1197	747	42	878	324	136	60	320	15.01
																0.00
19893	30357	14986	12220	9916	2021			42723	68820	30746	27353	19808	11882	2325	35730	46.99
4336	3835	19864	4075	8299	204		100138		18673	352	1646	300	292	42	689	19.05
4452	4160	21235	6684	8678	1064		127454	27375		802	3084	1099	403	161	906	25.03
43696	12191	5316	3213	1767	288		41843	1853	3413		36004	37122	10479	7148	23550	31.46
22483	2937	2807	1332	517	66		20334	302	861	2021		26039	13938	8224	19908	19.92
14068	902	1791	272	532	34		19640	222	203	732	14249		970	1310	2065	11.58
9369	619	818	164	101	1		4782	130	113	29	18593	20489			1885	9.19
58130	6843	7329	1907	1289	290		118233	532	350	145	20660	38743	2722	6818		34.17
58.96	34.63	52.87	25.05	58.89	10.60		131.60	31.28	27.75	5.46	36.23	28.07	10.21	5.66	27.74	

附表 2

1995—2000 年中国省际人口迁移矩阵

五年前常住地（迁出地区）（人）

现住人地（迁入地区）	北京	天津	河北	山西	内蒙古	辽宁	吉林	黑龙江	上海	江苏	浙江	安徽	福建	江西	山东
北京		22490	373110	61880	61360	56440	44670	79760	7560	106120	60000	149120	31470	39390	147930
天津	7590		108170	13060	21990	14020	16920	37990	1270	19100	13020	34270	7450	4330	75360
河北	24900	22330		38520	61760	35220	39530	106360	1430	20290	24920	32340	8800	6670	52720
山西	4680	3240	45400		43690	5170	3720	4370	950	9920	15550	16640	6370	2670	15410
内蒙古	3360	2390	44570	33650		24760	21360	53760	360	6880	7290	6590	3410	3010	11670
辽宁	4630	3630	29330	6360	82190		129280	223880	1870	24090	20070	31470	8980	5980	57820
吉林	1970	1850	11650	3310	21170	39390		69170	650	11120	6890	8300	4060	2190	29060
黑龙江	2560	1670	13030	3580	35660	33200	73880		930	16390	8760	13150	3910	3040	42560
上海	10320	4310	11580	8200	5350	13340	11640	22540		469910	202120	668660	68570	141060	51620
江苏	14570	5120	17690	12400	8260	14610	12050	24430	51680		123930	718010	39250	70070	71260
浙江	10020	3120	10320	5870	4700	9010	7420	14800	28750	104550		536270	57470	589070	34140
安徽	5520	1610	6520	3030	1760	4890	4030	5740	14960	61320	28040		9530	17330	13350
福建	4690	1530	4660	3800	2150	4860	4170	6320	5780	21390	43700	101700		409090	11070
江西	1950	700	3560	1680	1120	1670	1500	1760	2930	10210	27510	17840	25680		6240
山东	12900	6270	37770	16880	30210	38930	93630	188310	5520	59630	41620	67170	14130	11210	
河南	7050	2090	27530	32340	6210	9470	6530	11950	2230	21380	26090	39510	9460	8820	41520

注：根据 2000 年人口普查 10% 的长表数据乘以 10 得到。

续表

五年前常住地（迁出地区）（人）

现住地（迁入地区）	北京	天津	河北	山西	内蒙古	辽宁	吉林	黑龙江	上海	江苏	浙江	安徽	福建	江西	山东
湖北	4770	2620	16750	10840	3770	5840	4440	4680	2690	22520	33220	24230	21800	32580	26990
湖南	3500	1290	6980	4510	1780	4310	2710	4210	1780	9080	18320	9630	13970	30470	7030
广东	18650	6700	28400	18130	13100	30840	28300	44780	15320	115980	96190	291700	198050	1226640	84580
广西	1840	830	3210	1150	740	1760	1730	2920	1130	4920	15820	8200	11830	12040	2960
海南	1120	440	1460	800	1210	2230	2410	3370	560	2670	3980	6000	6670	12690	3280
重庆	4540	1470	6520	4490	1870	3510	2280	3440	2370	7460	14150	5360	11310	5770	6270
四川	9600	2430	15430	10010	4260	8560	4540	7000	4450	16340	27360	10450	14920	9420	11130
贵州	1250	370	3040	1370	350	1300	590	1060	1110	4140	11980	3340	8020	5260	2760
云南	2450	650	6010	3140	1110	2730	2890	4110	2040	11380	36950	10480	19950	18740	6800
西藏	340	160	540	310	200	300	140	170	260	920	1500	790	420	220	690
陕西	5110	2750	18200	22150	11360	5940	3870	5010	1580	19030	20560	15290	7570	6680	20440
甘肃	1680	1050	5470	4070	3490	2600	1630	1890	820	9720	13040	6710	4290	2650	7160
青海	320	120	2000	1210	530	730	420	560	230	3540	3470	2580	1190	340	2900
宁夏	1170	260	3190	1700	7650	1260	660	1260	220	3040	3580	6650	1120	620	3630
新疆	1310	790	10120	5130	2060	2980	2370	4220	1510	47940	20170	50510	4880	2550	29850
迁出人口合计（万人）	17.44	10.43	87.22	33.36	44.11	37.99	52.93	93.98	16.29	124.10	96.98	289.30	62.45	268.06	87.82

续表

迁入人口合计（万人）	新疆	宁夏	青海	甘肃	陕西	西藏	云南	贵州	四川	重庆	海南	广西	广东	湖南	湖北	河南
188.97	13480	6920	5530	28110	47270	1270	7710	12000	111800	22420	3860	9680	23230	38240	84790	232090
49.20	3420	2030	1180	6060	8580	770	1010	1930	19190	4960	840	2490	4870	6380	15210	38520
76.99	6470	2570	4390	13880	33320	770	9700	12560	61460	9530	1150	6780	7060	11860	36890	75730
38.27	1980	790	1880	6750	30560	650	6530	5600	56430	6510	520	1390	2180	6240	19090	57850
32.55	1090	8880	2080	23480	29880	220	1080	860	13830	1940	130	400	960	1850	4230	11520
75.48	2830	1360	1600	3980	8040	560	1240	2360	30670	6090	710	1770	5050	6290	15610	37080
25.40	1360	790	820	1680	2860	120	1000	990	8870	1330	750	1150	1850	2440	7640	9530
30.12	520	690	460	1770	2870	150	930	1510	8840	1450	530	1300	2240	3630	10140	11850
216.78	27510	2260	2230	13000	17010	930	7910	24990	141400	26550	2070	6290	21750	33390	64580	86740
190.84	18390	2690	7200	14910	32730	1240	47730	92930	193080	36000	3800	11040	20810	42670	82290	117510
271.47	6140	2510	3010	9490	26670	620	40280	215620	362460	107130	2660	31260	22740	144740	187300	136590
31.35	3610	610	1380	2620	5820	290	16730	15860	16600	4290	1430	3130	6540	8700	17720	30500
134.62	2280	1380	1110	2560	11500	360	9070	81930	283900	83440	3610	14280	31450	60070	96510	37880
23.59	1180	420	410	1400	2890	550	3630	14160	11440	3360	1840	6290	29720	27330	20670	6290
90.41	15820	1920	7260	11610	21820	1040	29830	10800	32820	10430	1080	3970	7650	8970	35920	78960
46.99	13340	2210	6150	11440	39460	1430	9880	9290	35380	7500	2650	4980	12730	12570	48710	

五年前常住地（迁出地区）（人）

续表

五年前常住地（迁出地区）（人）

河南	湖北	湖南	广东	广西	海南	重庆	四川	贵州	云南	西藏	陕西	甘肃	青海	宁夏	新疆	迁入人口合计（万人）
95160		60530	25270	17190	6040	55770	58150	13730	8040	1110	24100	7900	5970	2180	7320	60.62
14760	65030		41600	23410	6000	12340	23940	27720	11790	590	5130	3830	1440	810	4680	36.26
820150	1186700	2521330		1612120	73890	360390	1929930	456630	51340	1010	202680	44060	4470	4580	14430	1150.11
6700	15330	73690	42780		4760	5960	22040	26890	12300	70	2530	1030	630	110	1560	28.75
9020	25470	31450	28540	29090		6490	26170	4910	2210	20	2840	1090	390	160	930	21.77
10580	25130	11320	19660	6100	2460		209110	37140	20130	2690	6670	3130	2170	1130	9530	44.78
17630	22150	17680	28400	8930	3720	154200		32150	66260	11590	20670	16110	6840	1910	25460	58.96
4560	8330	33710	14630	12840	810	30240	83570		22240	710	2060	820	130	50	810	26.15
15360	33290	60090	20720	16580	1620	76210	244840	121070		1390	6330	2560	560	470	2220	73.27
2770	1370	1440	340	80	40	4060	39940	560	780		3220	5650	3070	110	300	7.07
62150	28410	9900	7890	3470	1960	7040	41250	3360	3550	3040		49680	9030	10360	16360	42.30
19930	8800	4660	2280	910	280	2880	18030	1350	1600	990	27780		26910	10040	10930	20.36
9460	2210	1670	640	40	40	1170	10500	150	450	950	7510	20180		720	1080	7.69
13530	1570	1000	620	60	50	1140	5950	200	70	40	27380	38330	1120		1750	12.88
238560	39110	17380	3800	1120	290	52310	293910	2670	3120	180	59140	213710	13730	16760		114.22
230.90	221.02	326.12	43.80	183.81	12.96	110.31	439.55	123.19	39.81	3.54	71.93	56.08	12.32	8.74	21.68	

附表 3

2005—2010 年中国省际人口迁移矩阵

现住地（迁入地区）	五年前常住地（迁出地区）（人）														
	北京	天津	河北	山西	内蒙古	辽宁	吉林	黑龙江	上海	江苏	浙江	安徽	福建	江西	山东
北京		54490	823610	161160	118580	138120	119040	196720	17520	103880	62340	200920	49750	80320	345370
天津	17990		351040	67680	47250	41660	48070	94640	3840	37940	23770	71010	17490	17420	230520
河北	77260	27400		42860	60390	49190	40760	114790	2440	23520	18190	38550	12670	14780	63290
山西	7230	4490	72470		26780	9610	8290	9570	1340	20550	13050	22640	12860	7340	29470
内蒙古	13950	7490	100360	88930		45520	36140	65160	1540	20060	11660	19920	9160	7890	45430
辽宁	10480	8410	54330	17580	115970		190280	339590	3930	31550	20810	47900	13320	10640	83300
吉林	4780	3270	18460	7170	25360	46590		78410	2160	11280	10770	13730	4940	4290	35890
黑龙江	7010	5480	21240	6120	29420	39020	58090		2690	9950	8600	13400	4960	5290	41110
上海	33470	12160	45950	34180	16130	43640	36150	58210		742230	232930	1256980	134030	247100	246010
江苏	23230	10270	67610	43540	16920	33560	33630	51220	87480		172260	1545550	93660	165790	297050
浙江	27310	9010	40280	26570	11670	26210	28130	45700	79600	272280		1520200	135770	991010	156940
安徽	29580	6460	18590	9630	4280	10010	7610	7540	75460	157600	109880		27210	30990	32430
福建	12090	5170	13600	9900	4540	10980	9510	12920	17090	34070	57140	120200		478580	30100
江西	6120	2790	12550	11090	8700	6100	5120	5100	15620	25690	83780	40190	62010		16240
山东	17560	11360	101760	44460	48930	53970	108950	221540	6850	83420	36860	79930	23880	19090	
河南	10950	3660	28680	23500	5630	7340	6910	10170	4990	20850	21570	39820	12760	11940	33730

注：根据 2010 年人口普查 10% 的长表数据乘以 10 得到。

现住地 （迁入地区）	五年前常住地（迁出地区）（人）														
	北京	天津	河北	山西	内蒙古	辽宁	吉林	黑龙江	上海	江苏	浙江	安徽	福建	江西	山东
湖北	12800	4920	23850	16990	10650	9000	6080	8250	9010	32770	52890	40180	30490	43640	30030
湖南	6800	2620	12710	7560	4410	6780	5430	5870	4870	15100	32700	19320	23680	37420	14590
广东	24860	9740	61720	42860	16400	43770	51090	65740	17470	81040	99320	264650	263180	1168120	106550
广西	4780	2550	10760	5450	3530	6500	7690	10320	3120	10210	21320	14920	26840	24520	12430
海南	2590	1930	6020	4820	4460	5550	6330	12590	1570	6360	8220	11440	11650	16810	6860
重庆	7030	2110	12110	9080	4620	5250	4200	4580	6860	14870	28880	10630	23140	11780	12080
四川	20270	4900	26930	18400	8070	13410	9550	10510	16740	37490	61090	20800	33460	24640	27380
贵州	3190	1070	7000	3630	1590	3520	3690	3040	4940	15370	64240	12830	29950	17400	9440
云南	3740	2070	9550	5680	2260	4460	4460	6130	3670	10790	28040	12670	22130	17820	11940
西藏	530	120	1140	350	150	390	130	220	270	860	1640	1830	670	610	1220
陕西	8300	4120	33580	60280	29860	10420	7400	10110	3670	25730	23060	28920	16030	13020	34090
甘肃	3460	2170	9730	5930	4950	4830	3330	3430	1650	10850	11360	8780	4840	4950	11230
青海	1950	740	7190	3350	1590	1690	1310	1710	750	6950	4980	6510	2590	2460	7600
宁夏	1860	810	8580	5510	10810	2890	2190	3220	810	5940	5420	9750	2700	2390	10900
新疆	4780	1580	15990	9420	3690	5440	4330	6210	3060	24340	12630	31420	7840	5230	31770
迁出人口合计（万人）	40.60	21.34	201.74	79.37	64.76	68.54	85.39	146.32	40.10	189.35	133.94	552.56	111.37	348.33	201.50

续表

五年前常住地（迁出地区）（人）

河南	湖北	湖南	广东	广西	海南	重庆	四川	贵州	云南	西藏	陕西	甘肃	青海	宁夏	新疆	迁入人口合计（万人）
495780	186370	93940	51120	23910	7530	46250	167490	25240	21520	2310	101030	86180	7230	12310	27730	382.78
167870	48510	19000	12230	6850	3680	12940	46590	11650	8000	860	30270	36660	4860	5740	11090	149.71
117350	39610	17350	8990	6340	3570	13310	47510	11410	9790	1060	32490	14850	4320	3060	6990	92.41
99970	26460	11280	5410	2690	1960	10810	36970	5830	6710	360	32720	7010	1680	1050	1610	49.82
57250	21690	11150	4850	2560	950	9410	47580	6720	5400	330	79420	77210	3170	24170	2610	82.77
75710	22590	14880	10490	4280	1860	11100	40550	7010	4710	1240	11040	8600	2600	1940	5180	117.19
19970	8970	5380	3750	1820	2310	2920	8720	2720	1890	330	3960	2840	1850	1100	2790	33.84
15490	11420	6170	5140	2270	1670	2570	7190	2710	2890	310	4490	3560	870	970	1750	32.19
472670	247330	140210	86200	34040	8080	115280	322050	88020	51910	2240	89160	67630	7880	7220	21400	490.05
682810	269610	137850	62880	35130	6640	107780	392340	174620	95600	5030	153840	80900	11540	6970	21980	488.73
887120	603010	507180	165900	108250	8930	333600	780820	1072060	309750	2640	139170	53230	7240	5390	17940	837.29
73080	37500	25130	34290	9500	3240	10740	30950	19920	20900	920	14260	6850	2740	1210	3640	82.21
161750	193750	131070	114890	40930	9460	190470	397500	261490	67220	1690	37440	13920	1810	3650	6980	244.99
32300	41800	50990	149690	18400	8170	8370	25480	25810	8780	800	9590	9060	2330	2530	3150	69.84
177150	52030	22460	16080	6770	3370	13830	47620	15770	22100	940	34380	32940	8890	6300	16390	133.56
	41430	18380	26940	7100	2460	7290	24310	7580	7990	1470	20170	8350	4000	1800	7890	42.97

续表

五年前常住地（迁出地区）（人）																迁入人口合计（万人）
河南	湖北	湖南	广东	广西	海南	重庆	四川	贵州	云南	西藏	陕西	甘肃	青海	宁夏	新疆	
115480		74270	96950	22870	9050	50170	53400	21210	14930	1150	24000	11300	4650	2900	9590	84.35
31710	81040		205550	33610	8550	12010	33410	36580	17440	1160	11140	6610	2360	1530	5860	68.84
1210090	1570210	2929810		2345420	111730	520110	1532750	639160	234320	6460	316010	99590	11010	6390	24830	1387.44
25860	32810	103610	157110		9550	10490	32140	27630	16090	560	7390	3620	1750	680	3560	59.78
22010	23870	33110	44820	29000		10590	33560	10600	6010	120	6610	4470	1220	810	3710	33.77
21580	32130	19760	64180	10020	3920		310300	51450	25030	1920	11110	8520	3060	2520	12870	73.56
47150	50290	38160	147270	17040	6350	173570		47140	75490	13840	31140	28410	11230	4330	27780	105.28
21010	26480	70890	70720	19930	2740	49620	101010		35080	600	6240	3040	1380	420	1870	59.19
25210	30070	55810	27080	18280	4090	57890	147040	87620		1740	9860	4340	2510	850	3080	62.09
5490	3680	2590	580	220	90	5300	43570	690	1650		3680	9640	4100	120	440	9.20
108510	42150	18360	21780	7060	3270	13900	66810	11170	6970	5930		73950	10270	17170	18130	73.40
33280	17230	8740	4410	2100	1170	5110	26570	2560	3040	2720	29310		13210	8070	11190	26.02
22950	10720	5600	2510	1080	170	3390	20430	970	1720	3250	14290	40670		1190	2230	18.25
29570	5900	3530	1960	1050	520	4220	12950	1720	1070	230	32800	66120	1180		2430	23.90
174200	25540	15250	9130	2010	820	31020	150480	3690	5070	280	50480	176790	9040	18270		83.98
543.04	380.42	459.19	161.29	282.05	23.59	184.41	498.81	268.08	108.91	6.25	134.75	104.69	15.00	15.07	28.67	

附表4

单位:%

1985—1990年中国省际迁移人口迁入率矩阵

现住地（迁入地地区）	五年前常住地（迁出地地区）														
	北京	天津	河北	山西	内蒙古	辽宁	吉林	黑龙江	上海	江苏	浙江	安徽	福建	江西	山东
北京		0.1491	2.0923	0.2612	0.1626	0.1926	0.1432	0.2360	0.0677	0.3212	0.2293	0.3147	0.0787	0.0653	0.4354
天津	0.0715		1.1285	0.1111	0.1183	0.0915	0.0539	0.1661	0.0172	0.0602	0.0632	0.0672	0.0222	0.0164	0.2624
河北	0.0315	0.0326		0.0728	0.0795	0.0397	0.0331	0.0837	0.0023	0.0163	0.0250	0.0129	0.0061	0.0045	0.0427
山西	0.0239	0.0077	0.1998		0.1423	0.0177	0.0116	0.0134	0.0023	0.0301	0.1044	0.0230	0.0199	0.0047	0.0621
内蒙古	0.0114	0.0071	0.1822	0.0675		0.1210	0.1135	0.2751	0.0019	0.0222	0.0541	0.0131	0.0048	0.0048	0.0625
辽宁	0.0113	0.0094	0.0796	0.0146	0.1598		0.2322	0.3922	0.0057	0.0422	0.0621	0.0292	0.0117	0.0084	0.1477
吉林	0.0079	0.0068	0.0378	0.0101	0.0822	0.1895		0.2741	0.0024	0.0244	0.0339	0.0114	0.0070	0.0058	0.1826
黑龙江	0.0077	0.0040	0.0487	0.0070	0.1107	0.1373	0.2342		0.0027	0.0417	0.0440	0.0430	0.0062	0.0054	0.2526
上海	0.0456	0.0204	0.0539	0.0377	0.0187	0.0471	0.0288	0.0812		1.6792	0.8003	0.9035	0.0829	0.1817	0.1366
江苏	0.0144	0.0048	0.0220	0.0142	0.0102	0.0195	0.0164	0.0354	0.0610		0.0821	0.2316	0.0242	0.0490	0.0752
浙江	0.0103	0.0036	0.0112	0.0107	0.0070	0.0120	0.0076	0.0222	0.0578	0.0919		0.0770	0.0604	0.0986	0.0236
安徽	0.0093	0.0021	0.0128	0.0090	0.0039	0.0081	0.0055	0.0148	0.0261	0.1141	0.0563		0.0127	0.0273	0.0278
福建	0.0082	0.0031	0.0065	0.0065	0.0025	0.0060	0.0042	0.0053	0.0141	0.0374	0.1595	0.0179		0.1449	0.0175
江西	0.0053	0.0011	0.0072	0.0049	0.0023	0.0058	0.0042	0.0045	0.0073	0.0300	0.1153	0.0610	0.1000		0.0092
山东	0.0128	0.0042	0.0434	0.0171	0.0211	0.0310	0.0748	0.1615	0.0052	0.0413	0.0294	0.0168	0.0146	0.0090	

续表

现住人地（迁入地区）	五年前常住地（迁出地区）														
	北京	天津	河北	山西	内蒙古	辽宁	吉林	黑龙江	上海	江苏	浙江	安徽	福建	江西	山东
河南	0.0103	0.0026	0.0322	0.0277	0.0075	0.0175	0.0096	0.0222	0.0024	0.0246	0.0264	0.0391	0.0062	0.0053	0.0428
湖北	0.0098	0.0033	0.0211	0.0086	0.0057	0.0120	0.0079	0.0107	0.0060	0.0429	0.0458	0.0333	0.0179	0.0273	0.0257
湖南	0.0068	0.0019	0.0105	0.0063	0.0035	0.0083	0.0042	0.0080	0.0030	0.0087	0.0210	0.0122	0.0126	0.0300	0.0071
广东	0.0169	0.0046	0.0153	0.0058	0.0038	0.0128	0.0092	0.0107	0.0179	0.0384	0.0591	0.0142	0.0852	0.0910	0.0135
广西	0.0034	0.0011	0.0049	0.0022	0.0019	0.0034	0.0022	0.0041	0.0025	0.0061	0.0162	0.0044	0.0086	0.0095	0.0053
海南	0.0147	0.0036	0.0105	0.0052	0.0035	0.0078	0.0100	0.0116	0.0092	0.0422	0.0491	0.0280	0.1145	0.0311	0.0099
重庆															
四川	0.0082	0.0022	0.0196	0.0119	0.0063	0.0125	0.0068	0.0110	0.0033	0.0113	0.0119	0.0073	0.0071	0.0053	0.0097
贵州	0.0027	0.0006	0.0044	0.0015	0.0009	0.0027	0.0013	0.0037	0.0020	0.0108	0.0296	0.0068	0.0051	0.0059	0.0110
云南	0.0032	0.0009	0.0062	0.0029	0.0010	0.0030	0.0026	0.0028	0.0041	0.0158	0.0496	0.0068	0.0061	0.0056	0.0090
西藏															
陕西	0.0175	0.0047	0.0494	0.0490	0.0205	0.0189	0.0098	0.0114	0.0048	0.0469	0.0544	0.0293	0.0106	0.0097	0.0391
甘肃	0.0082	0.0034	0.0312	0.0197	0.0147	0.0152	0.0085	0.0080	0.0051	0.0447	0.0781	0.0182	0.0063	0.0072	0.0455
青海	0.0179	0.0052	0.0876	0.0333	0.0095	0.0396	0.0161	0.0091	0.0076	0.1880	0.1913	0.0560	0.0154	0.0090	0.1041
宁夏	0.0091	0.0079	0.0784	0.0308	0.1403	0.0535	0.0139	0.0277	0.0086	0.0877	0.1597	0.0537	0.0082	0.0036	0.0819
新疆	0.0071	0.0033	0.0356	0.0153	0.0089	0.0082	0.0064	0.0083	0.0091	0.1439	0.0771	0.0895	0.0057	0.0084	0.1111

续表

	五年前常住地（迁出地区）																迁入率合计
	河南	湖北	湖南	广东	广西	海南	重庆	四川	贵州	云南	西藏	陕西	甘肃	青海	宁夏	新疆	
	0.5036	0.1951	0.1112	0.0718	0.0512	0.0085		0.4427	0.0396	0.0339	0.0097	0.1646	0.0703	0.0267	0.0224	0.0745	6.58
	0.1209	0.0622	0.0387	0.0230	0.0360	0.0048		0.1106	0.0200	0.0108	0.0064	0.0565	0.0504	0.0131	0.0153	0.0731	2.89
	0.0511	0.0190	0.0162	0.0059	0.0411	0.0009		0.1318	0.0244	0.0213	0.0021	0.0386	0.0223	0.0086	0.0035	0.0197	0.89
	0.1539	0.0151	0.0180	0.0036	0.0100	0.0002		0.1326	0.0151	0.0072	0.0016	0.0503	0.0185	0.0057	0.0023	0.0142	1.11
	0.0302	0.0058	0.0057	0.0019	0.0017	0.0001		0.0652	0.0024	0.0025	0.0002	0.0577	0.0704	0.0028	0.0222	0.0098	1.22
	0.0451	0.0221	0.0110	0.0083	0.0042	0.0011		0.0619	0.0060	0.0036	0.0017	0.0170	0.0113	0.0048	0.0031	0.0077	1.41
	0.0209	0.0130	0.0072	0.0047	0.0041	0.0006		0.0306	0.0038	0.0045	0.0003	0.0086	0.0079	0.0031	0.0022	0.0053	0.99
	0.0381	0.0193	0.0060	0.0025	0.0023	0.0003		0.0384	0.0034	0.0018	0.0001	0.0071	0.0040	0.0011	0.0010	0.0019	1.07
	0.0885	0.0859	0.0665	0.0739	0.0236	0.0075		0.2500	0.0632	0.0401	0.0060	0.0687	0.0706	0.0332	0.0117	0.2044	5.21
	0.0420	0.0420	0.0261	0.0131	0.0179	0.0061		0.1477	0.0701	0.0542	0.0024	0.0377	0.0266	0.0150	0.0060	0.0521	1.22
	0.0199	0.0248	0.0341	0.0151	0.0287	0.0020		0.0694	0.0453	0.0296	0.0014	0.0130	0.0114	0.0090	0.0044	0.0175	0.82
	0.0497	0.0259	0.0143	0.0046	0.0043	0.0023		0.0734	0.0305	0.0380	0.0020	0.0205	0.0076	0.0045	0.0014	0.0151	0.62
	0.0097	0.0211	0.0296	0.0487	0.0482	0.0033		0.1816	0.0616	0.0156	0.0003	0.0079	0.0035	0.0020	0.0008	0.0058	0.87
	0.0166	0.0472	0.0766	0.0351	0.0148	0.0021		0.0307	0.0120	0.0067	0.0012	0.0066	0.0048	0.0014	0.0006	0.0041	0.62
	0.0341	0.0123	0.0067	0.0064	0.0086	0.0015		0.0561	0.0213	0.0340	0.0025	0.0268	0.0185	0.0132	0.0031	0.0256	0.75

续表

| 五年前常住地（迁出地区） | | | | | | | | | | | | | | | | 迁入率合计 |
河南	湖北	湖南	广东	广西	海南	重庆	四川	贵州	云南	西藏	陕西	甘肃	青海	宁夏	新疆	
	0.0495	0.0114	0.0141	0.0054	0.0025		0.0615	0.0149	0.0168	0.0036	0.0494	0.0239	0.0114	0.0054	0.0380	0.58
0.1532		0.0820	0.0237	0.0144	0.0032		0.1827	0.0110	0.0087	0.0023	0.0372	0.0081	0.0041	0.0015	0.0212	0.83
0.0183	0.0675		0.0459	0.0346	0.0075		0.0504	0.0388	0.0202	0.0013	0.0111	0.0049	0.0028	0.0009	0.0143	0.46
0.0506	0.0615	0.3626		0.6371	0.1208		0.2443	0.0488	0.0282	0.0005	0.0239	0.0077	0.0027	0.0013	0.0076	2.00
0.0072	0.0137	0.0897	0.0745		0.0131		0.0245	0.0245	0.0162	0.0002	0.0035	0.0017	0.0016	0.0003	0.0041	0.35
0.0383	0.0696	0.1628	0.9534	0.4704			0.2193	0.0185	0.0116	0.0006	0.0136	0.0050	0.0021	0.0009	0.0049	2.32
0.0190	0.0289	0.0143	0.0116	0.0094	0.0019			0.0407	0.0656	0.0293	0.0261	0.0189	0.0113	0.0022	0.0340	0.45
0.0139	0.0123	0.0637	0.0131	0.0266	0.0007		0.3212		0.0599	0.0011	0.0053	0.0010	0.0009	0.0001	0.0022	0.61
0.0125	0.0117	0.0595	0.0187	0.0243	0.0030		0.3572	0.0767		0.0022	0.0086	0.0031	0.0011	0.0005	0.0025	0.70
0.1383	0.0386	0.0168	0.0102	0.0056	0.0009		0.1325	0.0059	0.0108	0.0123		0.1175	0.0332	0.0226	0.0745	1.00
0.1047	0.0137	0.0131	0.0062	0.0024	0.0003		0.0947	0.0014	0.0040	0.0094	0.1676		0.0649	0.0383	0.0927	0.93
0.3291	0.0211	0.0419	0.0064	0.0124	0.0008		0.4594	0.0052	0.0047	0.0171	0.3333	0.6091		0.0306	0.0483	2.71
0.2117	0.0140	0.0185	0.0037	0.0023	0.0000		0.1081	0.0029	0.0026	0.0007	0.4202	0.4630	0.0219		0.0426	2.08
0.4023	0.0474	0.0507	0.0132	0.0089	0.0020		0.8182	0.0037	0.0024	0.0010	0.1430	0.2681	0.0188	0.0472		2.36

附表5

1995—2000年中国省际迁移人口迁入率矩阵

单位:%

现住地 （迁入地区）	五年前常住地（迁出地区）														
	北京	天津	河北	山西	内蒙古	辽宁	吉林	黑龙江	上海	江苏	浙江	安徽	福建	江西	山东
北京		0.1725	2.8614	0.4746	0.4706	0.4328	0.3426	0.6117	0.0580	0.8138	0.4601	1.1436	0.2413	0.3021	1.1345
天津	0.0788		1.1228	0.1356	0.2282	0.1455	0.1756	0.3943	0.0132	0.1982	0.1351	0.3557	0.0773	0.0449	0.7822
河北	0.0380	0.0341		0.0588	0.0943	0.0537	0.0603	0.1623	0.0022	0.0310	0.0380	0.0494	0.0134	0.0102	0.0805
山西	0.0148	0.0102	0.1436		0.1382	0.0164	0.0118	0.0138	0.0030	0.0314	0.0492	0.0526	0.0201	0.0084	0.0487
内蒙古	0.0146	0.0104	0.1931	0.1458		0.1073	0.0925	0.2329	0.0016	0.0298	0.0316	0.0286	0.0148	0.0130	0.0506
辽宁	0.0112	0.0088	0.0709	0.0154	0.1987		0.3125	0.5411	0.0045	0.0582	0.0485	0.0761	0.0217	0.0145	0.1398
吉林	0.0075	0.0070	0.0442	0.0126	0.0803	0.1494		0.2624	0.0025	0.0422	0.0261	0.0315	0.0154	0.0083	0.1102
黑龙江	0.0070	0.0046	0.0356	0.0098	0.0974	0.0907	0.2017		0.0025	0.0448	0.0239	0.0359	0.0107	0.0083	0.1162
上海	0.0675	0.0282	0.0758	0.0537	0.0350	0.0873	0.0762	0.1475		3.0756	1.3229	4.3764	0.4488	0.9232	0.3379
江苏	0.0203	0.0071	0.0246	0.0173	0.0115	0.0203	0.0168	0.0340	0.0719		0.1725	0.9993	0.0546	0.0975	0.0992
浙江	0.0225	0.0070	0.0232	0.0132	0.0105	0.0202	0.0167	0.0332	0.0645	0.2346		1.2035	0.1290	1.3220	0.0766
安徽	0.0093	0.0027	0.0109	0.0051	0.0030	0.0082	0.0068	0.0096	0.0251	0.1029	0.0471		0.0160	0.0291	0.0224
福建	0.0141	0.0046	0.0140	0.0114	0.0065	0.0146	0.0125	0.0190	0.0174	0.0644	0.1315	0.3060		1.2309	0.0333
江西	0.0048	0.0017	0.0088	0.0041	0.0028	0.0041	0.0037	0.0043	0.0072	0.0252	0.0679	0.0440	0.0634		0.0154
山东	0.0146	0.0071	0.0427	0.0191	0.0341	0.0440	0.1058	0.2128	0.0062	0.0674	0.0470	0.0759	0.0160	0.0127	

续表

现住地（迁入地区）	五年前常住地（迁出地区）														
	北京	天津	河北	山西	内蒙古	辽宁	吉林	黑龙江	上海	江苏	浙江	安徽	福建	江西	山东
河南	0.0077	0.0023	0.0302	0.0355	0.0068	0.0104	0.0072	0.0131	0.0024	0.0235	0.0286	0.0434	0.0104	0.0097	0.0456
湖北	0.0081	0.0045	0.0286	0.0185	0.0064	0.0100	0.0076	0.0080	0.0046	0.0384	0.0567	0.0413	0.0372	0.0556	0.0460
湖南	0.0055	0.0020	0.0110	0.0071	0.0028	0.0068	0.0043	0.0066	0.0028	0.0143	0.0288	0.0151	0.0220	0.0479	0.0111
广东	0.0242	0.0087	0.0369	0.0236	0.0170	0.0401	0.0368	0.0582	0.0199	0.1507	0.1250	0.3791	0.2574	1.5940	0.1099
广西	0.0041	0.0019	0.0072	0.0026	0.0017	0.0039	0.0039	0.0065	0.0025	0.0110	0.0354	0.0184	0.0265	0.0270	0.0066
海南	0.0151	0.0059	0.0197	0.0108	0.0164	0.0301	0.0326	0.0455	0.0076	0.0361	0.0538	0.0811	0.0901	0.1715	0.0443
重庆	0.0150	0.0049	0.0215	0.0148	0.0062	0.0116	0.0075	0.0114	0.0078	0.0246	0.0467	0.0177	0.0374	0.0191	0.0207
四川	0.0116	0.0029	0.0186	0.0121	0.0051	0.0103	0.0055	0.0085	0.0054	0.0197	0.0330	0.0126	0.0180	0.0114	0.0134
贵州	0.0036	0.0011	0.0086	0.0039	0.0010	0.0037	0.0017	0.0030	0.0032	0.0118	0.0341	0.0095	0.0228	0.0150	0.0078
云南	0.0060	0.0016	0.0146	0.0076	0.0027	0.0066	0.0070	0.0100	0.0050	0.0277	0.0898	0.0255	0.0485	0.0456	0.0165
西藏	0.0136	0.0064	0.0215	0.0124	0.0080	0.0120	0.0056	0.0068	0.0104	0.0367	0.0598	0.0315	0.0167	0.0088	0.0275
陕西	0.0145	0.0078	0.0516	0.0628	0.0322	0.0168	0.0110	0.0142	0.0045	0.0540	0.0583	0.0434	0.0215	0.0189	0.0580
甘肃	0.0068	0.0042	0.0221	0.0164	0.0141	0.0105	0.0066	0.0076	0.0033	0.0393	0.0527	0.0271	0.0173	0.0107	0.0289
青海	0.0066	0.0025	0.0415	0.0251	0.0110	0.0152	0.0087	0.0116	0.0048	0.0735	0.0720	0.0536	0.0247	0.0071	0.0602
宁夏	0.0220	0.0049	0.0601	0.0320	0.1441	0.0237	0.0124	0.0237	0.0041	0.0573	0.0674	0.1253	0.0211	0.0117	0.0684
新疆	0.0075	0.0045	0.0577	0.0293	0.0117	0.0170	0.0135	0.0241	0.0086	0.2734	0.1150	0.2881	0.0278	0.0145	0.1702

续表

	五年前常住地（迁出地区）															迁入率合计
河南	湖北	湖南	广东	广西	海南	重庆	四川	贵州	云南	西藏	陕西	甘肃	青海	宁夏	新疆	
1.7799	0.6503	0.2933	0.1781	0.0742	0.0296	0.1719	0.8574	0.0920	0.0591	0.0097	0.3625	0.2156	0.0424	0.0531	0.1034	14.49
0.3998	0.1579	0.0662	0.0505	0.0258	0.0087	0.0515	0.1992	0.0200	0.0105	0.0080	0.0891	0.0629	0.0122	0.0211	0.0355	5.11
0.1156	0.0563	0.0181	0.0108	0.0103	0.0018	0.0145	0.0938	0.0192	0.0148	0.0012	0.0508	0.0212	0.0067	0.0039	0.0099	1.17
0.1830	0.0604	0.0197	0.0069	0.0044	0.0016	0.0206	0.1785	0.0177	0.0207	0.0021	0.0966	0.0213	0.0059	0.0025	0.0063	1.21
0.0499	0.0183	0.0080	0.0042	0.0017	0.0006	0.0084	0.0599	0.0037	0.0047	0.0010	0.1295	0.1017	0.0090	0.0385	0.0047	1.41
0.0896	0.0377	0.0152	0.0122	0.0043	0.0017	0.0147	0.0741	0.0057	0.0030	0.0014	0.0194	0.0096	0.0039	0.0033	0.0068	1.82
0.0362	0.0290	0.0093	0.0070	0.0044	0.0028	0.0050	0.0336	0.0038	0.0038	0.0005	0.0108	0.0064	0.0031	0.0030	0.0052	0.96
0.0324	0.0277	0.0099	0.0061	0.0035	0.0014	0.0040	0.0241	0.0041	0.0025	0.0004	0.0078	0.0048	0.0013	0.0019	0.0014	0.82
0.5677	0.4227	0.2185	0.1424	0.0412	0.0135	0.1738	0.9255	0.1636	0.0518	0.0061	0.1113	0.0851	0.0146	0.0148	0.1801	14.19
0.1635	0.1145	0.0594	0.0290	0.0154	0.0053	0.0501	0.2687	0.1293	0.0664	0.0017	0.0456	0.0208	0.0100	0.0037	0.0256	2.66
0.3065	0.4203	0.3248	0.0510	0.0702	0.0060	0.2404	0.8134	0.4839	0.0904	0.0014	0.0599	0.0213	0.0068	0.0056	0.0138	6.09
0.0512	0.0297	0.0146	0.0110	0.0053	0.0024	0.0072	0.0279	0.0266	0.0281	0.0005	0.0098	0.0044	0.0023	0.0010	0.0061	0.53
0.1140	0.2904	0.1807	0.0946	0.0430	0.0109	0.2511	0.8542	0.2465	0.0273	0.0011	0.0346	0.0077	0.0033	0.0042	0.0069	4.05
0.0155	0.0510	0.0675	0.0734	0.0155	0.0045	0.0083	0.0282	0.0350	0.0090	0.0014	0.0071	0.0035	0.0010	0.0010	0.0029	0.58
0.0892	0.0406	0.0101	0.0086	0.0045	0.0012	0.0118	0.0371	0.0122	0.0337	0.0012	0.0247	0.0131	0.0082	0.0022	0.0179	1.02
	0.0535	0.0138	0.0140	0.0055	0.0029	0.0082	0.0388	0.0102	0.0108	0.0016	0.0433	0.0126	0.0067	0.0024	0.0146	0.52

续表

| 五年前常住地（迁出地区） | | | | | | | | | | | | | | | | 迁入率合计 |
河南	湖北	湖南	广东	广西	海南	重庆	四川	贵州	云南	西藏	陕西	甘肃	青海	宁夏	新疆	
0.1623		0.1033	0.0431	0.0293	0.0103	0.0951	0.0992	0.0234	0.0137	0.0019	0.0411	0.0135	0.0102	0.0037	0.0125	1.03
0.0232	0.1023		0.0654	0.0368	0.0094	0.0194	0.0376	0.0436	0.0185	0.0009	0.0081	0.0060	0.0023	0.0013	0.0074	0.57
1.0658	1.5421	3.2765		2.0950	0.0960	0.4683	2.5079	0.5934	0.0667	0.0013	0.2634	0.0573	0.0058	0.0060	0.0188	14.95
0.0150	0.0343	0.1651	0.0958		0.0107	0.0134	0.0494	0.0602	0.0276	0.0002	0.0057	0.0023	0.0014	0.0002	0.0035	0.64
0.1219	0.3442	0.4250	0.3857	0.3931		0.0877	0.3537	0.0664	0.0299	0.0003	0.0384	0.0147	0.0053	0.0022	0.0126	2.94
0.0350	0.0830	0.0374	0.0649	0.0202	0.0081		0.6908	0.1227	0.0665	0.0089	0.0220	0.0103	0.0072	0.0037	0.0315	1.48
0.0213	0.0268	0.0214	0.0343	0.0108	0.0045	0.1863		0.0388	0.0800	0.0140	0.0250	0.0195	0.0083	0.0023	0.0308	0.71
0.0130	0.0237	0.0959	0.0416	0.0365	0.0023	0.0860	0.2377		0.0632	0.0020	0.0059	0.0023	0.0004	0.0001	0.0023	0.74
0.0373	0.0809	0.1461	0.0504	0.0403	0.0039	0.1853	0.5953	0.2944		0.0034	0.0154	0.0062	0.0014	0.0011	0.0054	1.78
0.1104	0.0546	0.0574	0.0136	0.0032	0.0016	0.1619	1.5924	0.0223	0.0311		0.1284	0.2253	0.1224	0.0044	0.0120	2.82
0.1763	0.0806	0.0281	0.0224	0.0098	0.0056	0.0200	0.1170	0.0095	0.0101	0.0086		0.1409	0.0256	0.0294	0.0464	1.20
0.0805	0.0356	0.0188	0.0092	0.0037	0.0011	0.0116	0.0728	0.0055	0.0065	0.0040	0.1122		0.1087	0.0406	0.0442	0.82
0.1964	0.0459	0.0347	0.0133	0.0008	0.0008	0.0243	0.2180	0.0031	0.0093	0.0197	0.1559	0.4190		0.0149	0.0224	1.60
0.2549	0.0296	0.0188	0.0117	0.0011	0.0009	0.0215	0.1121	0.0038	0.0013	0.0008	0.5158	0.7221	0.0211		0.0330	2.43
1.3605	0.2230	0.0991	0.0217	0.0064	0.0017	0.2983	1.6762	0.0152	0.0178	0.0010	0.3373	1.2188	0.0783	0.0956		6.51

附表6

2005—2010年中国省际迁移人口迁入率矩阵

单位:%

现住地（迁入地区）	五年前常住地（迁出地区）														
	北京	天津	河北	山西	内蒙古	辽宁	吉林	黑龙江	上海	江苏	浙江	安徽	福建	江西	山东
北京		0.3114	4.7074	0.9211	0.6777	0.7894	0.6804	1.1244	0.1001	0.5937	0.3563	1.1484	0.2843	0.4591	1.9740
天津	0.1540		3.0044	0.5792	0.4044	0.3565	0.4114	0.8100	0.0329	0.3247	0.2034	0.6077	0.1497	0.1491	1.9729
河北	0.1101	0.0390		0.0611	0.0860	0.0701	0.0581	0.1636	0.0035	0.0335	0.0259	0.0549	0.0181	0.0211	0.0902
山西	0.0209	0.0130	0.2093		0.0773	0.0277	0.0239	0.0276	0.0039	0.0593	0.0377	0.0654	0.0371	0.0212	0.0851
内蒙古	0.0574	0.0308	0.4133	0.3662		0.1875	0.1488	0.2683	0.0063	0.0826	0.0480	0.0820	0.0377	0.0325	0.1871
辽宁	0.0244	0.0196	0.1264	0.0409	0.2698		0.4427	0.7901	0.0091	0.0734	0.0484	0.1115	0.0310	0.0248	0.1938
吉林	0.0175	0.0120	0.0676	0.0263	0.0929	0.1706		0.2871	0.0079	0.0413	0.0394	0.0503	0.0181	0.0157	0.1314
黑龙江	0.0183	0.0143	0.0555	0.0160	0.0769	0.1020	0.1518		0.0070	0.0260	0.0225	0.0350	0.0130	0.0138	0.1075
上海	0.1641	0.0596	0.2252	0.1676	0.0791	0.2139	0.1772	0.2853		3.6385	1.1418	6.1618	0.6570	1.2113	1.2060
江苏	0.0303	0.0134	0.0881	0.0568	0.0221	0.0438	0.0438	0.0668	0.1140		0.2246	2.0149	0.1221	0.2161	0.3873
浙江	0.0528	0.0174	0.0779	0.0514	0.0226	0.0507	0.0544	0.0884	0.1540	0.5266		2.9402	0.2626	1.9167	0.3035
安徽	0.0490	0.0107	0.0308	0.0160	0.0071	0.0166	0.0126	0.0125	0.1250	0.2611	0.1821		0.0451	0.0514	0.0537
福建	0.0335	0.0143	0.0377	0.0274	0.0126	0.0304	0.0263	0.0358	0.0473	0.0943	0.1582	0.3328		1.3249	0.0833
江西	0.0140	0.0064	0.0286	0.0253	0.0198	0.0139	0.0117	0.0116	0.0356	0.0586	0.1911	0.0917	0.1414		0.0370
山东	0.0187	0.0121	0.1081	0.0472	0.0520	0.0573	0.1157	0.2353	0.0073	0.0886	0.0392	0.0849	0.0254	0.0203	
河南	0.0117	0.0039	0.0305	0.0250	0.0060	0.0078	0.0074	0.0108	0.0053	0.0222	0.0230	0.0424	0.0136	0.0127	0.0359

续表

现住地（迁入地区）	五年前常住地（迁出地区）														
	北京	天津	河北	山西	内蒙古	辽宁	吉林	黑龙江	上海	江苏	浙江	安徽	福建	江西	山东
湖北	0.0224	0.0086	0.0417	0.0297	0.0186	0.0157	0.0106	0.0144	0.0158	0.0573	0.0925	0.0703	0.0533	0.0763	0.0525
湖南	0.0105	0.0041	0.0197	0.0117	0.0068	0.0105	0.0084	0.0091	0.0076	0.0234	0.0507	0.0300	0.0367	0.0580	0.0226
广东	0.0253	0.0099	0.0629	0.0437	0.0167	0.0446	0.0521	0.0670	0.0178	0.0826	0.1012	0.2697	0.2682	1.1904	0.1086
广西	0.0103	0.0055	0.0232	0.0118	0.0076	0.0140	0.0166	0.0223	0.0067	0.0220	0.0460	0.0322	0.0580	0.0529	0.0268
海南	0.0306	0.0228	0.0710	0.0569	0.0526	0.0655	0.0747	0.1485	0.0185	0.0750	0.0970	0.1350	0.1375	0.1983	0.0809
重庆	0.0247	0.0074	0.0426	0.0320	0.0163	0.0185	0.0148	0.0161	0.0241	0.0523	0.1016	0.0374	0.0814	0.0415	0.0425
四川	0.0249	0.0060	0.0331	0.0226	0.0099	0.0165	0.0118	0.0129	0.0206	0.0461	0.0752	0.0256	0.0412	0.0303	0.0337
贵州	0.0089	0.0030	0.0194	0.0101	0.0044	0.0098	0.0102	0.0084	0.0137	0.0427	0.1783	0.0356	0.0831	0.0483	0.0262
云南	0.0083	0.0046	0.0211	0.0126	0.0050	0.0099	0.0099	0.0136	0.0081	0.0239	0.0620	0.0280	0.0489	0.0394	0.0264
西藏	0.0183	0.0042	0.0394	0.0121	0.0052	0.0135	0.0045	0.0076	0.0093	0.0298	0.0567	0.0633	0.0232	0.0211	0.0422
陕西	0.0223	0.0111	0.0901	0.1618	0.0801	0.0280	0.0199	0.0271	0.0098	0.0690	0.0619	0.0776	0.0430	0.0349	0.0915
甘肃	0.0134	0.0084	0.0378	0.0230	0.0192	0.0188	0.0129	0.0133	0.0064	0.0421	0.0441	0.0341	0.0188	0.0192	0.0436
青海	0.0353	0.0134	0.1301	0.0606	0.0288	0.0306	0.0237	0.0309	0.0136	0.1257	0.0901	0.1178	0.0468	0.0445	0.1375
宁夏	0.0303	0.0132	0.1400	0.0899	0.1763	0.0471	0.0357	0.0525	0.0132	0.0969	0.0884	0.1590	0.0440	0.0390	0.1778
新疆	0.0228	0.0075	0.0763	0.0449	0.0176	0.0260	0.0207	0.0296	0.0146	0.1161	0.0603	0.1499	0.0374	0.0250	0.1516

续表

五年前常住地（迁出地区）

河南	湖北	湖南	广东	广西	海南	重庆	四川	贵州	云南	西藏	陕西	甘肃	青海	宁夏	新疆	迁入率合计
2.8336	1.0652	0.5369	0.2922	0.1367	0.0430	0.2643	0.9573	0.1443	0.1230	0.0132	0.5774	0.4926	0.0413	0.0704	0.1585	21.88
1.4367	0.4152	0.1626	0.1047	0.0586	0.0315	0.1107	0.3987	0.0997	0.0685	0.0074	0.2591	0.3138	0.0416	0.0491	0.0949	12.81
0.1672	0.0564	0.0247	0.0128	0.0090	0.0051	0.0190	0.0677	0.0163	0.0139	0.0015	0.0463	0.0212	0.0062	0.0044	0.0100	1.32
0.2887	0.0764	0.0326	0.0156	0.0078	0.0057	0.0312	0.1068	0.0168	0.0194	0.0010	0.0945	0.0202	0.0049	0.0030	0.0046	1.44
0.2358	0.0893	0.0459	0.0200	0.0105	0.0039	0.0388	0.1959	0.0277	0.0222	0.0014	0.3271	0.3180	0.0131	0.0995	0.0107	3.41
0.1762	0.0526	0.0346	0.0244	0.0100	0.0043	0.0258	0.0944	0.0163	0.0110	0.0029	0.0257	0.0200	0.0060	0.0045	0.0121	2.73
0.0731	0.0328	0.0197	0.0137	0.0067	0.0085	0.0107	0.0319	0.0100	0.0069	0.0012	0.0145	0.0104	0.0068	0.0040	0.0102	1.24
0.0405	0.0299	0.0161	0.0134	0.0059	0.0044	0.0067	0.0188	0.0071	0.0076	0.0008	0.0117	0.0093	0.0023	0.0025	0.0046	0.84
2.3171	1.2124	0.6873	0.4226	0.1669	0.0396	0.5651	1.5787	0.4315	0.2545	0.0110	0.4371	0.3315	0.0386	0.0354	0.1049	24.02
0.8902	0.3515	0.1797	0.0820	0.0458	0.0087	0.1405	0.5115	0.2276	0.1246	0.0066	0.2006	0.1055	0.0150	0.0091	0.0287	6.37
1.7158	1.1663	0.9809	0.3209	0.2094	0.0173	0.6452	1.5102	2.0735	0.5991	0.0051	0.2692	0.1030	0.0140	0.0104	0.0347	16.19
0.1211	0.0621	0.0416	0.0568	0.0157	0.0054	0.0178	0.0513	0.0330	0.0346	0.0015	0.0236	0.0114	0.0045	0.0020	0.0060	1.36
0.4478	0.5364	0.3629	0.3181	0.1133	0.0262	0.5273	1.1004	0.7239	0.1861	0.0047	0.1036	0.0385	0.0050	0.0101	0.0193	6.78
0.0737	0.0953	0.1163	0.3415	0.0420	0.0186	0.0191	0.0581	0.0589	0.0200	0.0018	0.0219	0.0207	0.0053	0.0058	0.0072	1.59
0.1882	0.0553	0.0239	0.0171	0.0072	0.0036	0.0147	0.0506	0.0168	0.0235	0.0010	0.0365	0.0350	0.0094	0.0067	0.0174	1.42
	0.0441	0.0196	0.0287	0.0076	0.0026	0.0078	0.0259	0.0081	0.0085	0.0016	0.0215	0.0089	0.0043	0.0019	0.0084	0.46

续表

五年前常住地（迁出地区）																	迁入率合计
河南	湖北	湖南	广东	广西	海南	重庆	四川	贵州	云南	西藏	陕西	甘肃	青海	宁夏	新疆		
0.2020		0.1299	0.1696	0.0400	0.0158	0.0878	0.0934	0.0371	0.0261	0.0020	0.0420	0.0198	0.0081	0.0051	0.0168	1.48
0.0492	0.1257		0.3188	0.0521	0.0133	0.0186	0.0518	0.0567	0.0270	0.0018	0.0173	0.0103	0.0037	0.0024	0.0091	1.07
1.2331	1.6001	2.9856		2.3901	0.1139	0.5300	1.5620	0.6513	0.2388	0.0066	0.3220	0.1015	0.0112	0.0065	0.0253	14.14
0.0558	0.0708	0.2237	0.3392		0.0206	0.0227	0.0694	0.0597	0.0347	0.0012	0.0160	0.0078	0.0038	0.0015	0.0077	1.29
0.2597	0.2816	0.3906	0.5288	0.3422		0.1249	0.3960	0.1251	0.0709	0.0014	0.0780	0.0527	0.0144	0.0096	0.0438	3.98
0.0760	0.1131	0.0695	0.2259	0.0353	0.0138		1.0921	0.1811	0.0881	0.0068	0.0391	0.0300	0.0108	0.0089	0.0453	2.59
0.0580	0.0619	0.0470	0.1812	0.0210	0.0078	0.2136		0.0580	0.0929	0.0170	0.0383	0.0350	0.0138	0.0053	0.0342	1.30
0.0583	0.0735	0.1968	0.1963	0.0553	0.0076	0.1377	0.2804		0.0974	0.0017	0.0173	0.0084	0.0038	0.0012	0.0052	1.64
0.0557	0.0665	0.1234	0.0599	0.0404	0.0090	0.1280	0.3251	0.1937		0.0038	0.0218	0.0096	0.0055	0.0019	0.0068	1.37
0.1900	0.1273	0.0896	0.0201	0.0076	0.0031	0.1834	1.5076	0.0239	0.0571		0.1273	0.3336	0.1419	0.0042	0.0152	3.18
0.2912	0.1131	0.0493	0.0584	0.0189	0.0088	0.0373	0.1793	0.0300	0.0187	0.0159		0.1985	0.0276	0.0461	0.0487	1.97
0.1292	0.0669	0.0339	0.0171	0.0082	0.0045	0.0198	0.1032	0.0099	0.0118	0.0106	0.1138		0.0513	0.0313	0.0434	1.01
0.4151	0.1939	0.1013	0.0454	0.0195	0.0031	0.0613	0.3695	0.0175	0.0311	0.0588	0.2585	0.7357		0.0215	0.0403	3.30
0.4823	0.0962	0.0576	0.0320	0.0171	0.0085	0.0688	0.2112	0.0281	0.0175	0.0038	0.5350	1.0785	0.0192		0.0396	3.90
0.8312	0.1219	0.0728	0.0436	0.0096	0.0039	0.1480	0.7180	0.0176	0.0242	0.0013	0.2409	0.8435	0.0431	0.0872		4.01

附表 7 　　　　　　　　　1985—1990 年中国省际迁移人口迁出率矩阵　　　　　　　　　　单位:%

现住地（迁入地）	五年前常住地（迁出地）														
	北京	天津	河北	山西	内蒙古	辽宁	吉林	黑龙江	上海	江苏	浙江	安徽	福建	江西	山东
北京		0.1803	0.3657	0.0967	0.0798	0.0515	0.0613	0.0705	0.0543	0.0506	0.0572	0.0594	0.0280	0.0184	0.0550
天津	0.0591		0.1631	0.0340	0.0480	0.0202	0.0191	0.0410	0.0114	0.0079	0.0130	0.0105	0.0065	0.0038	0.0274
河北	0.1802	0.2257		0.1542	0.2233	0.0607	0.0811	0.1429	0.0104	0.0147	0.0357	0.0140	0.0124	0.0073	0.0309
山西	0.0647	0.0252	0.0943		0.1885	0.0128	0.0135	0.0108	0.0049	0.0128	0.0704	0.0117	0.0191	0.0036	0.0212
内蒙古	0.0233	0.0176	0.0649	0.0510		0.0659	0.0990	0.1674	0.0030	0.0071	0.0275	0.0050	0.0035	0.0027	0.0161
辽宁	0.0424	0.0423	0.0520	0.0202	0.2933		0.3717	0.4379	0.0171	0.0249	0.0579	0.0206	0.0155	0.0089	0.0698
吉林	0.0184	0.0192	0.0155	0.0087	0.0942	0.1184		0.1912	0.0045	0.0090	0.0198	0.0050	0.0058	0.0038	0.0539
黑龙江	0.0258	0.0163	0.0285	0.0087	0.1819	0.1230	0.3357		0.0072	0.0220	0.0368	0.0272	0.0074	0.0051	0.1069
上海	0.0569	0.0309	0.0118	0.0174	0.0115	0.0157	0.0154	0.0303		0.3304	0.2493	0.2130	0.0368	0.0638	0.0216
江苏	0.0913	0.0368	0.0244	0.0334	0.0317	0.0331	0.0444	0.0670	0.3101		0.1300	0.2776	0.0545	0.0876	0.0603
浙江	0.0411	0.0173	0.0079	0.0159	0.0137	0.0129	0.0130	0.0265	0.1855	0.0580		0.0583	0.0861	0.1112	0.0120
安徽	0.0493	0.0136	0.0118	0.0175	0.0101	0.0114	0.0124	0.0234	0.1105	0.0952	0.0744		0.0238	0.0406	0.0186
福建	0.0231	0.0107	0.0032	0.0068	0.0035	0.0045	0.0050	0.0044	0.0316	0.0166	0.1119	0.0095		0.1146	0.0062
江西	0.0189	0.0049	0.0044	0.0065	0.0039	0.0055	0.0063	0.0047	0.0209	0.0168	0.1023	0.0410	0.1264		0.0041
山东	0.1013	0.0398	0.0600	0.0502	0.0820	0.0655	0.2533	0.3814	0.0327	0.0515	0.0580	0.0251	0.0412	0.0201	
河南	0.0828	0.0248	0.0450	0.0820	0.0295	0.0374	0.0327	0.0529	0.0156	0.0310	0.0526	0.0591	0.0176	0.0120	0.0433

续表

现住地（迁入地）	五年前常住地（迁出地）														
	北京	天津	河北	山西	内蒙古	辽宁	吉林	黑龙江	上海	江苏	浙江	安徽	福建	江西	山东
湖北	0.0498	0.0205	0.0187	0.0162	0.0141	0.0162	0.0171	0.0162	0.0242	0.0343	0.0580	0.0319	0.0323	0.0389	0.0165
湖南	0.0393	0.0129	0.0105	0.0135	0.0097	0.0128	0.0102	0.0137	0.0136	0.0079	0.0300	0.0132	0.0257	0.0485	0.0052
广东	0.1044	0.0345	0.0164	0.0132	0.0114	0.0211	0.0243	0.0197	0.0883	0.0372	0.0908	0.0165	0.1867	0.1577	0.0105
广西	0.0136	0.0055	0.0034	0.0033	0.0038	0.0036	0.0037	0.0049	0.0080	0.0038	0.0161	0.0033	0.0121	0.0106	0.0027
海南	0.0093	0.0027	0.0012	0.0012	0.0011	0.0013	0.0027	0.0022	0.0047	0.0042	0.0077	0.0033	0.0258	0.0055	0.0008
重庆															
四川	0.0842	0.0275	0.0351	0.0453	0.0317	0.0344	0.0299	0.0337	0.0272	0.0182	0.0304	0.0142	0.0259	0.0154	0.0125
贵州	0.0083	0.0021	0.0023	0.0016	0.0014	0.0022	0.0017	0.0034	0.0048	0.0052	0.0225	0.0039	0.0055	0.0050	0.0042
云南	0.0113	0.0038	0.0038	0.0037	0.0017	0.0028	0.0039	0.0029	0.0114	0.0087	0.0432	0.0045	0.0076	0.0055	0.0040
西藏															
陕西	0.0542	0.0177	0.0266	0.0560	0.0311	0.0156	0.0129	0.0105	0.0119	0.0228	0.0419	0.0171	0.0117	0.0084	0.0153
甘肃	0.0173	0.0085	0.0115	0.0154	0.0152	0.0086	0.0076	0.0050	0.0086	0.0148	0.0409	0.0072	0.0047	0.0042	0.0121
青海	0.0075	0.0026	0.0064	0.0052	0.0020	0.0044	0.0029	0.0011	0.0025	0.0124	0.0200	0.0044	0.0023	0.0011	0.0055
宁夏	0.0039	0.0041	0.0059	0.0049	0.0298	0.0062	0.0026	0.0036	0.0030	0.0060	0.0172	0.0044	0.0013	0.0004	0.0045
新疆	0.0100	0.0057	0.0088	0.0080	0.0062	0.0031	0.0038	0.0035	0.0103	0.0320	0.0272	0.0239	0.0029	0.0033	0.0198
迁出率合计	1.29	0.85	1.10	0.79	1.45	0.77	1.49	1.77	1.04	0.96	1.54	0.98	0.83	0.81	0.66

五年前常住地（迁出地区）

河南	湖北	湖南	广东	广西	海南	重庆	四川	贵州	云南	西藏	陕西	甘肃	青海	宁夏	新疆
0.0630	0.0385	0.0194	0.0117	0.0129	0.0135		0.0432	0.0130	0.0097		0.0533	0.0335	0.0640	0.0518	0.0528
0.0125	0.0101	0.0056	0.0031	0.0075	0.0062		0.0089	0.0054	0.0026		0.0151	0.0199	0.0260	0.0293	0.0428
0.0365	0.0214	0.0161	0.0055	0.0592	0.0086		0.0735	0.0457	0.0349		0.0714	0.0608	0.1171	0.0463	0.0800
0.0520	0.0080	0.0085	0.0016	0.0068	0.0010		0.0349	0.0134	0.0056		0.0440	0.0238	0.0366	0.0147	0.0272
0.0077	0.0023	0.0020	0.0006	0.0009	0.0005		0.0129	0.0016	0.0015		0.0381	0.0683	0.0136	0.1048	0.0141
0.0211	0.0163	0.0072	0.0050	0.0040	0.0063		0.0226	0.0074	0.0038		0.0206	0.0200	0.0427	0.0270	0.0205
0.0061	0.0060	0.0029	0.0018	0.0024	0.0023		0.0070	0.0029	0.0030		0.0065	0.0088	0.0174	0.0121	0.0088
0.0160	0.0128	0.0035	0.0014	0.0020	0.0015		0.0125	0.0037	0.0017		0.0077	0.0064	0.0089	0.0074	0.0045
0.0138	0.0212	0.0144	0.0150	0.0074	0.0148		0.0304	0.0259	0.0144		0.0278	0.0420	0.0992	0.0339	0.1807
0.0333	0.0525	0.0289	0.0135	0.0285	0.0613		0.0913	0.1459	0.0985		0.0775	0.0803	0.2275	0.0873	0.2341
0.0100	0.0196	0.0238	0.0098	0.0289	0.0129		0.0271	0.0596	0.0340		0.0169	0.0217	0.0860	0.0412	0.0496
0.0329	0.0271	0.0132	0.0039	0.0057	0.0194		0.0379	0.0531	0.0576		0.0351	0.0192	0.0565	0.0177	0.0567
0.0034	0.0117	0.0145	0.0222	0.0341	0.0147		0.0497	0.0568	0.0126		0.0072	0.0047	0.0134	0.0051	0.0115
0.0074	0.0331	0.0474	0.0203	0.0132	0.0118		0.0106	0.0139	0.0068		0.0076	0.0082	0.0120	0.0049	0.0104
0.0337	0.0192	0.0093	0.0083	0.0172	0.0185		0.0432	0.0554	0.0771		0.0688	0.0698	0.2508	0.0562	0.1437
	0.0781	0.0158	0.0184	0.0109	0.0310		0.0479	0.0390	0.0385		0.1279	0.0909	0.2186	0.0992	0.2153

续表

五年前常住地（迁出地区）

	河南	湖北	湖南	广东	广西	海南	重庆	四川	贵州	云南	西藏	陕西	甘肃	青海	宁夏	新疆
	0.0971		0.0724	0.0195	0.0184	0.0260		0.0903	0.0184	0.0127		0.0611	0.0195	0.0502	0.0179	0.0760
	0.0132	0.0764		0.0429	0.0500	0.0680		0.0282	0.0731	0.0332		0.0207	0.0134	0.0386	0.0123	0.0582
	0.0389	0.0747	0.3888		0.9868	1.1774		0.1466	0.0987	0.0498		0.0477	0.0227	0.0403	0.0181	0.0331
	0.0036	0.0107	0.0621	0.0481		0.0822		0.0095	0.0319	0.0184		0.0046	0.0032	0.0149	0.0026	0.0115
	0.0030	0.0087	0.0179	0.0978	0.0748			0.0135	0.0038	0.0021		0.0028	0.0015	0.0032	0.0014	0.0022
	0.0243	0.0585	0.0255	0.0194	0.0244	0.0313			0.1370	0.1929		0.0866	0.0922	0.2779	0.0525	0.2473
	0.0053	0.0074	0.0338	0.0065	0.0204	0.0032		0.0954		0.0523		0.0052	0.0014	0.0068	0.0009	0.0048
	0.0054	0.0080	0.0361	0.0106	0.0213	0.0165		0.1214	0.0878			0.0098	0.0051	0.0094	0.0036	0.0063
	0.0534	0.0235	0.0090	0.0051	0.0043	0.0045		0.0399	0.0059	0.0096			0.1728	0.2451	0.1615	0.1630
	0.0275	0.0057	0.0048	0.0021	0.0013	0.0010		0.0194	0.0010	0.0024		0.1140		0.3260	0.1859	0.1378
	0.0172	0.0017	0.0030	0.0004	0.0013	0.0005		0.0187	0.0007	0.0006		0.0451	0.1212		0.0296	0.0143
	0.0115	0.0012	0.0014	0.0003	0.0002	0.0000		0.0046	0.0004	0.0003		0.0589	0.0954	0.0227		0.0130
	0.0711	0.0132	0.0125	0.0030	0.0032	0.0045		0.1126	0.0017	0.0010		0.0654	0.1804	0.0637	0.1541	
	0.72	0.67	0.90	0.40	1.45	1.64		1.25	1.00	0.78		1.15	1.31	2.39	1.28	1.92

附表8

1995—2000年中国省际迁移人口迁出率矩阵

单位:%

现住地 (迁入地区)	五年前常住地（迁出地区）														
	北京	天津	河北	山西	内蒙古	辽宁	吉林	黑龙江	上海	江苏	浙江	安徽	福建	江西	山东
北京		0.2334	0.5694	0.1957	0.2658	0.1364	0.1695	0.2178	0.0495	0.1477	0.1346	0.2503	0.0947	0.0972	0.1671
天津	0.0582		0.1651	0.0413	0.0953	0.0339	0.0642	0.1037	0.0083	0.0266	0.0292	0.0575	0.0224	0.0107	0.0851
河北	0.1910	0.2318		0.1218	0.2676	0.0851	0.1500	0.2904	0.0094	0.0282	0.0559	0.0543	0.0265	0.0165	0.0596
山西	0.0359	0.0336	0.0693		0.1893	0.0125	0.0141	0.0119	0.0062	0.0138	0.0349	0.0279	0.0192	0.0066	0.0174
内蒙古	0.0258	0.0248	0.0680	0.1064		0.0598	0.0810	0.1468	0.0024	0.0096	0.0164	0.0111	0.0103	0.0074	0.0132
辽宁	0.0355	0.0377	0.0448	0.0201	0.3561		0.4904	0.6113	0.0122	0.0335	0.0450	0.0528	0.0270	0.0148	0.0653
吉林	0.0151	0.0192	0.0178	0.0105	0.0917	0.0952		0.1889	0.0043	0.0155	0.0155	0.0139	0.0122	0.0054	0.0328
黑龙江	0.0196	0.0173	0.0199	0.0113	0.1545	0.0802	0.2803		0.0061	0.0228	0.0197	0.0221	0.0118	0.0075	0.0481
上海	0.0791	0.0447	0.0177	0.0259	0.0232	0.0322	0.0442	0.0615		0.6540	0.4536	1.1226	0.2063	0.3482	0.0583
江苏	0.1117	0.0531	0.0270	0.0392	0.0358	0.0353	0.0457	0.0667	0.3382		0.2781	1.2054	0.1181	0.1730	0.0805
浙江	0.0768	0.0324	0.0157	0.0186	0.0204	0.0218	0.0281	0.0404	0.1882	0.1455		0.9003	0.1729	1.4540	0.0386
安徽	0.0423	0.0167	0.0100	0.0096	0.0076	0.0118	0.0153	0.0157	0.0979	0.0853	0.0629		0.0287	0.0428	0.0151
福建	0.0360	0.0159	0.0071	0.0120	0.0093	0.0117	0.0158	0.0173	0.0378	0.0298	0.0981	0.1707		1.0098	0.0125
江西	0.0150	0.0073	0.0054	0.0053	0.0049	0.0040	0.0057	0.0048	0.0192	0.0142	0.0617	0.0300	0.0773		0.0070
山东	0.0989	0.0651	0.0576	0.0534	0.1309	0.0941	0.3552	0.5142	0.0361	0.0830	0.0934	0.1128	0.0425	0.0277	
河南	0.0541	0.0217	0.0420	0.1023	0.0269	0.0229	0.0248	0.0326	0.0146	0.0298	0.0585	0.0663	0.0285	0.0218	0.0469

续表

现住地（迁入地区）	五年前常住地（迁出地区）														
	北京	天津	河北	山西	内蒙古	辽宁	吉林	黑龙江	上海	江苏	浙江	安徽	福建	江西	山东
湖北	0.0366	0.0272	0.0256	0.0343	0.0163	0.0141	0.0168	0.0128	0.0176	0.0313	0.0746	0.0407	0.0656	0.0804	0.0305
湖南	0.0268	0.0134	0.0107	0.0143	0.0077	0.0104	0.0103	0.0115	0.0117	0.0126	0.0411	0.0162	0.0420	0.0752	0.0079
广东	0.1430	0.0695	0.0433	0.0573	0.0568	0.0745	0.1074	0.1223	0.1003	0.1614	0.2159	0.4897	0.5959	3.0277	0.0956
广西	0.0141	0.0086	0.0049	0.0036	0.0032	0.0043	0.0066	0.0080	0.0074	0.0068	0.0355	0.0138	0.0356	0.0297	0.0033
海南	0.0086	0.0046	0.0022	0.0025	0.0052	0.0054	0.0091	0.0092	0.0037	0.0037	0.0089	0.0101	0.0201	0.0313	0.0037
重庆	0.0348	0.0153	0.0100	0.0142	0.0081	0.0085	0.0086	0.0094	0.0155	0.0104	0.0318	0.0090	0.0340	0.0142	0.0071
四川	0.0736	0.0252	0.0235	0.0317	0.0185	0.0207	0.0172	0.0191	0.0291	0.0227	0.0614	0.0175	0.0449	0.0233	0.0126
贵州	0.0096	0.0038	0.0046	0.0043	0.0015	0.0031	0.0022	0.0029	0.0073	0.0058	0.0269	0.0056	0.0241	0.0130	0.0031
云南	0.0188	0.0067	0.0092	0.0099	0.0048	0.0066	0.0110	0.0112	0.0134	0.0158	0.0829	0.0176	0.0600	0.0463	0.0077
西藏	0.0026	0.0017	0.0008	0.0010	0.0009	0.0007	0.0005	0.0005	0.0017	0.0013	0.0034	0.0013	0.0013	0.0005	0.0008
陕西	0.0392	0.0285	0.0278	0.0700	0.0492	0.0144	0.0147	0.0137	0.0103	0.0265	0.0461	0.0257	0.0228	0.0165	0.0231
甘肃	0.0129	0.0109	0.0083	0.0129	0.0151	0.0063	0.0062	0.0052	0.0054	0.0135	0.0293	0.0113	0.0129	0.0065	0.0081
青海	0.0025	0.0012	0.0031	0.0038	0.0023	0.0018	0.0016	0.0015	0.0015	0.0049	0.0078	0.0043	0.0036	0.0008	0.0033
宁夏	0.0090	0.0027	0.0049	0.0054	0.0331	0.0030	0.0025	0.0034	0.0014	0.0042	0.0080	0.0112	0.0034	0.0015	0.0041
新疆	0.0100	0.0082	0.0154	0.0162	0.0089	0.0072	0.0090	0.0115	0.0099	0.0667	0.0453	0.0848	0.0147	0.0063	0.0337
迁出率合计	1.34	1.08	1.33	1.05	1.91	0.92	2.01	2.57	1.07	1.73	2.18	4.86	1.88	6.62	0.99

五年前常住地（迁出地区）

河南	湖北	湖南	广东	广西	海南	重庆	四川	贵州	云南	西藏	陕西	甘肃	青海	宁夏	新疆
0.2547	0.1447	0.0601	0.0302	0.0217	0.0522	0.0741	0.1351	0.0341	0.0187	0.0506	0.1341	0.1136	0.1148	0.1304	0.0769
0.0423	0.0259	0.0100	0.0063	0.0056	0.0114	0.0164	0.0232	0.0055	0.0025	0.0307	0.0243	0.0245	0.0245	0.0382	0.0195
0.0831	0.0629	0.0186	0.0092	0.0152	0.0155	0.0315	0.0742	0.0357	0.0236	0.0307	0.0945	0.0561	0.0911	0.0484	0.0369
0.0635	0.0326	0.0098	0.0028	0.0031	0.0070	0.0215	0.0682	0.0159	0.0159	0.0259	0.0867	0.0273	0.0390	0.0149	0.0113
0.0126	0.0072	0.0029	0.0012	0.0009	0.0018	0.0064	0.0167	0.0024	0.0026	0.0088	0.0848	0.0949	0.0432	0.1673	0.0062
0.0407	0.0266	0.0099	0.0066	0.0040	0.0096	0.0201	0.0370	0.0067	0.0030	0.0223	0.0228	0.0161	0.0332	0.0256	0.0161
0.0105	0.0130	0.0038	0.0024	0.0026	0.0101	0.0044	0.0107	0.0028	0.0024	0.0048	0.0081	0.0068	0.0170	0.0149	0.0078
0.0130	0.0173	0.0057	0.0029	0.0029	0.0072	0.0048	0.0107	0.0043	0.0023	0.0060	0.0081	0.0072	0.0096	0.0130	0.0030
0.0952	0.1102	0.0525	0.0283	0.0141	0.0280	0.0877	0.1708	0.0711	0.0192	0.0371	0.0483	0.0525	0.0463	0.0426	0.1569
0.1290	0.1404	0.0671	0.0270	0.0247	0.0514	0.1189	0.2332	0.2643	0.1160	0.0494	0.0928	0.0602	0.1495	0.0507	0.1049
0.1499	0.3195	0.2276	0.0296	0.0700	0.0359	0.3539	0.4378	0.6132	0.0979	0.0247	0.0757	0.0383	0.0625	0.0473	0.0350
0.0335	0.0302	0.0137	0.0085	0.0070	0.0193	0.0142	0.0201	0.0451	0.0407	0.0116	0.0165	0.0106	0.0287	0.0115	0.0206
0.0416	0.1647	0.0945	0.0409	0.0320	0.0488	0.2756	0.3429	0.2330	0.0221	0.0144	0.0326	0.0103	0.0230	0.0260	0.0130
0.0069	0.0353	0.0430	0.0386	0.0141	0.0249	0.0111	0.0138	0.0403	0.0088	0.0219	0.0082	0.0057	0.0085	0.0079	0.0067
0.0867	0.0613	0.0141	0.0099	0.0089	0.0146	0.0345	0.0396	0.0307	0.0725	0.0415	0.0619	0.0469	0.1507	0.0362	0.0902
	0.0831	0.0198	0.0165	0.0112	0.0358	0.0248	0.0427	0.0264	0.0240	0.0570	0.1119	0.0462	0.1277	0.0416	0.0761

五年前常住地（迁出地）

河南	湖北	湖南	广东	广西	海南	重庆	四川	贵州	云南	西藏	陕西	甘肃	青海	宁夏	新疆
0.1044		0.0952	0.0328	0.0385	0.0816	0.1842	0.0702	0.0390	0.0195	0.0443	0.0684	0.0319	0.1239	0.0411	0.0417
0.0162	0.1109		0.0541	0.0524	0.0811	0.0408	0.0289	0.0788	0.0287	0.0235	0.0146	0.0155	0.0299	0.0153	0.0267
0.9001	2.0246	3.9645		3.6112	0.9986	1.1905	2.3313	1.2986	0.1248	0.0403	0.5749	0.1780	0.0928	0.0863	0.0823
0.0074	0.0262	0.1159	0.0556		0.0643	0.0197	0.0266	0.0765	0.0299	0.0028	0.0072	0.0042	0.0131	0.0021	0.0089
0.0099	0.0435	0.0495	0.0371	0.0652		0.0214	0.0316	0.0140	0.0054	0.0008	0.0081	0.0044	0.0081	0.0030	0.0053
0.0116	0.0429	0.0178	0.0255	0.0137	0.0332		0.2526	0.1056	0.0489	0.1072	0.0189	0.0126	0.0451	0.0213	0.0543
0.0193	0.0378	0.0278	0.0369	0.0200	0.0503	0.5094		0.0914	0.1611	0.4621	0.0586	0.0651	0.1420	0.0360	0.1452
0.0050	0.0142	0.0530	0.0190	0.0288	0.0109	0.0999	0.1009		0.0541	0.0283	0.0058	0.0033	0.0027	0.0009	0.0046
0.0169	0.0568	0.0945	0.0269	0.0371	0.0219	0.2518	0.2958	0.3443		0.0554	0.0180	0.0103	0.0116	0.0089	0.0127
0.0030	0.0023	0.0023	0.0004	0.0002	0.0005	0.0134	0.0482	0.0016	0.0019		0.0091	0.0228	0.0637	0.0021	0.0017
0.0682	0.0485	0.0156	0.0103	0.0078	0.0265	0.0233	0.0498	0.0096	0.0086	0.1212		0.2007	0.1875	0.1952	0.0933
0.0219	0.0150	0.0073	0.0030	0.0020	0.0038	0.0095	0.0218	0.0038	0.0039	0.0395	0.0788		0.5587	0.1891	0.0623
0.0104	0.0038	0.0026	0.0008	0.0001	0.0005	0.0039	0.0127	0.0004	0.0011	0.0379	0.0213	0.0815		0.0136	0.0062
0.0148	0.0027	0.0016	0.0008	0.0001	0.0007	0.0038	0.0072	0.0006	0.0002	0.0016	0.0777	0.1549	0.0233		0.0100
0.2618	0.0667	0.0273	0.0049	0.0025	0.0039	0.1728	0.3550	0.0076	0.0076	0.0072	0.1678	0.8634	0.2851	0.3157	
2.53	3.77	5.13	0.57	4.12	1.75	3.64	5.31	3.50	0.97	1.41	2.04	2.27	2.56	1.65	1.24

附表9

2005—2010年中国省际迁移人口迁出率矩阵

单位:%

现住地 (迁入地区)	五年前常住地（迁出地区）														
	北京	天津	河北	山西	内蒙古	辽宁	吉林	黑龙江	上海	江苏	浙江	安徽	福建	江西	山东
北京		0.4664	1.1735	0.4654	0.4883	0.3214	0.4359	0.5142	0.0859	0.1354	0.1206	0.3329	0.1377	0.1832	0.3669
天津	0.1028		0.5002	0.1954	0.1946	0.0969	0.1760	0.2474	0.0188	0.0495	0.0460	0.1177	0.0484	0.0397	0.2449
河北	0.4416	0.2345		0.1238	0.2487	0.1145	0.1493	0.3000	0.0120	0.0307	0.0352	0.0639	0.0351	0.0337	0.0672
山西	0.0413	0.0384	0.1033		0.1103	0.0224	0.0304	0.0250	0.0066	0.0268	0.0252	0.0375	0.0356	0.0167	0.0313
内蒙古	0.0797	0.0641	0.1430	0.2568		0.1059	0.1323	0.1703	0.0075	0.0262	0.0226	0.0330	0.0254	0.0180	0.0483
辽宁	0.0599	0.0720	0.0774	0.0508	0.4776		0.6968	0.8877	0.0193	0.0411	0.0402	0.0794	0.0369	0.0243	0.0885
吉林	0.0273	0.0280	0.0263	0.0207	0.1044	0.1084		0.2050	0.0106	0.0147	0.0208	0.0228	0.0137	0.0098	0.0381
黑龙江	0.0401	0.0469	0.0303	0.0177	0.1212	0.0908	0.2127		0.0132	0.0130	0.0166	0.0222	0.0137	0.0121	0.0437
上海	0.1913	0.1041	0.0655	0.0987	0.0664	0.1015	0.1324	0.1522		0.9676	0.4505	2.0828	0.3710	0.5637	0.2613
江苏	0.1328	0.0879	0.0963	0.1257	0.0697	0.0781	0.1232	0.1339	0.4288		0.3332	2.5610	0.2593	0.3782	0.3156
浙江	0.1561	0.0771	0.0574	0.0767	0.0481	0.0610	0.1030	0.1195	0.3902	0.3550		2.5190	0.3759	2.2606	0.1667
安徽	0.1691	0.0553	0.0265	0.0278	0.0176	0.0233	0.0279	0.0197	0.3699	0.2055	0.2125		0.0753	0.0707	0.0345
福建	0.0691	0.0442	0.0194	0.0286	0.0187	0.0255	0.0348	0.0338	0.0838	0.0444	0.1105	0.1992		1.0917	0.0320
江西	0.0350	0.0239	0.0179	0.0320	0.0358	0.0142	0.0188	0.0133	0.0766	0.0335	0.1620	0.0666	0.1717		0.0173
山东	0.1004	0.0972	0.1450	0.1284	0.2015	0.1256	0.3990	0.5791	0.0336	0.1088	0.0713	0.1324	0.0661	0.0435	
河南	0.0626	0.0313	0.0409	0.0679	0.0232	0.0171	0.0253	0.0266	0.0245	0.0272	0.0417	0.0660	0.0353	0.0272	0.0358

续表

现住地（迁入地区）	五年前常住地（迁出地区）														
	北京	天津	河北	山西	内蒙古	辽宁	吉林	黑龙江	上海	江苏	浙江	安徽	福建	江西	山东
湖北	0.0732	0.0421	0.0340	0.0491	0.0439	0.0209	0.0223	0.0216	0.0442	0.0427	0.1023	0.0666	0.0844	0.0995	0.0319
湖南	0.0389	0.0224	0.0181	0.0218	0.0182	0.0158	0.0199	0.0153	0.0239	0.0197	0.0632	0.0320	0.0656	0.0854	0.0155
广东	0.1421	0.0834	0.0879	0.1238	0.0675	0.1018	0.1871	0.1718	0.0856	0.1057	0.1921	0.4385	0.7286	2.6646	0.1132
广西	0.0273	0.0218	0.0153	0.0157	0.0145	0.0151	0.0282	0.0270	0.0153	0.0133	0.0412	0.0247	0.0743	0.0559	0.0132
海南	0.0148	0.0165	0.0086	0.0139	0.0184	0.0129	0.0232	0.0329	0.0077	0.0083	0.0159	0.0190	0.0323	0.0383	0.0073
重庆	0.0402	0.0181	0.0173	0.0262	0.0190	0.0122	0.0154	0.0120	0.0336	0.0194	0.0559	0.0176	0.0641	0.0269	0.0128
四川	0.1159	0.0419	0.0384	0.0531	0.0332	0.0312	0.0350	0.0275	0.0821	0.0489	0.1182	0.0345	0.0926	0.0562	0.0291
贵州	0.0182	0.0092	0.0100	0.0105	0.0065	0.0082	0.0135	0.0079	0.0242	0.0200	0.1242	0.0213	0.0829	0.0397	0.0100
云南	0.0214	0.0177	0.0136	0.0164	0.0093	0.0104	0.0163	0.0160	0.0180	0.0141	0.0542	0.0210	0.0613	0.0406	0.0127
西藏	0.0030	0.0010	0.0016	0.0010	0.0006	0.0009	0.0005	0.0006	0.0013	0.0011	0.0032	0.0030	0.0019	0.0014	0.0013
陕西	0.0474	0.0353	0.0478	0.1741	0.1230	0.0242	0.0271	0.0264	0.0180	0.0335	0.0446	0.0479	0.0444	0.0297	0.0362
甘肃	0.0198	0.0186	0.0139	0.0171	0.0204	0.0112	0.0122	0.0090	0.0081	0.0141	0.0220	0.0145	0.0134	0.0113	0.0119
青海	0.0111	0.0063	0.0102	0.0097	0.0065	0.0039	0.0048	0.0045	0.0037	0.0091	0.0096	0.0108	0.0072	0.0056	0.0081
宁夏	0.0106	0.0069	0.0122	0.0159	0.0445	0.0067	0.0080	0.0084	0.0040	0.0077	0.0105	0.0162	0.0075	0.0055	0.0116
新疆	0.0273	0.0135	0.0228	0.0272	0.0152	0.0127	0.0159	0.0162	0.0150	0.0317	0.0244	0.0521	0.0217	0.0119	0.0337
迁出率合计	2.32	1.83	2.87	2.29	2.67	1.59	3.13	3.82	1.97	2.47	2.59	9.16	3.08	7.95	2.14

续表

五年前常住地（迁出地区）

河南	湖北	湖南	广东	广西	海南	重庆	四川	贵州	云南	西藏	陕西	甘肃	青海	宁夏	新疆
0.5279	0.3260	0.1457	0.0521	0.0516	0.0888	0.1628	0.2061	0.0701	0.0476	0.0799	0.2711	0.3346	0.1308	0.2008	0.1323
0.1787	0.0849	0.0295	0.0125	0.0148	0.0434	0.0455	0.0573	0.0323	0.0177	0.0298	0.0812	0.1423	0.0879	0.0936	0.0529
0.1250	0.0693	0.0269	0.0092	0.0137	0.0421	0.0468	0.0585	0.0317	0.0216	0.0367	0.0872	0.0577	0.0781	0.0499	0.0334
0.1064	0.0463	0.0175	0.0055	0.0058	0.0231	0.0380	0.0455	0.0162	0.0148	0.0125	0.0878	0.0272	0.0304	0.0171	0.0077
0.0610	0.0379	0.0173	0.0049	0.0055	0.0112	0.0331	0.0585	0.0187	0.0119	0.0114	0.2131	0.2998	0.0573	0.3942	0.0125
0.0806	0.0395	0.0231	0.0107	0.0092	0.0219	0.0391	0.0499	0.0195	0.0104	0.0429	0.0296	0.0334	0.0470	0.0316	0.0247
0.0213	0.0157	0.0083	0.0038	0.0039	0.0273	0.0103	0.0107	0.0076	0.0042	0.0114	0.0106	0.0110	0.0335	0.0179	0.0133
0.0165	0.0200	0.0096	0.0052	0.0049	0.0197	0.0090	0.0088	0.0075	0.0064	0.0107	0.0120	0.0138	0.0157	0.0158	0.0084
0.5033	0.4326	0.2174	0.0878	0.0735	0.0953	0.4057	0.3963	0.2443	0.1148	0.0775	0.2393	0.2626	0.1425	0.1178	0.1021
0.7271	0.4716	0.2138	0.0641	0.0759	0.0783	0.3793	0.4828	0.4847	0.2113	0.1740	0.4128	0.3141	0.2087	0.1137	0.1049
0.9446	1.0548	0.7866	0.1691	0.2337	0.1054	1.1741	0.9608	2.9759	0.6848	0.0913	0.3735	0.2067	0.1310	0.0879	0.0856
0.0778	0.0656	0.0390	0.0349	0.0205	0.0382	0.0378	0.0381	0.0553	0.0462	0.0318	0.0383	0.0266	0.0496	0.0197	0.0174
0.1722	0.3389	0.2033	0.1171	0.0884	0.1116	0.6704	0.4891	0.7259	0.1486	0.0585	0.1005	0.0540	0.0327	0.0595	0.0333
0.0344	0.0731	0.0791	0.1525	0.0397	0.0964	0.0295	0.0314	0.0716	0.0194	0.0277	0.0257	0.0352	0.0421	0.0413	0.0150
0.1886	0.0910	0.0348	0.0164	0.0146	0.0398	0.0487	0.0586	0.0438	0.0489	0.0325	0.0923	0.1279	0.1608	0.1028	0.0782
0.0725	0.0725	0.0285	0.0275	0.0153	0.0290	0.0257	0.0299	0.0210	0.0177	0.0509	0.0541	0.0324	0.0724	0.0294	0.0376

续表

五年前常住地（迁出地区）

	河南	湖北	湖南	广东	广西	海南	重庆	四川	贵州	云南	西藏	陕西	甘肃	青海	宁夏	新疆
	0.1230		0.1152	0.0988	0.0494	0.1068	0.1766	0.0657	0.0589	0.0330	0.0398	0.0644	0.0439	0.0841	0.0473	0.0458
	0.0338	0.1418		0.2095	0.0726	0.1009	0.0423	0.0411	0.1015	0.0386	0.0401	0.0299	0.0257	0.0427	0.0250	0.0280
	1.2885	2.7466	4.5437		5.0644	1.3182	1.8305	1.8860	1.7742	0.5180	0.2235	0.8480	0.3866	0.1992	0.1042	0.1185
	0.0275	0.0574	0.1607	0.1601		0.1127	0.0369	0.0395	0.0767	0.0356	0.0194	0.0198	0.0141	0.0317	0.0111	0.0170
	0.0234	0.0418	0.0513	0.0457	0.0626		0.0373	0.0413	0.0294	0.0133	0.0042	0.0177	0.0174	0.0221	0.0132	0.0177
	0.0230	0.0562	0.0306	0.0654	0.0216	0.0462		0.3818	0.1428	0.0553	0.0664	0.0298	0.0331	0.0554	0.0411	0.0614
	0.0502	0.0880	0.0592	0.1501	0.0368	0.0749	0.6109		0.1309	0.1669	0.4789	0.0836	0.1103	0.2031	0.0706	0.1326
	0.0224	0.0463	0.1099	0.0721	0.0430	0.0323	0.1746	0.1243		0.0776	0.0208	0.0167	0.0118	0.0250	0.0069	0.0089
	0.0268	0.0526	0.0866	0.0276	0.0395	0.0483	0.2037	0.1809	0.2432		0.0602	0.0265	0.0168	0.0454	0.0139	0.0147
	0.0058	0.0064	0.0040	0.0006	0.0005	0.0011	0.0187	0.0536	0.0019	0.0036		0.0099	0.0374	0.0742	0.0020	0.0021
	0.1155	0.0737	0.0285	0.0222	0.0152	0.0386	0.0489	0.0822	0.0310	0.0154	0.2052		0.2871	0.1858	0.2801	0.0865
	0.0354	0.0301	0.0136	0.0045	0.0045	0.0138	0.0180	0.0327	0.0071	0.0067	0.0941	0.0787		0.2389	0.1316	0.0534
	0.0244	0.0188	0.0087	0.0026	0.0023	0.0020	0.0119	0.0251	0.0027	0.0038	0.1125	0.0383	0.1579		0.0194	0.0106
	0.0315	0.0103	0.0055	0.0020	0.0023	0.0061	0.0149	0.0159	0.0048	0.0024	0.0080	0.0880	0.2567	0.0213		0.0116
	0.1855	0.0447	0.0237	0.0093	0.0043	0.0097	0.1092	0.1852	0.0102	0.0112	0.0097	0.1355	0.6864	0.1635	0.2980	
	5.78	6.65	7.12	1.64	6.09	2.78	6.49	6.14	7.44	2.41	2.16	3.62	4.06	2.71	2.46	1.37

附表10　1985—1990年地区 i 迁向地区 j 的人口数量占迁出地 i 迁出人口的比例矩阵 ($Mout_{ij}$)

单位:%

现住地 （迁入地区）	五年前常住地（迁出地区）														
	北京	天津	河北	山西	内蒙古	辽宁	吉林	黑龙江	上海	江苏	浙江	安徽	福建	江西	山东
北京		21.13**	33.15***	12.23**	5.49	6.68	4.12	3.97	5.23	5.29	3.71	6.04	3.38	2.28	8.33
天津	4.58		14.79*	4.30	3.30	2.62	1.28	2.31	1.10	0.82	0.85	1.07	0.79	0.47	4.15
河北	13.95*	26.45**		19.50*	15.36*	7.88	5.45	8.06	1.00	1.54	2.32	1.42	1.50	0.90	4.67
山西	5.01	2.95	8.55		12.97*	1.66	0.90	0.61	0.47	1.34	4.56	1.19	2.30	0.44	3.21
内蒙古	1.80	2.06	5.88	6.45		8.55	6.66	9.44	0.29	0.75	1.78	0.51	0.42	0.34	2.44
辽宁	3.28	4.96	4.72	2.55	20.17**		24.99**	24.70**	1.65	2.61	3.76	2.10	1.87	1.10	10.57*
吉林	1.42	2.25	1.40	1.10	6.48	15.36*		10.78*	0.43	0.94	1.28	0.51	0.70	0.47	8.16
黑龙江	2.00	1.91	2.58	1.10	12.51*	15.95*	22.57**		0.69	2.30	2.38	2.76	0.89	0.63	16.18*
上海	4.41	3.62	1.07	2.20	0.79	2.04	1.03	1.71		34.56***	16.16*	21.63*	4.44	7.90	3.26
江苏	7.07	4.31	2.22	4.23	2.18	4.30	2.99	3.78	29.87**		8.43	28.18**	6.58	10.84*	9.13
浙江	3.18	2.03	0.71	2.01	0.94	1.67	0.88	1.50	17.87*	6.07		5.92	10.38*	13.76	1.81
安徽	3.82	1.59	1.07	2.22	0.69	1.48	0.83	1.32	10.65*	9.95	4.82		2.87	5.03	2.81
福建	1.79	1.25	0.29	0.86	0.24	0.59	0.34	0.25	3.05	1.73	7.25	0.97		14.18*	0.94
江西	1.46	0.58	0.40	0.82	0.27	0.72	0.43	0.27	2.01	1.76	6.63	4.16	15.25*		0.63
山东	7.84	4.67	5.44	6.35	5.64	8.50	17.03*	21.52**	3.15	5.38	3.76	2.55	4.97	2.49	
河南	6.41	2.91	4.08	10.37*	2.03	4.85	2.20	2.98	1.50	3.24	3.41	6.00	2.12	1.48	6.55
湖北	3.86	2.40	1.69	2.04	0.97	2.11	1.15	0.91	2.33	3.58	3.76	3.23	3.89	4.82	2.49

续表

现住地（迁入地区）	五年前常住地（迁出地区）														
	北京	天津	河北	山西	内蒙古	辽宁	吉林	黑龙江	上海	江苏	浙江	安徽	福建	江西	山东
湖南	3.04	1.51	0.95	1.70	0.67	1.66	0.69	0.78	1.31	0.82	1.95	1.34	3.10	6.00	0.79
广东	8.08	4.04	1.49	1.67	0.79	2.74	1.64	1.11	8.51	3.90	5.89	1.68	22.52**	19.52*	1.59
广西	1.05	0.64	0.31	0.42	0.26	0.47	0.25	0.28	0.77	0.40	1.04	0.33	1.46	1.31	0.40
海南	0.72	0.32	0.10	0.15	0.07	0.17	0.18	0.12	0.45	0.44	0.50	0.34	3.11	0.68	0.12
重庆															
四川	6.52	3.22	3.18	5.73	2.18	4.46	2.01	1.90	2.62	1.90	1.97	1.44	3.13	1.91	1.89
贵州	0.65	0.24	0.21	0.21	0.10	0.29	0.12	0.19	0.46	0.54	1.46	0.40	0.67	0.62	0.64
云南	0.87	0.45	0.34	0.47	0.12	0.37	0.26	0.17	1.09	0.91	2.80	0.46	0.91	0.69	0.60
西藏															
陕西	4.20	2.07	2.41	7.09	2.14	2.03	0.87	0.59	1.14	2.39	2.72	1.73	1.41	1.04	2.31
甘肃	1.34	1.00	1.04	1.94	1.04	1.11	0.51	0.28	0.82	1.55	2.65	0.73	0.57	0.52	1.83
青海	0.58	0.31	0.58	0.65	0.13	0.57	0.19	0.06	0.24	1.30	1.29	0.45	0.28	0.13	0.83
宁夏	0.31	0.48	0.54	0.62	2.05	0.80	0.17	0.20	0.29	0.63	1.12	0.45	0.15	0.05	0.68
新疆	0.78	0.66	0.80	1.01	0.43	0.40	0.26	0.20	1.00	3.35	1.76	2.42	0.34	0.41	3.00
迁出人口比例合计	100	100	100	100	100	100	100	100	100	100	100	100	100	100	100

注：*** 表示 $Mout_{ij}≥30\%$；** 表示 $Mout_{ij}$ 介于20%—30%之间；* 表示 $Mout_{ij}$ 介于10%—20%之间。

五年前常住地（迁出地区）

河南	湖北	湖南	广东	广西	海南	重庆	四川	贵州	云南	西藏	陕西	甘肃	青海	宁夏	新疆
8.74	5.77	2.15	2.93	0.89	0.82		3.44	1.29	1.25	1.82	4.65	2.56	2.68	4.05	2.75
1.73	1.52	0.62	0.78	0.52	0.38		0.71	0.54	0.33	0.99	1.32	1.52	1.09	2.29	2.23
5.07	3.21	1.79	1.37	4.09	0.52		5.86	4.56	4.49	2.27	6.23	4.65	4.90	3.62	4.17
7.21	1.20	0.94	0.40	0.47	0.06		2.78	1.34	0.71	0.82	3.83	1.82	1.53	1.15	1.41
1.07	0.35	0.23	0.16	0.06	0.03		1.03	0.16	0.19	0.08	3.32	5.23	0.57	8.19	0.74
2.93	2.44	0.80	1.26	0.28	0.39		1.80	0.73	0.49	1.17	1.79	1.53	1.79	2.11	1.07
0.85	0.90	0.33	0.44	0.17	0.14		0.56	0.29	0.38	0.11	0.57	0.68	0.73	0.95	0.46
2.21	1.91	0.39	0.34	0.13	0.09		1.00	0.37	0.22	0.06	0.67	0.49	0.37	0.58	0.23
1.92	3.17	1.61	3.77	0.51	0.90		2.43	2.58	1.85	1.41	2.42	3.21	4.15	2.65	9.41
4.62	7.87	3.21	3.40	1.97	3.74		7.28	14.55*	12.67*	2.85	6.75	6.14	9.52	6.82	12.20*
1.38	2.93	2.65	2.46	2.00	0.79		2.16	5.94	4.38	1.05	1.47	1.66	3.60	3.22	2.58
4.56	4.06	1.47	0.99	0.39	1.18		3.02	5.29	7.41	2.01	3.06	1.47	2.37	1.38	2.95
0.47	1.75	1.61	5.59	2.35	0.90		3.97	5.66	1.61	0.15	0.62	0.36	0.56	0.40	0.60
1.02	4.96	5.26	5.09	0.91	0.72		0.85	1.39	0.87	0.83	0.66	0.62	0.50	0.39	0.54
4.68	2.88	1.03	2.08	1.18	1.13		3.45	5.52	9.92	3.64	6.00	5.34	10.50	4.39	7.48
	11.69*	1.76	4.61	0.76	1.89		3.82	3.89	4.95	5.43	11.15*	6.95	9.15	7.75	11.21*

续表

	五年前常住地（迁出地区）															
	河南	湖北	湖南	广东	广西	海南	重庆	四川	贵州	云南	西藏	陕西	甘肃	青海	宁夏	新疆
	13.47		8.05	4.91	1.27	1.58		7.20	1.83	1.63	2.21	5.33	1.49	2.10	1.40	3.96
	1.83	11.44*		10.78*	3.46	4.15		2.25	7.29	4.27	1.40	1.80	1.03	1.62	0.96	3.03
	5.40	11.19***	43.21***		68.15***	71.83***		11.70*	9.84	6.41	0.53	4.16	1.74	1.69	1.42	1.73
	0.50	1.61	6.90	12.09*		5.01		0.76	3.18	2.37	0.13	0.40	0.25	0.62	0.20	0.60
	0.42	1.30	1.99	24.61**	5.16			1.08	0.38	0.27	0.08	0.24	0.12	0.13	0.11	0.12
	3.37	8.77	2.83	4.88	1.68	1.91			13.66*	24.80**	56.33***	7.55	7.06	11.63*	4.11	12.88*
	0.74	1.11	3.76	1.63	1.41	0.19		7.61		6.73	0.64	0.45	0.11	0.29	0.07	0.25
	0.76	1.20	4.02	2.67	1.47	1.00		9.68	8.75		1.47	0.85	0.39	0.39	0.28	0.33
	7.41	3.52	1.01	1.28	0.30	0.27		3.18	0.59	1.23	7.14	9.94		10.26*	12.63*	8.49
	3.81	0.85	0.53	0.53	0.09	0.06		1.55	0.10	0.31	3.70	3.93	13.22*	13.65*		7.18
	2.39	0.26	0.34	0.11	0.09	0.03		1.49	0.07	0.07	1.34	5.13	9.28		14.53*	0.74
	1.59	0.18	0.15	0.07	0.02	0.00		0.36	0.04	0.04	0.05		7.30	0.95	2.31	0.68
	9.86	1.98	1.39	0.76	0.22	0.27		8.98	0.17	0.13	0.27	5.70	13.80*	2.66	12.04*	
	100	100	100	100	100	100		100	100	100	100	100	100	100	100	100

附表 11　　1995—2000 年地区 i 迁向地区 j 的人口数量占迁出地 i 迁出人口的比例矩阵（$Mout_{ij}$）

单位：%

现住地（迁入地地区）	五年前常住地（迁出地地区）														
	北京	天津	河北	山西	内蒙古	辽宁	吉林	黑龙江	上海	江苏	浙江	安徽	福建	江西	山东
北京		21.57**	42.78***	18.55*	13.91*	14.86*	8.44	8.49	4.64	8.55	6.19	5.15	5.04	1.47	16.84*
天津	4.35		12.40*	3.92	4.99	3.69	3.20	4.04	0.78	1.54	1.34	1.18	1.19	0.16	8.58
河北	14.28*	21.41**		11.55*	14.00*	9.27	7.47	11.32*	0.88	1.63	2.57	1.12	1.41	0.25	6.00
山西	2.68	3.11	5.21		9.91	1.36	0.70	0.46	0.58	0.80	1.60	0.58	1.02	0.10	1.75
内蒙古	1.93	2.29	5.11	10.09*		6.52	4.04	5.72	0.22	0.55	0.75	0.23	0.55	0.11	1.33
辽宁	2.66	3.48	3.36	1.91	18.63*		24.42**	23.82**	1.15	1.94	2.07	1.09	1.44	0.22	6.58
吉林	1.13	1.77	1.34	0.99	4.80	10.37*		7.36	0.40	0.90	0.71	0.29	0.65	0.08	3.31
黑龙江	1.47	1.60	1.49	1.07	8.09	8.74	13.96*		0.57	1.32	0.90	0.45	0.63	0.11	4.85
上海	5.92	4.13	1.33	2.46	1.21	3.51	2.20	2.40		37.87***	20.84*	23.11**	10.98*	5.26	5.88
江苏	8.36	4.91	2.03	3.72	1.87	3.85	2.28	2.60	31.72***		12.78*	24.82**	6.28	2.61	8.11
浙江	5.75	2.99	1.18	1.76	1.07	2.37	1.40	1.57	17.64*	8.42		18.54*	9.20	21.98**	3.89
安徽	3.17	1.54	0.75	0.91	0.40	1.29	0.76	0.61	9.18	4.94	2.89		1.53	0.65	1.52
福建	2.69	1.47	0.53	1.14	0.49	1.28	0.79	0.67	3.55	1.72	4.51	3.52		15.26*	1.26
江西	1.12	0.67	0.41	0.50	0.25	0.44	0.28	0.19	1.80	0.82	2.84	0.62	4.11		0.71
山东	7.40	6.01	4.33	5.06	6.85	10.25*	17.69*	20.04*	3.39	4.81	4.29	2.32	2.26	0.42	
河南	4.04	2.00	3.16	9.70	1.41	2.49	1.23	1.27	1.37	1.72	2.69	1.37	1.51	0.33	4.73
湖北	2.74	2.51	1.92	3.25	0.85	1.54	0.84	0.50	1.65	1.81	3.43	0.84	3.49	1.22	3.07

续表

现住地（迁入地地区）	五年前常住地（迁出地区）														
	北京	天津	河北	山西	内蒙古	辽宁	吉林	黑龙江	上海	江苏	浙江	安徽	福建	江西	山东
湖南	2.01	1.24	0.80	1.35	0.40	1.13	0.51	0.45	1.09	0.73	1.89	0.33	2.24	1.14	0.80
广东	10.70*	6.43	3.26	5.44	2.97	8.12	5.35	4.76	9.40	9.35	9.92	10.08*	31.71***	45.76***	9.63
广西	1.06	0.80	0.37	0.34	0.17	0.46	0.33	0.31	0.69	0.40	1.63	0.28	1.89	0.45	0.34
海南	0.64	0.42	0.17	0.24	0.27	0.59	0.46	0.36	0.34	0.22	0.41	0.21	1.07	0.47	0.37
重庆	2.60	1.41	0.75	1.35	0.42	0.92	0.43	0.37	1.45	0.60	1.46	0.19	1.81	0.22	0.71
四川	5.51	2.33	1.77	3.00	0.97	2.25	0.86	0.74	2.73	1.32	2.82	0.36	2.39	0.35	1.27
贵州	0.72	0.35	0.35	0.41	0.08	0.34	0.11	0.11	0.68	0.33	1.24	0.12	1.28	0.20	0.31
云南	1.41	0.62	0.69	0.94	0.25	0.72	0.55	0.44	1.25	0.92	3.81	0.36	3.19	0.70	0.77
西藏	0.19	0.15	0.06	0.09	0.05	0.08	0.03	0.02	0.16	0.07	0.15	0.03	0.07	0.01	0.08
陕西	2.93	2.64	2.09	6.64	2.58	1.56	0.73	0.53	0.97	1.53	2.12	0.53	1.21	0.25	2.33
甘肃	0.96	1.01	0.63	1.22	0.79	0.68	0.31	0.20	0.50	0.78	1.34	0.23	0.69	0.10	0.82
青海	0.18	0.12	0.23	0.36	0.12	0.19	0.08	0.06	0.14	0.29	0.36	0.09	0.19	0.01	0.33
宁夏	0.67	0.25	0.37	0.51	1.73	0.33	0.12	0.13	0.14	0.24	0.37	0.23	0.18	0.02	0.41
新疆	0.75	0.76	1.16	1.54	0.47	0.78	0.45	0.45	0.93	3.86	2.08	1.75	0.78	0.10	3.40
迁出人口比例合计	100	100	100	100	100	100	100	100	100	100	100	100	100	100	100

注：*** 表示 $Mout_{ij} \geq 30\%$；** 表示 $Mout_{ij}$ 介于 20%—30% 之间；* 表示 $Mout_{ij}$ 介于 10%—20% 之间。

续表

五年前常住地（迁出地区）

河南	湖北	湖南	广东	广西	海南	重庆	四川	贵州	云南	西藏	陕西	甘肃	青海	宁夏	新疆
10.05*	3.84	1.17	5.30	0.53	2.98	2.03	2.54	0.97	1.94	3.59	6.57	5.01	4.49	7.92	6.22
1.67	0.69	0.20	1.11	0.14	0.65	0.45	0.44	0.16	0.25	2.18	1.19	1.08	0.96	2.32	1.58
3.28	1.67	0.36	1.61	0.37	0.89	0.86	1.40	1.02	2.44	2.18	4.63	2.47	3.56	2.94	2.98
2.51	0.86	0.19	0.50	0.08	0.40	0.59	1.28	0.45	1.64	1.84	4.25	1.20	1.53	0.90	0.91
0.50	0.19	0.06	0.22	0.02	0.10	0.18	0.31	0.07	0.27	0.62	4.15	4.19	1.69	10.16*	0.50
1.61	0.71	0.19	1.15	0.10	0.55	0.55	0.70	0.19	0.31	1.58	1.12	0.71	1.30	1.56	1.31
0.41	0.35	0.07	0.42	0.06	0.58	0.12	0.20	0.08	0.25	0.34	0.40	0.30	0.67	0.90	0.63
0.51	0.46	0.11	0.51	0.07	0.41	0.13	0.20	0.12	0.23	0.42	0.40	0.32	0.37	0.79	0.24
3.76	2.92	1.02	4.97	0.34	1.60	2.41	3.22	2.03	1.99	2.63	2.36	2.32	1.81	2.59	12.69*
5.09	3.72	1.31	4.75	0.60	2.93	3.26	4.39	7.54	11.99*	3.51	4.55	2.66	5.85	3.08	8.48
5.92	8.47	4.44	5.19	1.70	2.05	9.71	8.25	17.50*	10.12*	1.75	3.71	1.69	2.44	2.87	2.83
1.32	0.80	0.27	1.49	0.17	1.10	0.39	0.38	1.29	4.20	0.82	0.81	0.47	1.12	0.70	1.67
1.64	4.37	1.84	7.18	0.78	2.79	7.56	6.46	6.65	2.28	1.02	1.60	0.46	0.90	1.58	1.05
0.27	0.94	0.84	6.79	0.34	1.42	0.30	0.26	1.15	0.91	1.56	0.40	0.25	0.33	0.48	0.54
3.42	1.63	0.28	1.75	0.22	0.83	0.95	0.75	0.88	7.49	2.94	3.03	2.07	5.90	2.20	7.30
	2.20	0.39	2.91	0.27	2.04	0.68	0.80	0.75	2.48	4.05	5.49	2.04	4.99	2.53	6.15

续表

五年前常住地（迁出地区）

河南	湖北	湖南	广东	广西	海南	重庆	四川	贵州	云南	西藏	陕西	甘肃	青海	宁夏	新疆
4.12		1.86	5.77	0.94	4.66	5.06	1.32	1.11	2.02	3.14	3.35	1.41	4.85	2.49	3.38
0.64	2.94		9.50	1.27	4.63	1.12	0.54	2.25	2.96	1.67	0.71	0.68	1.17	0.93	2.16
35.52***	53.69***	77.31***		87.70***	57.02***	32.67***	43.91***	37.07***	12.89*	2.86	28.18**	7.86	3.63	5.24	6.66
0.29	0.69	2.26	9.77		3.67	0.54	0.50	2.18	3.09	0.20	0.35	0.18	0.51	0.13	0.72
0.39	1.15	0.96	6.52	1.58		0.59	0.60	0.40	0.56	0.06	0.39	0.19	0.32	0.18	0.43
0.46	1.14	0.35	4.49	0.33	1.90		4.76	3.01	5.06	7.61	0.93	0.56	1.76	1.29	4.40
0.76	1.00	0.54	6.48	0.49	2.87	13.98*		2.61	16.64***	32.79***	2.87	2.87	5.55	2.18	11.74*
0.20	0.38	1.03	3.34	0.70	0.63	2.74	1.90		5.59	2.01	0.29	0.15	0.11	0.06	0.37
0.67	1.51	1.84	4.73	0.90	1.25	6.91	5.57	9.83		3.93	0.88	0.46	0.45	0.54	1.02
0.12	0.06	0.04	0.08	0.00	0.03	0.37	0.91	0.05	0.20		0.45	1.01	2.49	0.13	0.14
2.69	1.29	0.30	1.80	0.19	1.51	0.64	0.94	0.27	0.89	8.60		8.86	7.33	11.85*	7.55
0.86	0.40	0.14	0.52	0.05	0.22	0.26	0.41	0.11	0.40	2.80	3.86		21.85**	11.48*	5.04
0.41	0.10	0.05	0.15	0.00	0.03	0.11	0.24	0.01	0.11	2.69	1.04	3.60		0.82	0.50
0.59	0.07	0.03	0.14	0.00	0.04	0.10	0.14	0.02	0.02	0.11	3.81	6.83	0.91		0.81
10.33*	1.77	0.53	0.87	0.06	0.22	4.74	6.69	0.22	0.78	0.51	8.22	38.11***	11.15*	19.17*	
100	100	100	100	100	100	100	100	100	100	100	100	100	100	100	100

附表12　2005—2010年地区 i 迁向地区 j 的人口数量占迁出地 i 迁出人口的比例矩阵（$Mout_{ij}$）　　　　　单位:%

现住地（迁入地区）	五年前常住地（迁出地区）														
	北京	天津	河北	山西	内蒙古	辽宁	吉林	黑龙江	上海	江苏	浙江	安徽	福建	江西	山东
北京		25.54**	40.83***	20.31**	18.31*	20.15**	13.94**	13.44**	4.37	5.49	4.65	3.64	4.47	2.31	17.14*
天津	4.43		17.40*	8.53	7.30	6.08	5.63	6.47	0.96	2.00	1.77	1.29	1.57	0.50	11.44*
河北	19.03*	12.84*		5.40	9.33	7.18	4.77	7.85	0.61	1.24	1.36	0.70	1.14	0.42	3.14
山西	1.78	2.10	3.59		4.14	1.40	0.97	0.65	0.33	1.09	0.97	0.41	1.15	0.21	1.46
内蒙古	3.44	3.51	4.97	11.20*		6.64	4.23	4.45	0.38	1.06	0.87	0.36	0.82	0.23	2.25
辽宁	2.58	3.94	2.69	2.21	17.91*		22.28**	23.21**	0.98	1.67	1.55	0.87	1.20	0.31	4.13
吉林	1.18	1.53	0.92	0.90	3.92	6.80		5.36	0.54	0.60	0.80	0.25	0.44	0.12	1.78
黑龙江	1.73	2.57	1.05	0.77	4.54	5.69	6.80		0.67	0.53	0.64	0.24	0.45	0.15	2.04
上海	8.24	5.70	2.28	4.31	2.49	6.37	4.23	3.98		39.20***	17.39*	22.75**	12.04*	7.09	12.21*
江苏	5.72	4.81	3.35	5.49	2.61	4.90	3.94	3.50	21.81**		12.86*	27.97**	8.41	4.76	14.74**
浙江	6.73	4.22	2.00	3.35	1.80	3.82	3.29	3.12	19.85**	14.38*		27.51**	12.19*	28.45**	7.79
安徽	7.29	3.03	0.92	1.21	0.66	1.46	0.89	0.52	18.82*	8.32	8.20		2.44	0.89	1.61
福建	2.98	2.42	0.67	1.25	0.70	1.60	1.11	0.88	4.26	1.80	4.27	2.18		13.74*	1.49
江西	1.51	1.31	0.62	1.40	1.34	0.89	0.60	0.35	3.90	1.36	6.26	0.73	5.57		0.81
山东	4.33	5.32	5.04	5.60	7.56	7.87	12.76*	15.14*	1.71	4.41	2.75	1.45	2.14	0.55	
河南	2.70	1.72	1.42	2.96	0.87	1.07	0.81	0.70	1.24	1.10	1.61	0.72	1.15	0.34	1.67
湖北	3.15	2.31	1.18	2.14	1.64	1.31	0.71	0.56	2.25	1.73	3.95	0.73	2.74	1.25	1.49

续表

现住地（迁入地区）	五年前常住地（迁出地区）														
	北京	天津	河北	山西	内蒙古	辽宁	吉林	黑龙江	上海	江苏	浙江	安徽	福建	江西	山东
湖南	1.68	1.23	0.63	0.95	0.68	0.99	0.64	0.40	1.21	0.80	2.44	0.35	2.13	1.07	0.72
广东	6.12	4.57	3.06	5.40	2.53	6.39	5.98	4.49	4.36	4.28	7.42	4.79	23.63**	33.54***	5.29
广西	1.18	1.20	0.53	0.69	0.55	0.95	0.90	0.71	0.78	0.54	1.59	0.27	2.41	0.70	0.62
海南	0.64	0.90	0.30	0.61	0.69	0.81	0.74	0.86	0.39	0.34	0.61	0.21	1.05	0.48	0.34
重庆	1.73	0.99	0.60	1.14	0.71	0.77	0.49	0.31	1.71	0.79	2.16	0.19	2.08	0.34	0.60
四川	4.99	2.30	1.33	2.32	1.25	1.96	1.12	0.72	4.17	1.98	4.56	0.38	3.00	0.71	1.36
贵州	0.79	0.50	0.35	0.46	0.25	0.51	0.43	0.21	1.23	0.81	4.80	0.23	2.69	0.50	0.47
云南	0.92	0.97	0.47	0.72	0.35	0.65	0.52	0.42	0.92	0.57	2.09	0.23	1.99	0.51	0.59
西藏	0.13	0.06	0.06	0.04	0.02	0.06	0.02	0.02	0.07	0.05	0.12	0.03	0.06	0.02	0.06
陕西	2.04	1.93	1.66	7.60	4.61	1.52	0.87	0.69	0.92	1.36	1.72	0.52	1.44	0.37	1.69
甘肃	0.85	1.02	0.48	0.75	0.76	0.70	0.39	0.23	0.41	0.57	0.85	0.16	0.43	0.14	0.56
青海	0.48	0.35	0.36	0.42	0.25	0.25	0.15	0.12	0.19	0.37	0.37	0.12	0.23	0.07	0.38
宁夏	0.46	0.38	0.43	0.69	1.67	0.42	0.26	0.22	0.20	0.31	0.40	0.18	0.24	0.07	0.54
新疆	1.18	0.74	0.79	1.19	0.57	0.79	0.51	0.42	0.76	1.29	0.94	0.57	0.70	0.15	1.58
迁出人口比例合计	100	100	100	100	100	100	100	100	100	100	100	100	100	100	100

注：***表示 $Mout_{ij} \geq 30\%$；**表示 $Mout_{ij}$ 介于20%—30%之间；*表示 $Mout_{ij}$ 介于10%—20%之间。

续表

五年前常住地（迁出地区）

河南	湖北	湖南	广东	广西	海南	重庆	四川	贵州	云南	西藏	陕西	甘肃	青海	宁夏	新疆
9.13*	4.90	2.05	3.17	0.85	3.19	2.51	3.36	0.94	1.98	3.70	7.50	8.23	4.82	8.17	9.67
3.09	1.28	0.41	0.76	0.24	1.56	0.70	0.93	0.43	0.73	1.38	2.25	3.50	3.24	3.81	3.87
2.16	1.04	0.38	0.56	0.22	1.51	0.72	0.95	0.43	0.90	1.70	2.41	1.42	2.88	2.03	2.44
1.84	0.70	0.25	0.34	0.10	0.83	0.59	0.74	0.22	0.62	0.58	2.43	0.67	1.12	0.70	0.56
1.05	0.57	0.24	0.30	0.09	0.40	0.51	0.95	0.25	0.50	0.53	5.89	7.38	2.11	16.04*	0.91
1.39	0.59	0.32	0.65	0.15	0.79	0.60	0.81	0.26	0.43	1.98	0.82	0.82	1.73	1.29	1.81
0.37	0.24	0.12	0.23	0.06	0.98	0.16	0.17	0.10	0.17	0.53	0.29	0.27	1.23	0.73	0.97
0.29	0.30	0.13	0.32	0.08	0.71	0.14	0.14	0.10	0.27	0.50	0.33	0.34	0.58	0.64	0.61
8.70	6.50	3.05	5.34	1.21	3.43	6.25	6.46	3.28	4.77	3.58	6.62	6.46	5.25	4.79	7.46
12.57*	7.09	3.00	3.90	1.25	2.81	5.84	7.87	6.51	8.78	8.05	11.42*	7.73	7.69	4.63	7.67
16.34*	15.85*	11.05*	10.29*	3.84	3.79	18.09*	15.65*	39.99***	28.44**	4.22	10.33*	5.08	4.83	3.58	6.26
1.35	0.99	0.55	2.13	0.34	1.37	0.58	0.62	0.74	1.92	1.47	1.06	0.65	1.83	0.80	1.27
2.98	5.09	2.85	7.12	1.45	4.01	10.33	7.97	9.75	6.17	2.70	2.78	1.33	1.21	2.42	2.43
0.59	1.10	1.11	9.28	0.65	3.46	0.45	0.51	0.96	0.81	1.28	0.71	0.87	1.55	1.68	1.10
3.26	1.37	0.49	1.00	0.24	1.43	0.75	0.95	0.59	2.03	1.50	2.55	3.15	5.93	4.18	5.72
	1.09	0.40	1.67	0.25	1.04	0.40	0.49	0.28	0.73	2.35	1.50	0.80	2.67	1.19	2.75

五年前常住地（迁出地区）

河南	湖北	湖南	广东	广西	海南	重庆	四川	贵州	云南	西藏	陕西	甘肃	青海	宁夏	新疆
2.13	2.13	1.62	6.01	0.81	3.84	2.72	1.07	0.79	1.37	1.84	1.78	1.08	3.10	1.92	3.35
0.58			12.74*	1.19	3.62	0.65	0.67	1.36	1.60	1.86	0.83	0.63	1.57	1.02	2.04
22.28**	41.28***	63.80***		83.16***	47.36***	28.20**	30.73***	23.84**	21.52**	10.34*	23.45**	9.51	7.34	4.24	8.66
0.48	0.86	2.26	9.74		4.05	0.57	0.64	1.03	1.48	0.90	0.55	0.35	1.17	0.45	1.24
0.41	0.63	0.72	2.78	1.03		0.57	0.67	0.40	0.55	0.19	0.49	0.43	0.81	0.54	1.29
0.40	0.84	0.43	3.98	0.36	1.66		6.22	1.92	2.30	3.07	0.82	0.81	2.04	1.67	4.49
0.87	1.32	0.83	9.13	0.60	2.69	9.41		1.76	6.93	22.15**	2.31	2.71	7.49	2.87	9.69
0.39	0.70	1.54	4.38	0.71	1.16	2.69	2.03		3.22	0.96	0.46	0.29	0.92	0.28	0.65
0.46	0.79	1.22	1.68	0.65	1.73	3.14	2.95	3.27		2.78	0.73	0.41	1.67	0.56	1.07
0.10	0.10	0.06	0.04	0.01	0.04	0.29	0.87	0.03	0.15		0.27	0.92	2.73	0.08	0.15
2.00	1.11	0.40	1.35	0.25	1.39	0.75	1.34	0.42	0.64	9.49		7.06	6.85	11.40*	6.32
0.61	0.45	0.19	0.27	0.07	0.50	0.28	0.53	0.10	0.28	4.35	2.18		8.81	5.36	3.90
0.42	0.28	0.12	0.16	0.04	0.07	0.18	0.41	0.04	0.16	5.20	1.06	3.88		0.79	0.78
0.54	0.16	0.08	0.12	0.04	0.22	0.23	0.26	0.06	0.10	0.37	2.43	6.32	0.79		0.85
3.21	0.67	0.33	0.57	0.07	0.35	1.68	3.02	0.14	0.47	0.45	3.75	16.89*	6.03	12.13	
100	100	100	100	100	100	100	100	100	100	100	100	100	100	100	100

附表13　1985—1990年地区 i 迁向地区 j 的人口数量占迁入地 j 迁入人口的比例矩阵（Min_{ij}）

单位:%

现住地 (迁入地区)	五年前常住地（迁出地区）														
	北京	天津	河北	山西	内蒙古	辽宁	吉林	黑龙江	上海	江苏	浙江	安徽	福建	江西	山东
北京		2.27	31.82***	3.97	2.47	2.93	2.18	3.59	1.03	4.88	3.49	4.79	1.20	0.99	6.62
天津	2.47		39.03***	3.84	4.09	3.17	1.86	5.75	0.59	2.08	2.19	2.32	0.77	0.57	9.07
河北	3.54	3.67		8.19	8.94	4.47	3.72	9.41	0.26	1.83	2.81	1.46	0.69	0.51	4.80
山西	2.15	0.69	17.98*		12.80*	1.59	1.05	1.20	0.20	2.71	9.39	2.07	1.79	0.42	5.59
内蒙古	0.94	0.58	14.93*	5.54		9.92	9.31	22.55**	0.15	1.82	4.43	1.07	0.39	0.39	5.12
辽宁	0.80	0.66	5.63	1.03	11.29*		16.41*	27.72**	0.40	2.99	4.39	2.06	0.82	0.59	10.44*
吉林	0.79	0.68	3.81	1.02	8.28	19.09*		27.61**	0.24	2.45	3.42	1.15	0.71	0.58	18.40*
黑龙江	0.72	0.37	4.54	0.65	10.32*	12.80*	21.84**		0.25	3.89	4.10	4.01	0.58	0.50	23.56**
上海	0.87	0.39	1.03	0.72	0.36	0.90	0.55	1.56		32.22***	15.36*	17.34*	1.59	3.49	2.62
江苏	1.18	0.39	1.81	1.17	0.84	1.60	1.34	2.90	5.01		6.73	19.00*	1.98	4.02	6.17
浙江	1.25	0.44	1.37	1.31	0.85	1.47	0.93	2.70	7.05	11.21*		9.40	7.37	12.03	2.88
安徽	1.49	0.34	2.05	1.44	0.62	1.29	0.88	2.37	4.18	18.29*	9.03		2.03	4.37	4.46
福建	0.94	0.36	0.74	0.74	0.29	0.69	0.48	0.60	1.61	4.29	18.27*	2.05		16.59*	2.00
江西	0.86	0.19	1.16	0.79	0.37	0.94	0.67	0.72	1.18	4.86	18.64*	9.87	16.17*		1.49
山东	1.70	0.55	5.76	2.28	2.80	4.11	9.94	21.45**	0.68	5.48	3.90	2.23	1.94	1.20	
河南	1.77	0.44	5.51	4.74	1.29	3.00	1.64	3.79	0.42	4.21	4.52	6.70	1.06	0.91	7.33

续表

现住地（迁入地区）	五年前常住地（迁出地区）														
	北京	天津	河北	山西	内蒙古	辽宁	吉林	黑龙江	上海	江苏	浙江	安徽	福建	江西	山东
湖北	1.18	0.40	2.54	1.04	0.68	1.44	0.95	1.29	0.72	5.16	5.51	4.00	2.15	3.28	3.09
湖南	1.48	0.40	2.27	1.37	0.75	1.80	0.90	1.73	0.64	1.88	4.53	2.63	2.72	6.49	1.55
广东	0.85	0.23	0.76	0.29	0.19	0.64	0.46	0.54	0.90	1.92	2.96	0.71	4.27	4.56	0.68
广西	0.98	0.33	1.40	0.64	0.55	0.96	0.61	1.18	0.72	1.75	4.62	1.25	2.44	2.70	1.51
海南	0.63	0.15	0.45	0.22	0.15	0.34	0.43	0.50	0.40	1.82	2.11	1.21	4.93	1.34	0.43
重庆															
四川	1.83	0.49	4.37	2.67	1.41	2.80	1.52	2.46	0.74	2.51	2.65	1.64	1.59	1.19	2.16
贵州	0.45	0.09	0.72	0.24	0.15	0.44	0.22	0.60	0.32	1.77	4.84	1.11	0.83	0.96	1.81
云南	0.46	0.13	0.88	0.41	0.14	0.43	0.37	0.40	0.58	2.26	7.07	0.97	0.87	0.81	1.28
西藏															
陕西	1.76	0.48	4.96	4.92	2.06	1.90	0.98	1.15	0.48	4.71	5.46	2.94	1.07	0.97	3.93
甘肃	0.89	0.36	3.37	2.13	1.59	1.64	0.91	0.86	0.55	4.82	8.42	1.96	0.68	0.77	4.91
青海	0.66	0.19	3.23	1.23	0.35	1.46	0.59	0.34	0.28	6.94	7.06	2.07	0.57	0.33	3.84
宁夏	0.44	0.38	3.77	1.48	6.76	2.58	0.67	1.33	0.41	4.22	7.69	2.59	0.39	0.17	3.94
新疆	0.30	0.14	1.51	0.65	0.38	0.35	0.27	0.35	0.39	6.09	3.26	3.78	0.24	0.35	4.70

注：*** 表示 $Min_{ij} \geq 30\%$；** 表示 Min_{ij} 介于 20%—30%之间；* 表示 Min_{ij} 介于 10%—20%之间。

续表

五年前常住地（迁出地区）

河南	湖北	湖南	广东	广西	海南	重庆	四川	贵州	云南	西藏	陕西	甘肃	青海	宁夏	新疆	迁入人口比例合计
7.66	2.97	1.69	1.09	0.78	0.13		6.73	0.60	0.52	0.15	2.50	1.07	0.41	0.34	1.13	100
4.18	2.15	1.34	0.80	1.24	0.17		3.83	0.69	0.37	0.22	1.95	1.74	0.45	0.53	2.53	100
5.74	2.13	1.82	0.66	4.63	0.11		14.82*	2.74	2.39	0.24	4.34	2.51	0.96	0.39	2.22	100
13.85*	1.36	1.62	0.32	0.90	0.02		11.93*	1.36	0.65	0.15	4.52	1.66	0.51	0.21	1.28	100
2.47	0.47	0.47	0.16	0.14	0.01		5.34	0.20	0.21	0.02	4.73	5.77	0.23	1.82	0.80	100
3.19	1.56	0.78	0.58	0.30	0.08		4.38	0.42	0.25	0.12	1.20	0.80	0.34	0.22	0.55	100
2.10	1.31	0.73	0.47	0.41	0.06		3.09	0.39	0.45	0.03	0.86	0.80	0.31	0.23	0.54	100
3.55	1.80	0.56	0.23	0.22	0.03		3.58	0.31	0.17	0.01	0.66	0.37	0.10	0.09	0.18	100
1.70	1.65	1.28	1.42	0.45	0.14		4.80	1.21	0.77	0.12	1.32	1.35	0.64	0.23	3.92	100
3.44	3.44	2.14	1.08	1.47	0.50		12.12*	5.75	4.44	0.20	3.09	2.18	1.23	0.49	4.28	100
2.43	3.02	4.16	1.84	3.50	0.25		8.47	5.53	3.62	0.17	1.59	1.39	1.10	0.54	2.13	100
7.97	4.16	2.30	0.73	0.68	0.37		11.77*	4.90	6.09	0.33	3.28	1.22	0.72	0.23	2.42	100
1.11	2.42	3.39	5.58	5.52	0.38		20.80**	7.05	1.78	0.03	0.90	0.40	0.23	0.09	0.66	100
2.68	7.64	12.38*	5.67	2.39	0.34		4.96	1.93	1.08	0.20	1.06	0.78	0.23	0.10	0.67	100
4.53	1.63	0.89	0.85	1.14	0.20		7.45	2.83	4.51	0.33	3.57	2.46	1.76	0.41	3.41	100
8.47	8.47	1.95	2.42	0.93	0.42		10.53*	2.55	2.87	0.62	8.46	4.08	1.96	0.92	6.51	100

续表

河南	湖北	湖南	广东	广西	海南	重庆	四川	贵州	云南	西藏	陕西	甘肃	青海	宁夏	新疆	迁入人口比例合计
18.42*		9.87	2.85	1.74	0.39		21.97**	1.33	1.05	0.28	4.48	0.97	0.50	0.18	2.55	100
3.96	14.58*		9.93	7.49	1.62		10.90*	8.39	4.36	0.28	2.41	1.06	0.61	0.20	3.10	100
2.53	3.08	18.17*		31.91***	6.05		12.24*	2.45	1.41	0.02	1.20	0.39	0.14	0.06	0.38	100
2.05	3.90	25.59**	21.25**		3.73		7.00	6.98	4.61	0.05	1.01	0.49	0.45	0.08	1.16	100
1.65	3.00	7.01	41.06***	20.26**			9.44	0.80	0.50	0.03	0.58	0.22	0.09	0.04	0.21	100
																—
4.23	6.46	3.19	2.60	2.11	0.43		52.57***	9.09	14.65*	6.54	5.82	4.22	2.53	0.49	7.60	100
2.28	2.01	10.43*	2.14	4.36	0.11		52.57***		9.80	0.18	0.86	0.16	0.15	0.02	0.36	100
1.78	1.66	8.49	2.67	3.47	0.43		50.93***	10.94*		0.32	1.23	0.44	0.16	0.06	0.36	100
																—
13.89*	3.88	1.69	1.02	0.56	0.09		13.30*	0.59	1.08	1.24		11.80*	3.33	2.27	7.49	100
11.29*	1.47	1.41	0.67	0.26	0.03		10.21*	0.15	0.43	1.01	18.07*		7.00	4.13	9.99	100
12.15*	0.78	1.55	0.23	0.46	0.03		16.96*	0.19	0.18	0.63	12.30*	22.48**		1.13	1.78	100
10.19*	0.67	0.89	0.18	0.11	0.00		5.20	0.14	0.12	0.03	20.23**	22.29**	1.06		2.05	100
17.01*	2.00	2.14	0.56	0.38	0.08		34.60***	0.16	0.10	0.04	6.05	11.34*	0.80	2.00		100

五年前常住地（迁出地区）

附表 14　1995—2000年地区 i 迁向地区 j 的人口数量占迁入地 j 迁入人口的比例矩阵（Min_{ij}）

单位:%

现住地（迁入地区）	五年前常住地（迁出地区）														
	北京	天津	河北	山西	内蒙古	辽宁	吉林	黑龙江	上海	江苏	浙江	安徽	福建	江西	山东
北京		1.19	19.74*	3.27	3.25	2.99	2.36	4.22	0.40	5.62	3.18	7.89	1.67	2.08	7.83
天津	1.54		21.99**	2.65	4.47	2.85	3.44	7.72	0.26	3.88	2.65	6.97	1.51	0.88	15.32*
河北	3.23	2.90		5.00	8.02	4.57	5.13	13.81*	0.19	2.64	3.24	4.20	1.14	0.87	6.85
山西	1.22	0.85	11.86*		11.42*	1.35	0.97	1.14	0.25	2.59	4.06	4.35	1.66	0.70	4.03
内蒙古	1.03	0.73	13.69*	10.34*		7.61	6.56	16.52*	0.11	2.11	2.24	2.02	1.05	0.92	3.59
辽宁	0.61	0.48	3.89	0.84	10.89*		17.13*	29.66**	0.25	3.19	2.66	4.17	1.19	0.79	7.66
吉林	0.78	0.73	4.59	1.30	8.34	15.51*		27.24**	0.26	4.38	2.71	3.27	1.60	0.86	11.44*
黑龙江	0.85	0.55	4.33	1.19	11.84*	11.02*	24.53**		0.31	5.44	2.91	4.37	1.30	1.01	14.13*
上海	0.48	0.20	0.53	0.38	0.25	0.62	0.54	1.04		21.68**	9.32	30.84***	3.16	6.51	2.38
江苏	0.76	0.27	0.93	0.65	0.43	0.77	0.63	1.28	2.71		6.49	37.62***	2.06	3.67	3.73
浙江	0.37	0.11	0.38	0.22	0.17	0.33	0.27	0.55	1.06	3.85		19.75*	2.12	21.70**	1.26
安徽	1.76	0.51	2.08	0.97	0.56	1.56	1.29	1.83	4.77	19.56*	8.95		3.04	5.53	4.26
福建	0.35	0.11	0.35	0.28	0.16	0.36	0.31	0.47	0.43	1.59	3.25	7.55		30.39***	0.82
江西	0.83	0.30	1.51	0.71	0.47	0.71	0.64	0.75	1.24	4.33	11.66*	7.56	10.88*		2.64
山东	1.43	0.69	4.18	1.87	3.34	4.31	10.36*	20.83**	0.61	6.60	4.60	7.43	1.56	1.24	
河南	1.50	0.44	5.86	6.88	1.32	2.02	1.39	2.54	0.47	4.55	5.55	8.41	2.01	1.88	8.84

续表

现住人地（迁入地区）	五年前常住地（迁出地区）														
	北京	天津	河北	山西	内蒙古	辽宁	吉林	黑龙江	上海	江苏	浙江	安徽	福建	江西	山东
湖北	0.79	0.43	2.76	1.79	0.62	0.96	0.73	0.77	0.44	3.71	5.48	4.00	3.60	5.37	4.45
湖南	0.97	0.36	1.92	1.24	0.49	1.19	0.75	1.16	0.49	2.50	5.05	2.66	3.85	8.40	1.94
广东	0.16	0.06	0.25	0.16	0.11	0.27	0.25	0.39	0.13	1.01	0.84	2.54	1.72	10.67*	0.74
广西	0.64	0.29	1.12	0.40	0.26	0.61	0.60	1.02	0.39	1.71	5.50	2.85	4.12	4.19	1.03
海南	0.51	0.20	0.67	0.37	0.56	1.02	1.11	1.55	0.26	1.23	1.83	2.76	3.06	5.83	1.51
重庆	1.01	0.33	1.46	1.00	0.42	0.78	0.51	0.77	0.53	1.67	3.16	1.20	2.53	1.29	1.40
四川	1.63	0.41	2.62	1.70	0.72	1.45	0.77	1.19	0.75	2.77	4.64	1.77	2.53	1.60	1.89
贵州	0.48	0.14	1.16	0.52	0.13	0.50	0.23	0.41	0.42	1.58	4.58	1.28	3.07	2.01	1.06
云南	0.33	0.09	0.82	0.43	0.15	0.37	0.39	0.56	0.28	1.55	5.04	1.43	2.72	2.56	0.93
西藏	0.48	0.23	0.76	0.44	0.28	0.42	0.20	0.24	0.37	1.30	2.12	1.12	0.59	0.31	0.98
陕西	1.21	0.65	4.30	5.24	2.69	1.40	0.91	1.18	0.37	4.50	4.86	3.61	1.79	1.58	4.83
甘肃	0.82	0.52	2.69	2.00	1.71	1.28	0.80	0.93	0.40	4.77	6.40	3.30	2.11	1.30	3.52
青海	0.42	0.16	2.60	1.57	0.69	0.95	0.55	0.73	0.30	4.60	4.51	3.35	1.55	0.44	3.77
宁夏	0.91	0.20	2.48	1.32	5.94	0.98	0.51	0.98	0.17	2.36	2.78	5.16	0.87	0.48	2.82
新疆	0.11	0.07	0.89	0.45	0.18	0.26	0.21	0.37	0.13	4.20	1.77	4.42	0.43	0.22	2.61

注：*** 表示 $Min_{ij} \geqslant 30\%$ ；** 表示 Min_{ij} 介于 20%—30%之间；* 表示 Min_{ij} 介于 10%—20%之间。

续表

五年前常住地（迁出地区）																迁入人口比例合计
河南	湖北	湖南	广东	广西	海南	重庆	四川	贵州	云南	西藏	陕西	甘肃	青海	宁夏	新疆	
12.28*	4.49	2.02	1.23	0.51	0.20	1.19	5.92	0.64	0.41	0.07	2.50	1.49	0.29	0.37	0.71	100
7.83	3.09	1.30	0.99	0.51	0.17	1.01	3.90	0.39	0.21	0.16	1.74	1.23	0.24	0.41	0.70	100
9.84	4.79	1.54	0.92	0.88	0.15	1.24	7.98	1.63	1.26	0.10	4.33	1.80	0.57	0.33	0.84	100
15.12*	4.99	1.63	0.57	0.36	0.14	1.70	14.74*	1.46	1.71	0.17	7.98	1.76	0.49	0.21	0.52	100
3.54	1.30	0.57	0.29	0.12	0.04	0.60	4.25	0.26	0.33	0.07	9.18	7.21	0.64	2.73	0.33	100
4.91	2.07	0.83	0.67	0.23	0.09	0.81	4.06	0.31	0.16	0.07	1.07	0.53	0.21	0.18	0.37	100
3.75	3.01	0.96	0.73	0.45	0.30	0.52	3.49	0.39	0.39	0.05	1.13	0.66	0.32	0.31	0.54	100
3.93	3.37	1.21	0.74	0.43	0.18	0.48	2.93	0.50	0.31	0.05	0.95	0.59	0.15	0.23	0.17	100
4.00	2.98	1.54	1.00	0.29	0.10	1.22	6.52	1.15	0.36	0.04	0.78	0.60	0.10	0.10	1.27	100
6.16	4.31	2.24	1.09	0.58	0.20	1.89	10.12*	4.87	2.50	0.06	1.72	0.78	0.38	0.14	0.96	100
5.03	6.90	5.33	0.84	1.15	0.10	3.95	13.35*	7.94	1.48	0.02	0.98	0.35	0.11	0.09	0.23	100
9.73	5.65	2.78	2.09	1.00	0.46	1.37	5.30	5.06	5.34	0.09	1.86	0.84	0.44	0.19	1.15	100
2.81	7.17	4.46	2.34	1.06	0.27	6.20	21.09**	6.09	0.67	0.03	0.85	0.19	0.08	0.10	0.17	100
2.67	8.76	11.58*	12.60*	2.67	0.78	1.42	4.85	6.00	1.54	0.23	1.22	0.59	0.17	0.18	0.50	100
8.73	3.97	0.99	0.85	0.44	0.12	1.15	3.63	1.19	3.30	0.12	2.41	1.28	0.80	0.21	1.75	100
	10.37*	2.68	2.71	1.06	0.56	1.60	7.53	1.98	2.10	0.30	8.40	2.43	1.31	0.47	2.84	100

续表

五年前常住地（迁出地区）

河南	湖北	湖南	广东	广西	海南	重庆	四川	贵州	云南	西藏	陕西	甘肃	青海	宁夏	新疆	迁入人口比例合计
15.70*	17.93*	9.99	4.17	2.84	1.00	9.20	9.59	2.26	1.33	0.18	3.98	1.30	0.98	0.36	1.21	100
4.07	10.32*	21.92**	11.47*	6.46	1.65	3.40	6.60	7.64	3.25	0.16	1.41	1.06	0.40	0.22	1.29	100
7.13	5.33	25.63**	14.88*	14.02*	0.64	3.13	16.78*	3.97	0.45	0.01	1.76	0.38	0.04	0.04	0.13	100
2.33	11.70*	14.45*	13.11*	13.36*	1.66	2.07	7.67	9.35	4.28	0.02	0.88	0.36	0.22	0.04	0.54	100
4.14	5.61	2.53	4.39	1.36	0.55	2.98	12.02*	2.26	1.02	0.01	1.30	0.50	0.18	0.07	0.43	100
2.36	3.76	3.00	4.82	1.51	0.63	26.15**	46.70***	8.29	4.50	0.60	1.49	0.70	0.48	0.25	2.13	100
2.99	3.19	12.89*	5.60	4.91	0.31	11.57*	31.96***	5.45	11.24*	1.97	3.51	2.73	1.16	0.32	4.32	100
1.74	4.54	8.20	2.83	2.26	0.22	10.40*	33.41***	16.52*	8.51	0.27	0.79	0.31	0.05	0.02	0.31	100
2.10	1.94	2.04	0.48	0.11	0.06	5.74	56.50***	0.79	1.10	0.19	0.86	0.35	0.08	0.06	0.30	100
3.92	6.72	2.34	1.87	0.82	0.46	1.66	9.75	0.79	0.84	0.72	4.56	7.99	4.34	0.16	0.42	100
14.69*	4.32	2.29	1.12	0.45	0.14	1.41	8.85	0.66	0.79	0.49	13.64*	11.74*	2.13	2.45	3.87	100
9.79	2.87	2.17	0.83	0.05	0.05	1.52	13.65*	0.20	0.59	1.24	9.76	26.24**	13.21*	4.93	5.37	100
12.30*	1.22	0.78	0.48	0.05	0.04	0.88	4.62	0.16	0.05	0.03	21.25**	29.75***	0.87		1.40	100
10.50*	3.42	1.52	0.33	0.10	0.03	4.58		0.23	0.27	0.02	5.18	18.71*	1.20	0.94	1.36	100
20.89**							25.73**							1.47	1.47	100

附表15　2005—2010年地区 i 迁向地区 j 的人口数量占迁入地 j 迁入人口的比例矩阵（Min_{ij}）

单位:%

现住地（迁入地区）	五年前常住地（迁出地区）														
	北京	天津	河北	山西	内蒙古	辽宁	吉林	黑龙江	上海	江苏	浙江	安徽	福建	江西	山东
北京		1.42	21.52**	4.21	3.10	3.61	3.11	5.14	0.46	2.71	1.63	5.25	1.30	2.10	9.02
天津	1.20		23.45**	4.52	3.16	2.78	3.21	6.32	0.26	2.53	1.59	4.74	1.17	1.16	15.40*
河北	8.36	2.97		4.64	6.54	5.32	4.41	12.42*	0.26	2.55	1.97	4.17	1.37	1.60	6.85
山西	1.45	0.90	14.55*		5.38	1.93	1.66	1.92	0.27	4.12	2.62	4.54	2.58	1.47	5.92
内蒙古	1.69	0.90	12.13*	10.74*		5.50	4.37	7.87	0.19	2.42	1.41	2.41	1.11	0.95	5.49
辽宁	0.89	0.72	4.64	1.50	9.90		16.24**	28.98**	0.34	2.69	1.78	4.09	1.14	0.91	7.11
吉林	1.41	0.97	5.45	2.12	7.49	13.77*		23.17**	0.64	3.33	3.18	4.06	1.46	1.27	10.61*
黑龙江	2.18	1.70	6.60	1.90	9.14	12.12*	18.05*		0.84	3.09	2.67	4.16	1.54	1.64	12.77*
上海	0.68	0.25	0.94	0.70	0.33	0.89	0.74	1.19		15.15*	4.75	25.65**	2.74	5.04	5.02
江苏	0.48	0.21	1.38	0.89	0.35	0.69	0.69	1.05	1.79		3.52	31.62***	1.92	3.39	6.08
浙江	0.33	0.11	0.48	0.32	0.14	0.31	0.34	0.55	0.95	3.25		18.16*	1.62	11.84*	1.87
安徽	3.60	0.79	2.26	1.17	0.52	1.22	0.93	0.92	9.18	19.17*	13.37*		3.31	3.77	3.94
福建	0.49	0.21	0.56	0.40	0.19	0.45	0.39	0.53	0.70	1.39	2.33	4.91		19.53*	1.23
江西	0.88	0.40	1.80	1.59	1.25	0.87	0.73	0.73	2.24	3.68	12.00*	5.75	8.88		2.33
山东	1.31	0.85	7.62	3.33	3.66	4.04	8.16	16.59*	0.51	6.25	2.76	5.98	1.79	1.43	
河南	2.55	0.85	6.68	5.47	1.31	1.71	1.61	2.37	1.16	4.85	5.02	9.27	2.97	2.78	7.85

续表

现住地（迁入地）	五年前常住地（迁出地）														
	北京	天津	河北	山西	内蒙古	辽宁	吉林	黑龙江	上海	江苏	浙江	安徽	福建	江西	山东
湖北	1.52	0.58	2.83	2.01	1.26	1.07	0.72	0.98	1.07	3.89	6.27	4.76	3.61	5.17	3.56
湖南	0.99	0.38	1.85	1.10	0.64	0.98	0.79	0.85	0.71	2.19	4.75	2.81	3.44	5.44	2.12
广东	0.18	0.07	0.44	0.31	0.12	0.32	0.37	0.47	0.13	0.58	0.72	1.91	1.90	8.42	0.77
广西	0.80	0.43	1.80	0.91	0.59	1.09	1.29	1.73	0.52	1.71	3.57	2.50	4.49	4.10	2.08
海南	0.77	0.57	1.78	1.43	1.32	1.64	1.87	3.73	0.46	1.88	2.43	3.39	3.45	4.98	2.03
重庆	0.96	0.29	1.65	1.23	0.63	0.71	0.57	0.62	0.93	2.02	3.93	1.45	3.15	1.60	1.64
四川	1.93	0.47	2.56	1.75	0.77	1.27	0.91	1.00	1.59	3.56	5.80	1.98	3.18	2.34	2.60
贵州	0.54	0.18	1.18	0.61	0.27	0.59	0.62	0.51	0.83	2.60	10.85*	2.17	5.06	2.94	1.59
云南	0.60	0.33	1.54	0.91	0.36	0.72	0.72	0.99	0.59	1.74	4.52	2.04	3.56	2.87	1.92
西藏	0.58	0.13	1.24	0.38	0.16	0.42	0.14	0.24	0.29	0.94	1.78	1.99	0.73	0.66	1.33
陕西	1.13	0.56	4.57	8.21	4.07	1.42	1.01	1.38	0.50	3.51	3.14	3.94	2.18	1.77	4.64
甘肃	1.33	0.83	3.74	2.28	1.90	1.86	1.28	1.32	0.63	4.17	4.37	3.37	1.86	1.90	4.32
青海	1.07	0.41	3.94	1.84	0.87	0.93	0.72	0.94	0.41	3.81	2.73	3.57	1.42	1.35	4.16
宁夏	0.78	0.34	3.59	2.31	4.52	1.21	0.92	1.35	0.34	2.49	2.27	4.08	1.13	1.00	4.56
新疆	0.57	0.19	1.90	1.12	0.44	0.65	0.52	0.74	0.36	2.90	1.50	3.74	0.93	0.62	3.78

注：***表示 $Min_{ij} \geq 30\%$；**表示 Min_{ij} 介于 20%—30% 之间；*表示 Min_{ij} 介于 10%—20% 之间。

续表

河南	湖北	湖南	广东	广西	海南	重庆	四川	贵州	云南	西藏	陕西	甘肃	青海	宁夏	新疆	迁入人口比例合计
					五年前常住地（迁出地区）											
12.95*	4.87	2.45	1.34	0.62	0.20	1.21	4.38	0.66	0.56	0.06	2.64	2.25	0.19	0.32	0.72	100
11.21*	3.24	1.27	0.82	0.46	0.25	0.86	3.11	0.78	0.53	0.06	2.02	2.45	0.32	0.38	0.74	100
12.70*	4.29	1.88	0.97	0.69	0.39	1.44	5.14	1.23	1.06	0.11	3.52	1.61	0.47	0.33	0.76	100
20.07**	5.31	2.26	1.09	0.54	0.39	2.17	7.42	1.17	1.35	0.07	6.57	1.41	0.34	0.21	0.32	100
6.92	2.62	1.35	0.59	0.31	0.11	1.14	5.75	0.81	0.65	0.04	9.60	9.33	0.38	2.92	0.32	100
6.46	1.93	1.27	0.90	0.37	0.16	0.95	3.46	0.60	0.40	0.11	0.94	0.73	0.22	0.17	0.44	100
5.90	2.65	1.59	1.11	0.54	0.68	0.86	2.58	0.80	0.56	0.10	1.17	0.84	0.55	0.33	0.82	100
4.81	3.55	1.92	1.60	0.71	0.52	0.80	2.23	0.84	0.90	0.10	1.40	1.11	0.27	0.30	0.54	100
9.65	5.05	2.86	1.76	0.69	0.16	2.35	6.57	1.80	1.06	0.05	1.82	1.38	0.16	0.15	0.44	100
13.97*	5.52	2.82	1.29	0.72	0.14	2.21	8.03	3.57	1.96	0.10	3.15	1.66	0.24	0.14	0.45	100
10.60*	7.20	6.06	1.98	1.29	0.11	3.98	9.33	12.80*	3.70	0.03	1.66	0.64	0.09	0.06	0.21	100
8.89	4.56	3.06	4.17	1.16	0.39	1.31	3.76	2.42	2.54	0.11	1.73	0.83	0.33	0.15	0.44	100
6.60	7.91	5.35	4.69	1.67	0.39	7.77	16.23*	10.67*	2.74	0.07	1.53	0.57	0.07	0.15	0.28	100
4.63	5.99	7.30	21.43**	2.63	1.17	1.20	3.65	3.70	1.26	0.11	1.37	1.30	0.33	0.36	0.45	100
13.26*	3.90	1.68	1.20	0.51	0.25	1.04	3.57	1.18	1.65	0.07	2.57	2.47	0.67	0.47	1.23	100
	9.64	4.28	6.27	1.65	0.57	1.70	5.66	1.76	1.86	0.34	4.69	1.94	0.93	0.42	1.84	100

续表

| 五年前常住地（迁出地区） | | | | | | | | | | | | | | | | 迁入人口比例合计 |
河南	湖北	湖南	广东	广西	海南	重庆	四川	贵州	云南	西藏	陕西	甘肃	青海	宁夏	新疆	
13.69*		8.81	11.49*	2.71	1.07	5.95	6.33	2.51	1.77	0.14	2.85	1.34	0.55	0.34	1.14	100
4.61	11.77*		29.86**	4.88	1.24	1.74	4.85	5.31	2.53	0.17	1.62	0.96	0.34	0.22	0.85	100
8.72	11.32*	21.12**		16.90*	0.81	3.75	11.05*	4.61	1.69	0.05	2.28	0.72	0.08	0.05	0.18	100
4.33	5.49	17.33**	26.28**		1.60	1.75	5.38	4.62	2.69	0.09	1.24	0.61	0.29	0.11	0.60	100
6.52	7.07	9.80	13.27*	8.59		3.14	9.94	3.14	1.78	0.04	1.96	1.32	0.36	0.24	1.10	100
2.93	4.37	2.69	8.72	1.36	0.53		42.18***	6.99	3.40	0.26	1.51	1.16	0.42	0.34	1.75	100
4.48	4.78	3.62	13.99*	1.62	0.60	16.49*		4.48	7.17	1.31	2.96	2.70	1.07	0.41	2.64	100
3.55	4.47	11.98*	11.95*	3.37	0.46	8.38	17.06*		5.93	0.10	1.05	0.51	0.23	0.07	0.32	100
4.06	4.84	8.99	4.36	2.94	0.66	9.32	23.68**	14.11*		0.28	1.59	0.70	0.40	0.14	0.50	100
5.97	4.00	2.82	0.63	0.24	0.10	5.76	47.37***	0.75	1.79		4.00	10.48*	4.46	0.13	0.48	100
14.78*	5.74	2.50	2.97	0.96	0.45	1.89	9.10	1.52	0.95	0.81		10.07*	1.40	2.34	2.47	100
12.79*	6.62	3.36	1.69	0.81	0.45	1.96	10.21*	0.98	1.17	1.05	11.26*		5.08	3.10	4.30	100
12.57*	5.87	3.07	1.38	0.59	0.09	1.86	11.19*	0.53	0.94	1.78	7.83	22.28**		0.65	1.22	100
12.37*	2.47	1.48	0.82	0.44	0.22	1.77	5.42	0.72	0.45	0.10	13.72**	27.66**	0.49		1.02	100
20.74**	3.04	1.82	1.09	0.24	0.10	3.69	17.92*	0.44	0.60	0.03	6.01	21.05**	1.08	2.18		100

附表16

三个时段省际迁移人口不同职业男女比

职业\地区	生产工人、运输工人和有关人员			国家机关、党群组织、企事业单位负责人及办事人员和有关人员			商业、服务业人员			农林牧渔劳动者			各类专业、技术人员		
	四普	五普	六普	四普	五普	六普	四普	五普	六普	四普	五普	六普	四普	五普	六普
北京	4.49	4.00	3.49	7.11	3.38	1.74	1.07	1.08	0.99	0.66	1.41	1.41	1.38	1.12	1.02
天津	2.46	1.87	3.05	7.54	4.07	2.54	1.45	1.29	1.19	0.32	0.55	1.19	1.45	1.01	1.61
河北	2.36	2.41	2.96	7.23	3.37	2.83	1.08	1.12	1.13	0.11	0.35	0.45	1.35	1.23	1.23
山西	9.18	8.78	8.01	11.98	4.36	3.79	1.49	1.63	1.41	0.52	0.60	0.42	1.77	1.67	2.53
内蒙古	6.22	5.59	7.13	12.32	4.17	3.98	1.76	1.44	1.19	1.11	0.92	0.94	1.90	1.48	2.52
辽宁	4.34	2.51	2.94	8.80	3.36	2.77	1.43	1.28	0.93	0.98	0.83	0.90	1.39	1.26	1.22
吉林	5.97	5.10	3.79	15.92	3.86	2.88	1.74	1.39	1.08	1.54	0.95	0.78	1.82	1.22	1.47
黑龙江	10.57	5.92	5.19	18.57	4.86	3.80	2.01	1.60	1.15	2.37	1.22	0.96	2.13	1.40	1.55
上海	3.02	1.77	1.92	6.71	2.76	1.97	1.56	1.13	0.90	1.40	1.25	1.25	1.54	1.29	1.20
江苏	2.08	1.38	1.48	7.11	3.97	2.42	1.22	1.18	1.01	0.17	0.36	0.58	1.58	1.49	1.53
浙江	2.21	1.42	1.47	11.49	3.94	2.63	1.49	1.15	0.99	0.40	0.59	0.88	2.05	1.90	1.49
安徽	3.73	3.51	2.75	14.73	5.70	3.07	1.38	1.27	1.15	0.14	0.48	0.12	2.65	1.96	1.86
福建	5.16	1.57	1.62	8.94	3.30	2.68	1.11	0.86	0.97	0.38	1.03	0.75	2.22	1.73	1.63
江西	4.69	2.74	2.37	19.76	4.75	2.67	1.45	1.08	1.21	1.29	0.82	0.43	3.27	1.82	1.46
山东	1.97	2.22	2.13	7.00	3.34	2.65	1.01	1.09	1.08	0.27	0.53	0.59	1.53	1.23	1.19

续表

职业 地区	生产工人、运输工人和有关人员			国家机关、党群组织、企事业单位负责人员和有关办事人员			商业、服务业人员			农林牧渔劳动者			各类专业、技术人员		
	四普	五普	六普	四普	五普	六普	四普	五普	六普	四普	五普	六普	四普	五普	六普
河南	4.04	4.55	3.28	9.64	4.66	2.85	1.16	1.42	1.49	0.29	0.41	0.26	1.98	1.79	1.40
湖北	5.17	4.09	2.86	14.20	3.88	2.33	1.40	1.45	1.21	0.98	0.83	0.53	2.49	2.13	1.44
湖南	3.59	2.76	2.39	11.91	4.89	2.32	1.23	1.29	1.25	0.65	0.42	0.29	2.27	1.69	1.55
广东	0.90	0.85	1.48	4.39	2.00	1.75	0.83	0.91	1.05	0.30	0.89	0.81	1.40	1.23	1.28
广西	4.56	3.72	2.90	13.08	3.35	2.91	1.41	1.18	1.26	0.65	0.32	0.25	2.33	1.50	1.63
海南	7.03	4.21	4.00	7.91	2.86	2.55	1.71	1.09	1.21	1.46	1.29	1.11	2.03	1.29	1.55
重庆		3.42	2.85		4.45	2.30		1.17	0.99		0.45	0.20		1.76	1.52
四川	4.20	3.15	3.02	13.06	4.20	2.25	1.41	1.38	1.25	0.66	0.53	0.19	2.55	1.57	1.55
贵州	7.23	4.31	4.39	17.42	4.79	3.27	1.80	1.36	1.33	0.78	0.61	0.36	2.41	2.13	2.28
云南	6.99	4.28	3.86	18.22	4.51	3.14	1.74	1.27	1.30	1.92	1.31	1.16	2.09	2.36	2.07
西藏		4.86	3.05		3.65	2.43		1.32	1.25		1.25	1.61		1.58	2.72
陕西	4.48	4.30	4.52	11.32	3.85	2.84	1.41	1.37	1.13	1.40	0.67	0.71	1.96	1.61	1.69
甘肃	2.63	3.72	4.51	10.26	3.69	2.61	1.05	1.40	1.29	0.84	0.49	0.59	2.07	1.49	1.85
青海	6.80	4.44	5.04	20.34	4.72	3.55	1.93	1.80	1.47	2.59	0.93	0.92	2.24	1.96	2.14
宁夏	3.70	6.22	5.56	6.92	3.29	3.22	1.38	1.44	1.08	0.58	0.81	1.00	1.73	1.49	2.23
新疆	6.78	5.31	3.54	17.22	4.53	3.09	1.70	1.36	1.10	1.58	1.17	1.06	2.06	1.80	1.82

附表 17　"四普"、"六普"期间省际迁移人口不同受教育程度男女比

地区＼职业	未上过学		小学		初中		高中		大学专科及以上	
	四普	六普	四普	六普	四普	六普	四普	六普	四普	六普
北京	0.51	0.39	1.46	1.03	2.31	1.43	1.96	1.09	2.25	0.99
天津	0.43	0.73	0.86	1.70	1.47	1.96	1.70	1.75	2.18	1.39
河北	0.19	0.39	0.46	1.04	0.85	1.47	1.57	1.43	2.51	1.33
山西	0.74	0.53	1.37	1.29	2.28	2.15	2.24	2.07	3.02	1.85
内蒙古	0.69	0.71	1.06	1.46	1.63	2.13	2.09	2.34	2.61	2.01
辽宁	0.57	0.49	1.12	1.09	1.84	1.35	1.95	1.28	2.93	1.28
吉林	0.69	0.54	1.13	1.03	1.97	1.30	2.68	1.32	2.51	1.10
黑龙江	0.74	0.56	1.55	1.15	2.60	1.40	2.68	1.38	3.06	1.29
上海	0.79	0.42	1.95	0.94	2.23	1.28	2.27	1.25	2.52	1.20
江苏	0.36	0.45	0.61	0.96	1.06	1.27	1.75	1.37	2.74	1.50
浙江	0.39	0.48	0.75	1.00	1.34	1.35	2.27	1.63	3.07	1.54
安徽	0.21	0.43	0.47	0.92	1.31	1.22	3.11	1.85	3.62	1.80
福建	0.58	0.51	0.88	0.99	1.31	1.41	2.09	1.79	3.23	1.53
江西	0.75	0.51	1.46	1.14	2.50	1.31	4.09	1.63	4.25	1.37
山东	0.27	0.37	0.60	0.96	1.06	1.34	1.63	1.45	2.96	1.26
河南	0.37	0.40	0.92	1.04	1.60	1.46	2.51	1.76	3.38	1.36

续表

职业 地区	未上过学		小学		初中		高中		大学专科及以上	
	四普	六普	四普	六普	四普	六普	四普	六普	四普	六普
湖北	0.73	0.54	1.51	1.10	2.40	1.28	3.06	1.49	3.43	1.34
湖南	0.43	0.47	0.93	1.06	1.65	1.20	2.69	1.50	3.63	1.35
广东	0.39	0.50	0.61	1.00	0.82	1.25	1.43	1.46	2.40	1.38
广西	0.52	0.43	1.32	1.03	2.44	1.38	2.86	1.78	3.59	1.62
海南	0.75	0.49	1.58	1.11	2.41	1.59	2.85	1.62	3.39	1.19
重庆		0.32		0.87		1.19		1.39		1.39
四川	0.33	0.35	0.81	0.91	2.36	1.27	3.34	1.51	3.55	1.57
贵州	0.82	0.52	2.17	1.16	2.95	1.61	3.07	2.07	3.18	1.82
云南	0.83	0.62	2.86	1.31	3.81	1.83	3.28	2.15	2.97	1.71
西藏		1.04		1.44		1.64		1.90		2.25
陕西	0.60	0.58	1.42	1.32	2.25	1.77	2.50	1.78	2.82	1.33
甘肃	0.38	0.51	1.06	1.17	1.48	1.62	1.80	1.85	2.68	1.61
青海	1.18	0.83	2.14	1.49	2.94	2.08	2.58	2.41	2.87	1.95
宁夏	0.49	0.58	1.07	1.19	1.56	1.72	1.58	1.87	2.11	1.72
新疆	0.75	0.53	1.63	1.12	2.50	1.54	2.35	1.74	2.70	1.75